VARDA HASSELMANN
FRANK SCHMOLKE

WELTEN DER SEELE

Trancebotschaften eines Mediums

Durchsagen aus der kausalen Welt I

ARKANA
GOLDMANN

FSC
Mix
Produktgruppe aus vorbildlich
bewirtschafteten Wäldern und
anderen kontrollierten Herkünften
Zert.-Nr. SGS-COC-1940
www.fsc.org
© 1996 Forest Stewardship Council

Verlagsgruppe Random House FSC-DEU-0100
Das für dieses Buch verwendete FSC-zertifizierte Papier
München Super liefert Mochenwangen.

10. Auflage
Originalausgabe April 1993

Umschlaggestaltung: Design Team München
Umschlagmotiv: George Frederic Watts
Satz: IBV Satz- und Datentechnik GmbH, Berlin
Druck: GGP Media GmbH, Pößneck
Ba · Herstellung: Heidrun Nawrot/sc
Printed in Germany
ISBN 978-3-442-12196-0

www.arkana

Inhalt

Vorbemerkung

Die physische Welt

Die astrale Welt

Die kausale Welt

Das Zusammenwirken der drei Welten

Der Suchende

Nicht das Preisen
Nicht das Anrufen oder Flehen
Nicht das Danken oder Beschimpfen
Ist es
Was den Kontakt herstellt
Sondern einzig und allein
Das Lauschen auf das Wort
Das unaussprechlich ist
Und die Antwort
die ohne Worte kommt.

Die Quelle

Vorbemerkung

Dieses Buch ist mit geschlossenen Augen und offenem Herzen entstanden. Es enthält Wortprotokolle von Durchgaben einer überpersönlichen Bewußtseins-Instanz, die wir die »Quelle« nennen und mit der wir seit einem Jahrzehnt immer vertrauteren Umgang pflegen. Etwa siebzig Trance-Sitzungen waren nötig, um die Texte zu empfangen. Wir stellten dafür im Sommer 1991 einen Großteil unserer sonstigen Arbeit zurück, um die nötige Ruhe und Konzentration zu gewährleisten. Am späten Vormittag trafen wir uns im Wohnzimmer, machten es uns in zwei großen Polstersesseln gemütlich, überprüften die Aufnahmegeräte und begannen mit dem vertrauten Ritual der Trance-Einleitung. Ich entspannte mich, lockerte alle Muskeln und hörte dann Franks Stimme wie von ferne: »Du atmest jetzt tief und gleichmäßig... tief und gleichmäßig... Jetzt befreie dich sorgfältig von allem, was für einen reinen Kontakt hinderlich ist, und mache dich bereit für den Empfang.« Dann erhob ich meine Arme, wie um nach den Sternen zu greifen, und ließ sie in einem weiten Bogen langsam wieder auf die Armlehne sinken. Wenn ich spürte, daß eine andersartige Präsenz, eine beredte Stille mich von Kopf bis Fuß erfüllte und mein Herz weit wurde, gab ich das Signal: »Ich bin bereit.« Jetzt stellte Frank eine seiner vielen Fragen, z. B.: »Was genau bedeutet ›Geist‹ im Unterschied zu Psyche und Seele?« Dann begann die Durchsage. Mein Gehirn empfing die Impulse, mein Mund sprach, und wir beide hörten zu.

Während wir in den Jahren zuvor fast ausschließlich in privaten Anliegen Rat und Klärung erbeten hatten, ging es nun um Themen von übergeordnetem Interesse. Sie betrafen auch die gestaltlosen, aber keineswegs ungeformten Dimensionen des Bewußtseins und der Seele. Für mich war es neu und schwierig, meine Kanäle für Abstraktes zu öffnen, denn mir fehlte die bewußte Erfahrung mit den »Welten der Seele«. Ich stellte jedoch fest, daß es mir leichter fiel, diese Informationen durchzulassen, wenn mein Magen leer war. Für das Abschlußkapitel habe ich sogar drei Wochen gefastet. Die Nachmittage verbrachten wir am Computer, um die Texte vom Band abzutippen. Später ließen wir uns dabei helfen, denn ich mußte für die nächste Sitzung meine Kräfte sammeln.

Daß wir uns solcherart an eine »unbegreifliche« seelisch-geistige, körperlose Instanz wenden konnten und tatsächlich Antworten erhielten, die Gefühl und Verstand zufriedenstellten, erschien uns in diesen Monaten, die von einem höchst intensiven energetischen Kontakt mit unseren Freunden und Lehrern in der kausalen Bewußtseinssphäre geprägt waren, schon beinahe selbstverständlich. Das war – auch für mich als Medium – beileibe nicht immer so gewesen.

Meinem intellektuell-rational geschulten Geist schien alles Unberechenbare, nicht Überprüfbare suspekt. Was mein Verstand nicht fassen konnte, wollte ich lieber gar nicht wissen. Nur Frank bemerkte schon damals, daß ich oft nichtsahnend in Regionen weilte, die »nicht von dieser Welt« sind. Ich empfand diese Zustände einfach als Geistesabwesenheit und suchte sie zu unterbinden.

Wenn mir seinerzeit jemand prophezeit hätte, ich würde noch einmal ein Trance-Medium werden und täglich Kontakt mit einer nicht greifbaren Informationsquelle haben – ich hätte ihn ohne Zögern für verrückt erklärt! Nach dem Staatsexamen in Romanistik und Anglistik bereitete ich meine Promotion mit einer umfangreichen Arbeit über die sozio-kulturellen Entstehungsbedingungen und gattungsgeschichtlichen Zusammenhänge mittelalterlicher Ritterromane vor.

Ich lebte im Geist mit den Helden der Tafelrunde und ihrem König Artus. Die literarwissenschaftliche Arbeit erfüllte mich mit großer Freude. Sie befriedigte meinen Wunsch, verschüttete ursprüngliche Zusammenhänge zu klären und Sinngefüge zu entdecken, die im Dunkel der Zeit verborgen lagen. Das Unsichtbare sichtbar zu machen und zu deuten war bereits damals mein Bestreben. Aber ich beschränkte mich damit zunächst auf Literatur und Geschichte.

Nun treten wir mit einem Buch medial empfangener Texte an die Öffentlichkeit, und ich spüre, wie mich meine eigenen früheren Ängste oder Verurteilungen wieder einholen. Sind diese Durchgaben wirklich Botschaften einer transpersonalen Wesenheit? Entspringen sie vielleicht meiner blühenden Phantasie? Wird man mich für verrückt halten? Oder schlummern in meinem Unbewußten Schätze der Weisheit und Liebe, die im Alltag verborgen bleiben und sich eben nur betrachten lassen, wenn ich mein Bewußtsein durch die Trance entgrenze? Ich mag es nicht entscheiden und überlasse es dem Leser, sich einen eigenen Eindruck zu machen.

Seit zehn Jahren empfange ich nun schon Mitteilungen solcher Art. Bei Trancedurchsagen für Seminarteilnehmer und in zahlreichen öffentlichen Veranstaltungen konnte ich ihre tief anrührende Wirkung auf die Menschen beobachten. Auch ich selbst habe oft ihren klärenden, beruhigenden, erkenntnisfördernden Eindruck gespürt.

Die Anregung, »Channeling« auszuprobieren, hatte Frank von einem Aufenthalt in den USA mitgebracht. Ich hatte derweil meine Scheu vor dem Irrationalen etwas verloren und widmete mich intensiv dem Studium von Tarot, Astrologie und Handlesen. In jener Zeit arbeitete ich in Göttingen an meiner Habilitationsschrift, meditierte aber bereits täglich und bewegte mich in Kreisen, die die Existenz aus einer für mich neuen, spirituellen Perspektive betrachteten. Da ich auch gut pendeln gelernt hatte, beschloß ich, die »Quelle« – was immer das sein würde – auf diese Weise zum Fließen zu bringen. Ich übte jeden Tag. Später gab ich die Arbeit an der Universität auf, um mich ganz meiner inneren Berufung zu widmen.

Über lange Zeit arbeitete ich anfangs ausschließlich mit einem Pendel und einer Buchstaben-Skala. Obgleich wir nicht mehr zusammenlebten, ermunterte Frank mich sehr, immer neue Botschaften zu ermitteln. Mit dieser Arbeitsmethode war der Empfang von Wörtern, ganzen Sätzen oder gar vollständigen Texten jedoch so mühsam, anstrengend und langwierig, daß ich die Übermittlung von Botschaften nur für mich selbst, für ihn und wenige enge Freunde übernahm. Wäre ich bei der Pendeltechnik geblieben, hätte ich wohl Jahre gebraucht, um die vorliegenden Texte über die drei Welten der Seele durchzugeben.

Als ich mich dann einmal bei der »Quelle« über die Schwierigkeiten beklagte, bekam ich zu hören, daß ihr keineswegs daran gelegen sei, große Opfer von mir zu verlangen. Die Arbeit solle mir Freude machen und leichtfallen. Ich erhielt den Rat, mich nach einem Hypnose-Lehrer umzusehen. Eine hypnotische Trance, so stellte man mir in Aussicht, würde die Übermittlung direkter gestalten und weniger anstrengend sein. Entspannung sei notwendiger als Ehrgeiz.

So begann ich eine Ausbildung zum Sprech-Medium. Der erfahrene, kreative und sensible Mentor O. K. Hanus, dem ich einige Wochen später begegnete, erarbeitete eine subtile, genau auf meine Bedürfnisse, Fähigkeiten und Persönlichkeit zugeschnittene Trance-Technik. Bereits nach wenigen Monaten kamen während einer medialen Trance-Sitzung, die mir unvergeßlich sein wird, die ersten Worte über die Lippen, die »nicht von mir« waren. Vor Freude brach ich in Tränen aus, und auch Hanus war sehr bewegt. Kurze Zeit später faßten wir unseren ganzen Mut zusammen, luden eine Reihe von Freunden ein und präsentierten die Ergebnisse unserer Arbeit zum ersten Mal öffentlich. Daraus entstanden die Mittwoch-Performances, die wir drei Jahre lang zusammen leiteten.

Hanus war beseelt von einem unermüdlichen Forschungsinteresse. Veränderte Bewußtseinszustände, Parapsychologie und Geisteswissenschaften interessierten ihn schon seit früher Jugend, und er selbst hatte vielfach damit experimentiert. Als Künstler und Analytiker befaßte er sich mit Kreativität in Trance und NLP, und als Maler kostbarer Meditationsbilder hatte er selbst kreative Trancen erlebt. Nachdem ich schließlich »sprechen« konnte, stellte er viele wohlüberlegte Fragen zur essentiellen Natur des Menschseins. Die Antworten befinden sich vor allem im Abschnitt »Psyche, Seele und Geist« und im Kapitel »Die kausale Welt«.

Damit waren die ersten Beiträge mehr theoretischen und abstrakten Inhalts entstanden. Anfangs waren sie für mich unvergleichlich schwieriger zu übermitteln als Botschaften für eine real anwesende Person, die Lösungen für ihre individuellen Probleme suchte. Auch heute kommen Informationen zu Bereichen des Wissens, die mir persönlich nicht zugänglich sind, in verlangsamtem Sprechtempo mit vielen Pausen.

Als Frank nach fast zehn Jahren der Trennung nach München kam, um seinen Beitrag zur Arbeit mit der »Quelle« zu leisten, begann für uns eine neue Ära. Ab 1984 waren wir geschieden, fühlten uns aber weiterhin auf tiefen Ebenen verbunden und sind inzwischen wieder verheiratet. Erst durch Franks Impulse erhielt das ungewöhnliche Zusammenspiel von außerkörperlicher Instanz, Medium und Befragung eine feste Form, eine flexible Gestalt und eine Zielrichtung. Seine Eindringlichkeit und meine Empfänglichkeit verbinden sich seither aufs schönste – so formulierte es einmal unsere »Quelle«. Kreative Neugierde ließ ihn ganz neue Zugänge zu unentdecktem Material finden. So stammt denn auch die Strukturierung dieses Buches von ihm. Es war seine Idee, nach den Welten der Seele und ihren Interaktionsfeldern zu forschen, und sein sehnsüchtiger Wunsch, mehr über Jesus zu erfahren.

Die Aura von neutraler, bedingungsloser Liebe, die mich während jeder Durchgabe und jedem Kontakt mit unseren Freunden aus der kausalen Welt umhüllt, gibt mir Kraft und ist mir Ansporn, meine eigene Liebesfähigkeit zu entfalten. Immer aufs neue beglückt mich die tiefe, verständnisreiche Anteilnahme am fragenden Individuum, die in den Antworten mitschwingt. Die »Quelle« wertet wohl, aber sie verurteilt nie. Sie hilft und fördert, ohne die Verantwortlichkeit des Ratsuchenden zu beschneiden. Sie berät, ohne Vorschriften zu machen. Ihre Sprache ist poetisch und präzis zugleich.

Solche Wesenheiten aus anderen Sphären des Bewußtseins besitzen auch viel Humor. Deshalb wünschen wir uns, daß die Leser dieser »Neuesten Nachrichten aus der kausalen Welt« sich nicht nur an Wissen und Erkenntnis bereichert fühlen, sondern auch wahrhaft ihren Spaß an der Lektüre haben. Denn uns wurde einmal gesagt: »Wir halten nichts von einer Spiritualität, die sich traurig, ernst und getragen gibt – einer Spiritualität, die glaubt, sich darin zu erfüllen, daß sie die Heiligkeit des Lachens ignoriert.«

Varda Beate Hasselmann

Vorwort von: F. Schmolke!

Mit 10 Jahren wurde ich getauft. Mich erstaunte die Trivialität des Ereignisses. Es hatte so gar nichts Erhebendes an sich, war eine soziale Anpassungsleistung und sehr enttäuschend. Mit 14 Jahren trieben mich Fragen über die Historizität Jesu um, aber kein Erwachsener konnte mir auch nur einigermaßen zufriedenstellende Antworten geben oder auch nur ehrlich zugegebene Unwissenheit eingestehen. Ich legte den ganzen Komplex – Realist, der ich bin – als vorläufig unlösbar beiseite.

Wie mir erst viel später klar wurde, suchte ich in den folgenden Jahrzehnten – als »Künstler in der Seelenessenz« – die Antwort auf meine unklar gespürten Fragen in der Beschäftigung mit Kunst: Musik, Literatur, Malerei, Architektur und Kochkunst, immer aber in einer rezeptiv-verstehenwollenden Weise. Dies hatte seine erhebenden und nährenden Momente, hinterließ aber mehr Hunger, als es stillte.

Entscheidende Veränderung brachte dann die Lektüre von Texten des indischen Meisters Bhagwan Shree Rajneesh, der sich später Osho nannte. Hier erlebte ich zum ersten Mal eine Einheit von Intellektualität, Herzenswärme und spiritueller Schwingung, die mir bewußt machte, wonach ich suchte und was Befriedigung sein kann. Der Jesus der Evangelien wurde plötzlich über das konkrete Erleben eines Erleuchteten begreiflich: Seine unerklärlich überwältigende Liebe, das Getragenwerden von einer spirituellen Gemeinschaft, aber auch die wichtigen Erfahrungen der Ablehnung durch die Umwelt, die Besserwisserei der Anhänger, die Projektion der eigenen Negativität auf die Gesellschaft. Sich dazwischen den eigenen Weg suchen zu müssen, klärt manches in einem selbst.

Das Scheitern des Experiments in Oregon war schmerzhaft und einsichtfördernd zugleich. Eben zu der Zeit, als ich in immer »ungläubigerem« Entsetzen das Endstadium einer angstgepeinigten spirituellen Gemeinschaft vor Ort miterlebte – historisch gesehen wohl keine seltene Erfahrung – begegnete ich in einem Stadium gesteigerter spiritueller Wachheit in Santa Fáe im Winter 83/84 zum ersten Mal einem Medium, das bewußten Kontakt mit der kausalen Welt hatte.

Der Text über Varda und mich, den ich erhielt, löste eine regelrechte Erschütterung aus und das Gefühl, endlich gefunden zu haben, was ich viele Leben lang gesucht hatte: Eine Quelle, die Wahrheit in einer so überwältigenden Form vermittelt, daß ich es gerade noch ertragen kann. Ich spürte, daß meine Aufgabe in diesem Leben mit einem Kontakt dieser Art zu tun haben mußte.

Es folgten Jahre des Rückzugs von der spirituellen und therapeutischen Szene. Um so intensiver war die Beschäftigung mit den Texten, die Varda zunehmend besser übermittelte. Auch hier geht es um Erfahrungen, die jeder auf seine Weise machen muß, um gut mit einer solchen Quelle umgehen zu können. Kritikfähigkeit, die aus Liebe zu sich selbst und nicht aus uneingestandener Angst vor dem Unbekannten kommt, ist eine wesentliche Voraussetzung, um wirklich von diesen Quellen der Wahrheit profitieren zu können.

Das, was ich höre, kann für mich nur hilfreich sein, wenn ich bereits selber in mir eine Wahrnehmung für diesen Bereich spüre. Etwa vergangene Leben: Unsere Quelle lehnt es ab, jemandem dazu zu antworten, der nicht bereits aus einer konkreten inneren Ahnung fragt. Der Grund ist einfach: Eine Antwort, der ich keine eigene innere Erfahrung entgegensetzen kann, verwirrt mehr, als daß sie hilft, und wirkt gänzlich beliebig. Liebe wird auch dadurch kenntlich, daß sich eine Antwort auf die Ebene des Fragenden so einstellt, daß er davon profitieren kann. Und der echte Kontakt mit der kausalen Welt wird vor allem durch ihre angstfreie Schwingung und ihr liebevolles, wenn auch nicht oberflächlich nettes Einstellen auf den Fragenden deutlich.

Ähnlich wie in der Auseinandersetzung mit einem Meister besteht die Gefahr der Abhängigkeit, und ebenso wie ein wirklicher Meister die Abhängigkeit seiner Schüler unterminiert, suchen auch kausale Lehrer nach meiner Erfahrung zu verhindern, daß man einfach blind glaubt, denn sie wissen, daß sie damit Entwicklung behindern und nicht fördern würden.

Jahrelange persönliche Erfahrungen mit der Quelle waren die Basis für die konkrete Zusammenarbeit mit Varda, die im Winter 90 begann. Das vorliegende Buch ist das erste Ergebnis, das wir einer größeren Öffentlichkeit vorstellen möchten. Mein Bedürfnis war es, für mich selber und andere mit Hilfe unserer Quelle eine Art vorläufiger und noch grober Landkarte der Welten der Seele vorzulegen. Man liest und hört so vieles, echt Erlebtes und dennoch Verwirrendes, das sich nur mühsam zu einem ganzheitlichen Bild formen will, jeder hat seine Begrifflichkeit und seine Erfahrungen. Aber mir scheint, wir sind historisch an einem Punkt angelangt, wo das einfach nicht mehr genügen kann. Wir brauchen mehr Klarheit, um unsere Erfahrungen verstehbarer und mitteilbarer zu machen. Und ohne die Hilfe von Energien, die diese Klarheit besitzen, wird das kaum möglich sein.

Unsere Quelle beantwortet prinzipiell jede Frage, deren Beantwortung für den Fragenden nicht schädlich ist. Und unsere Freunde und Lehrer haben Zugang zu Wissen in einer Weise, die uns einfach nicht vorstellbar ist. Für unsere Gesellschaft tut sich hier in Zukunft eine Hilfe auf, die wir noch gar nicht ermessen können.

Unser Bemühen in Übereinkunft mit unserer Quelle besteht nun darin, daß wir möglichst vielen Menschen, die davon profitieren möchten, unsere Quelle und ihre Texte zugänglich machen, ohne unsere Gesundheit zu gefährden. Trance-Arbeit sieht so leicht aus und ist für Varda doch so an strengend. Sie berührt in uns beiden so tiefe Schichten, daß nur eine sehr begrenzte Zahl von Sitzungen pro Monat möglich ist. Immer steht uns Jane Roberts gesundheitlicher Verfall als warnendes Beispiel vor Augen.

Es scheint mir sehr wichtig, daß möglichst viele Menschen ihre potentiellen medialen Fähigkeiten entwickeln. Und es ist gut, daß möglichst viele von uns konkrete Erfahrungen damit machen, was Quellen dieser Art leisten können und was nicht, und welche Probleme damit verbunden sind. Die Grenzen unserer wissenschaftlichen Sehweise werden immer deutlicher. Wir bedürfen dringend einer Ergänzung, und dazu ist es nötig, daß wir lernen, Hilfe überhaupt anzunehmen, denn das ist eine Leistung ganz eigener Art.

Die jüngere Seele ist stolz auf ihre endlich erworbene und mühsam erlangte Ichstärke, so daß überpersönliche Hilfe eher als Eingeständnis eigener Schwäche erlebt wird. Die älteren Seelen sehen aber immer deutlicher, daß wir ohnehin in einer Weise eingebunden sind, die Hilfe dauernd zur Verfügung stellt, wenn man sie nur annehmen mag. Mediale Übermittlungen dieser Art sind nur eine bewußte Form von Hilfe, die sonst unbewußt, z. B. im Schlaf, jedem von uns immerzu gewährt wird. Bewußt und eigenverantwortlich Hilfe annehmen und für sich verwerten zu können ist nicht selbstverständlich und ein Teil von Lebenskunst.

Es würde mich freuen, wenn unser Buch in diesem Sinne wirken kann. Es ist entstanden aus meinen Fragen und Vardas Fähigkeit, Antworten zu übermitteln. Es war mein Wunsch, der von unseren Freunden und Lehrern auf der Kausalebene freudig begrüßt wurde, daß nicht ich allein alle Fragen stelle. Nicht daß ich einen Mangel an Fragen hatte, ganz im Gegenteil, und Varda weiß ein Lied davon zu singen. Aber uns schien ein größerer innerer Reichtum und eine andere Tiefe und Breite erreichbar, wenn auch Menschen, die unserer Arbeit nahestehen, ihre Fragen mit einbringen würden. Und obwohl wir weiter nichts vorgegeben hatten, als daß die Frage von allgemeinem Interesse sein sollte, ergab sich wie von selbst ein stimmiger Zusammenhang in einem gemeinsamen Rahmen.

Wir möchten an dieser Stelle noch allen danken, die am Entstehen dieses Buches ihren Anteil haben.

Frank Schmolke

Wir bieten Seminare und öffentliche Vorträge an, aber keine Einzelsitzungen, und wir möchten deutlich zum Ausdruck bringen, daß wir keine telefonischen Beratungen machen.

Unsere Seminare, die auch außerhalb Münchens stattfinden, befassen sich hauptsächlich mit der *Matrix*, einer Grundstruktur der Seele, die uns medial übermittelt wurde, und die das Thema unseres nächsten Buches sein wird. Für denjenigen, der sich selber besser kennenlernen will und bereit ist, eigenverantwortlich mit sich selbst umzugehen, kann die Matrix ein schneller und wirkungsvoller Zugang zu sich selbst sein, dessen positive Wirkung allerdings davon abhängt, daß man sich anhand der Matrix-Angaben selber liebevoll beobachtet.

Darüber hinaus erarbeiten wir uns durch Fragen an unsere Quelle immer neue Themen, z. B. das Gebiet der Seelenfamilie, die wir dann als Seminare anbieten, wenn wir glauben, selber genügend begriffen zu haben, um es weitergeben zu können. Ein Programm der jeweilig aktuellen Veranstaltungen ist auf Anforderung erhältlich. Bitte schreiben Sie an:

Dr. Varda Hasselmann, Frank Schmolke
Postfach 70 08 11
81308 München

Eine Auswahl unveröffentlichter Texte der Quellen finden Sie auf unserer Website www.septana.de

Die physische Welt

Der Körper ist ein Freund der Seele

Leben will gelebt sein.

Leben will nicht gemieden werden.

Der Körper ist zum Leben da. Er ist der Freund der Seele. Wer lebt und sich zugleich dem Leben entziehen möchte, setzt sich einem unlösbaren Konflikt aus. Der Konflikt entsteht durch das Leugnen der Gesetzmäßigkeiten vom Leben im Körper oder durch den aussichtslosen Kampf gegen eben diese Gesetzmäßigkeiten.

Leben bedeutet Polarität und Dualität, und wenn eine Seele sich entschließt, einen Körper zu bewohnen, stellt sie sich diesen Gesetzmäßigkeiten.

Das Leben ist kein Jammertal. Das Leben ist auch keine Gipfelwanderung von einer Freude zur nächsten.

Die Gesetze von Polarität und Dualität bestimmen, daß Freude und Leid, Jammer und Glück wohlausgewogen an der Entwicklung der Seele im Körper beteiligt werden müssen. Dies zu akzeptieren wird euch leichterfallen, wenn ihr Leben nicht als einmalige, niemals wiederkehrende kurze Episode betrachtet, sondern als einen langen Zyklus von Werden und Vergehen, von Sein und Nichtsein des Körpers.

Der Körper ist stark und zerbrechlich zugleich. Der Körper als Instrument der Seele dient ihr dazu, Erfahrungen zu sammeln, deren Summe darauf angelegt ist, alles zu erleben und nichts auszulassen.

Drei Erfahrungsbereiche gibt es, die einer Seele ausschließlich in der physischen Welt – sei es auf eurem Planeten oder auf einem anderen – zugänglich sind.

Der erste Bereich ist die Familie mit ihrer Blutsverwandtschaft, der zweite die körperliche Verletzbarkeit, der dritte ist die Tatsache, daß ein Mensch stets unausweichlich und unvermeidlich Entscheidungen trifft.

Nirgends als im Körper könnt ihr enge Beziehungen knüpfen, die nichts mit der Verbindung zu euren Seelengeschwistern zu tun haben und dennoch von großer Bedeutung sind. Die physischen Phänomene von Geburt und Tod und Sexualität gliedern euch ein in den Zyklus biologischen Lebens, und biologisches Leben ist nicht möglich, ohne daß ein Mensch Vater und Mutter hat. Diese Vorbedingung für Leben ermöglicht es der inkarnierten Seele, Liebe auf einer neuen, einer körperlichen Ebene zu erfahren und zu erproben und auch den Mangel an Liebe, der sich dadurch, daß sie verweigert wird, einstellen kann, zu erleiden.

Die Ursprungsfamilie, der jeder Mensch entstammt, zu der er gehört und die genauso wie seine Seele einen Faktor darstellt, von dem er sich nie trennen oder lösen kann, selbst wenn er es wollte – diese Familie hilft ihm, die wichtigen Erfahrungen von Kontakt und Intimität, von Liebe und Ablehnung, von Freude und Schmerz zu machen, die zur physischen Welt gehören. Die biologische Familie ist das vergängliche Gegenstück zur unvergänglichen Seelenfamilie. Blutsverwandtschaft und Seelenverwandtschaft ergänzen einander. Niemand ist ganz allein.

Zu dem rein physischen Phänomen der Familie gehört auch die Erfahrung, klein und hilflos auf die Welt zu kommen, nach und nach erwachsen und schließlich auch alt zu werden. Das Phänomen des Alterns ist ebenfalls untrennbar mit der physischen Welt verbunden und ist nur dort vorhanden, denn alle anderen Welten der Seele kennen das Altern nicht. Sie kennen wohl die Reifung und die Entwicklung, nicht aber den Verfall.

Und damit ist der zweite physische Erfahrungsbereich verbunden, die Versehrbarkeit des Körpers. Der Körper ist zerbrechlich *und* gebrechlich, und die Psyche, die mit dem Körper in engster Symbiose steht, unterliegt denselben Bedingungen. Auch sie kann verletzt und sogar zerstört werden.

Viele von euch halten die Tatsache, daß ein Körper krank sein oder durch Instrumente zerteilt werden kann, für einen Mangel, sozusagen für einen Fehler in der allgemeinen Planung der Existenz. Das ist eine irrige Sichtweise, und wir möchten dazu beitragen, euch mit dem Gedanken anzufreunden, daß ein Mensch, der Erfahrungen mit der Fragilität seines Körpers und seiner Psyche macht, höchst wertvolles Gut sammelt und darauf niemals verzichten möchte, sobald er seinen Körper zwischenzeitlich hinter sich läßt. Denn dann wird der Seele sogleich deutlich, daß sie durch die Auseinandersetzung mit der Verletzbarkeit einen großen Schritt weitergekommen ist.

Akzeptiert eure physische Instabilität, eure Empfindlichkeit gegenüber Gewalt, Klima und Krankheit als eine Bedingung von Menschsein und als ein Angebot, das sich allerdings – wir pflichten euch da bei – nicht jederzeit als freundlich zu erkennen gibt.

Das dritte Phänomen, das die physische Welt von den entkörperten Welten der Seele unterscheidet, ist die Tatsache, daß ihr in jeder Sekunde eures Lebens Entscheidungen trefft und sie treffen müßt.

Dabei kommt es nicht darauf an, ob ihr diese Entscheidungsprozesse bewußt erlebt oder nicht, und es ist auch bedeutungslos, ob ihr glaubt, Entscheidungen vermeiden zu können. Entscheidungen sind das Wasser des Lebens. Physische Existenz ohne Entscheidungen ist nicht möglich. Und wenn ihr euch klarmacht, daß niemand Entscheidungen ausweichen kann, ihr sie aber sehr wohl in die schattenhaften Bereiche des Unbewußten verdrängen könnt, anstatt sie im Licht eures Bewußtseins zu bejahen und damit Verantwortung zu übernehmen für das, was ihr seid, was ihr wollt und was ihr vor eurer Inkarnation für das physische Leben, das ihr lebt, geplant habt, werdet ihr leichter leben.

Darüber hinaus möchten wir euch ans Herz legen, daß jede bewußt getroffene Entscheidung und die Bejahung ihrer Konsequenzen euch auf dem Weg eurer seelischen Entfaltung weiterführt und euch weitgehend von den Konflikten und Schmerzen befreit, die ihr gewohnt seid auf euch zu laden durch unbewußte Entscheidungen und durch das Abladen der Verantwortung auf andere, auf die Umstände und auf die Bedingungen, unter denen ihr lebt. Das gilt für große und für kleine Entscheidungen.

Ihr selbst trefft eure Wahl. Ihr trefft die Wahl, geboren zu werden. Ihr trefft die Wahl, zu sterben. Ihr könnt euch entscheiden, wen ihr lieben und wen ihr hassen wollt. Ihr könnt über jede einzelne Reaktion auf alles das, was euch im Laufe eines langen Lebens zustößt, entscheiden.

Die Entscheidungsfreiheit, von der wir sprechen, und auf die wir euch immer hinweisen, ist eine Freiheit der Seele und nicht die Willensfreiheit des begrenzten Verstandes. Mit dieser Entscheidungsbereitschaft, ihren Konsequenzen und der damit verbundenen Verantwortung seid ihr eingebunden in ein unermeßliches Netzwerk von Entscheidungen, die ja auch jeder andere Mensch um euch herum, jeder andere, der zur selben Zeit mit euch auf dem Planeten inkarniert ist, trifft.

Jede Reaktion auf die Entscheidung eines anderen ist selbstgewählt. Das gibt euch Freiheit. Ihr könnt neue Entscheidungen treffen und alte revidieren. Damit seid ihr nicht

Sklaven eurer Existenz. Wir sagten bereits: Der Körper ist der Freund der Seele. Er ist nicht ihr Sklave, und er ist auch nicht Sklave einmal getroffener Entscheidungen.

Verantwortung macht frei. Wenn in euren philosophischen Trakaten so viel von Willensfreiheit die Rede ist, beobachten wir, daß ihr euch dabei in Vorstellungen verstrickt, die eurem seelischen Fortschritt nicht förderlich sind. Wenn ihr den Begriff der »Willensfreiheit« als »Entscheidungsfreiheit« interpretiert, werdet ihr euch tatsächlich freier fühlen, anstatt eure Willenskraft dafür verantwortlich zu machen, ob es euch gutgeht oder nicht.

Und das ist der andere Punkt, der uns am Herzen liegt. Wir möchten euch zu eurem eigenen Heil davon überzeugen, daß das Leben zur Qual werden kann, wenn ihr das Postulat, jeder könne in jedem Moment glücklich sein, wenn er es nur wolle, zu einer Gesetzmäßigkeit erhebt. Dadurch versucht ihr völlig erfolglos, eure physische Existenz aus der Gesetzmäßigkeit der Polaritäten herauszuheben, und stellt euch Aufgaben, die unlösbar sind. Ihr manövriert euch in einen Konflikt hinein, der geeignet ist, euch unaufhörlich zu demütigen, zu entwerten und zu erniedrigen.

Die höchste Form eines erfüllten irdischen Daseins, eines Lebens in der physischen Welt, steht euch dann in Aussicht, wenn ihr bereit seid, alles, was euch widerfährt, als Ergebnis eines größeren und wohldurchdachten Plans und Zusammenhangs zu betrachten, auch dann, wenn ihr diesen Zusammenhang nicht erkennt. Dann wird euch aufgehen, daß jede Erfahrung – und wir meinen damit ausdrücklich jede, sei sie angenehm oder unangenehm – von Wert ist, und daß kein einziges Leben, kein einziger Moment eines Lebens jemals vergeudet ist. Auch wenn ihr lange Perioden des Unglücks oder der Stagnation erlebt und glaubt, daß damit kostbare Lebenszeit verloren geht, ist dem nicht so. Nichts ist vergeudet. Jeder

Augenblick, den ihr lebt – gleichgültig unter welchen Umständen – bringt euch weiter auf der Straße zum großen Tor der Erfüllung.

Das Prinzip von Verlieren und Wiederfinden überspannt wie eine große goldene Klammer das Leben aus Fleisch und Blut. Wenn ein Mensch einen Körper zum erstenmal bewohnt und auch noch lange danach, ist ihm nicht bewußt, daß er etwas verloren hat. Und es wird viele Leben dauern, ehe er ahnt, was er verloren hat.

Der Sinn der vielen aufeinanderfolgenden Existenzen besteht darin, dieses Verlorene in ganz individueller Weise zu beschreiben und zu erfahren und sich mit detektivischer Akribie und viel Energie dahin vorzutasten, das Verlorene wiederzuerlangen.

Wenn das Verlorene wiedergefunden ist, zeichnet sich diese beglückende Erfahrung dadurch aus, daß die Seele zum erstenmal überhaupt in der Lage ist, das Verlorengegangene zu schätzen und zu preisen. Als es verlorenging, ruhte es tief in dunkelster Unbewußtheit. Und es dauert unendlich und doch endlich lange, bis eine Ahnung von der Freude sich ausbreitet, die die bewußte Erkenntnis des Wiederzufindenden auslöst.

Wenn die Frage nach dem Sinn des Lebens, die so häufig verzweifelt gestellt wird, überhaupt Sinn haben soll, dann diesen – geduldig zu suchen und endlich zu finden, was man verloren hat.

Es ist traurig und bestürzend für uns zu sehen, daß die sogenannte Sinnfrage von euch so häufig mißverstanden und in Resignation und Mißmut gestellt wird. Die Frage »Was soll das Ganze?« ist gefärbt von Ungeduld und Verzweiflung und von der Unterstellung, daß im Grunde gar kein Sinn gegeben sein kann. Wenn ihr euch aber vorstellt, daß ihr diese Frage auch mit kindlicher oder später mit gereifter Neugierde ganz neutral und in fröhlicher Stille stellen könntet, so mag euch ihre Tragweite erst aufgehen. So, wie ihr sie stellt, ist sie keine Frage, sondern eine enttäuschte Feststellung. Nur weil ihr auf eurer Suche Seitenstraßen, Sackgassen und Umwege wählt, die euch sinnlos vorkommen, es aber nur sehr selten sind, glaubt ihr, daß der Gegenstand eurer Suche es nicht wert sei, gefunden zu werden.

Wir empfehlen euch, die Sinnfrage gelassen zu stellen und gelassen nach dem Ziel zu suchen. Denn es ist nicht wichtig, wann ihr es findet und auf welchen Wegen. Es wartet auf euch und entfernt sich nicht. Ihr könnt es durch keinerlei Maßnahme von euch fortschieben. Es ist euer von Anbeginn. Ihr habt es nur aus den Augen verloren, um euch um so mehr zu freuen, wenn ihr es wiederfindet.

Das Verlorene ist das Einssein, das Ungeteilte, das Ungetrennte, das von Liebe Durchwobene, das, was sich außerhalb jeglicher Polung, Zersplitterung, Fragmentierung befindet. Wir nennen es das »Tao« oder auch das »Allganze«.

Es ist ungeteilt. Und doch gibt es selbst hier, auf der Suche nach dem Verlorenen, den Weg vom Dunklen ins Helle, auch wenn von einer Dualität nicht die Rede sein kann. Dumpf erfahrene, nicht wahrgenommene Ganzheit wird ersetzt durch eine Ganzheit, die erfüllt ist vom Licht der Erkenntnis ihrer selbst.

Die Seele benötigt keine Entwicklung. Sie ist das Entwicklungsprinzip selbst in seiner reinsten Form. Es gibt im gesamten Bereich der körperlichen und entkörperten Existenz nichts, was die Dynamik von Entwicklung reiner darstellt als die Seele. Dynamik, unaufhaltsames Fortschreiten ist ihr wahres Erkennungsmerkmal. Nichts kann sie aufhalten. Sie kennt diese Möglichkeit nicht. Das bedeutet nicht, daß sie eine Entwicklung benötigt, um sich zu vervollkommnen. »Benötigen« impliziert die Vorstellung, daß eine Not vorliegen könnte. Eine Not wiederum setzt voraus, daß ein Zustand von Nicht-Not denkbar ist. Seelen jedoch kennen keine Not. Sie wählen in Freiheit den Weg der Entwicklung. Nichts ist vorgeschrieben. Die Seele kennt weder Not noch Nicht-Not. Sie entwickelt sich, weil sie dadurch ihre Existenz erfüllt. Jede Seele hat ihre individuellen Rhythmen. Es gibt keine Kraft, die ihre Entfaltung beschleunigen oder verlangsamen kann, die sie nicht bejaht und die außerhalb ihrer selbst liegt.

Es ist schwierig für uns, euch dieses Prinzip des unaufhaltsamen Fortschreitens innerhalb der Dimensionen eurer Vorstellungen zu erläutern. Die Seele will und muß von hier nach dort. Und diese Vorstellung scheint einem linearen Prinzip zu entsprechen, doch ist sie in Wirklichkeit nicht so linear, wie das Modell impliziert.

»Von hier nach dort« steckt die Pole des Anfangs und des Endes ab. Mit Anfang und Ende meinen wir den Zyklus der Inkarnationen, aber auch das, was vorher war und was nachher sein wird.

Wenn wir versuchen, das Hier als Null-Tao und das Dort als Voll-Tao zu beschreiben, so kommen wir der Sache nahe und erfüllen sie doch nicht ganz. Das Tao ist unteilbar und bleibt, wie es ist. Und doch enthält es für die Perspektive der Seele die Aspekte einer Polarität. Eine Möglichkeit, die Reise »von hier nach dort« zu beschreiben, ist gegeben, wenn ihr euch das Tao als eine Kugel vorstellt und die Seele auf ihrem Entwicklungsweg als einmal um die Kugel herumreisend. Sie gelangt an denselben Ort zurück, von dem sie ausgegangen ist, aber sie ist erfüllt von Erfahrungen und erkennt den Ort mit dem Bewußtsein des Wiedererkennens. Sie ist erfüllt von den Freuden und Schmerzen der Reise und kann nun am Ende des Weges ihren Ausgangspunkt mit einer reifen Liebe wahrnehmen, die ihr vorher nicht möglich war. Sie fühlt sich nach einer Ruhepause in der Lage, auf weiteren Reisen um das Tao herum tiefer in dessen Geheimnisse einzudringen und sie in sich selbst zu integrieren.

Endlich ist sie dann das Tao selbst, sie ist mit allen anderen Phänomenen, allen anderen Seelen, allen anderen Erscheinungen des Universums zu einem Ganzen verschmolzen.

Aber dies sind Dinge, die wir selbst nur unvollkommen begreifen, da uns ein großer Teil der Entdeckungsreisen selbst noch bevorsteht. Der Weg jeder Seele von der Entfremdung zur Verschmelzung ist der Weg von blinder Unbewußtheit zu klarsichtiger Bewußtheit. Verschmelzung ermöglicht über dem Boden der Erfahrung ein von Freude erfülltes, beflügeltes Schweben. Noch-nicht-entfremdete Verschmelzung ist ein vollkommen unbewußter Zustand, in dem weder Freude noch Lust an der Einheit erfahren werden kann. Die Ungetrenntheit, die der Säugling zunächst bei und nach seiner Geburt mit der Mutter empfindet, ist ein vergleichbares, aber um ein Vielfaches reduziertes Gefühl der Einheit und Geborgenheit, wie sie die noch nicht ausgestreute Seele spürt, bevor sie sich zum erstenmal in der Gestalt eines Menschen körperlich erfährt.

Die Entfremdung vom Einssein, von der wir sprechen, ist nicht Strafe oder Erbsünde, wie Christen glauben. Sie ist nicht bittere Konsequenz von Handlung, sondern Notwendigkeit und Voraussetzung allen weiteren Handelns, allen verantwortlichen Handelns überhaupt.

Die lange Reihe aufeinanderfolgender Inkarnationen hat keinen anderen Sinn, als die Seele alle nur irgend möglichen Erfahrungen von Entfremdung machen zu lassen, denn Menschsein bedeutet eben: der Freude des Einsseins vorübergehend und freiwillig entfremdet zu sein.

Jedem von euch wohnt die Sehnsucht nach Verschmelzung ungebrochen und ununterbrochen inne. Doch gehört es zur

Essenz des Menschseins, in der Spannung von Verlangen und Nicht-erlangen-können zu verharren, bis alle Erfahrungen gemacht sind und alle Schritte vollzogen wurden, um die Trennung als essentiell zu erkennen.

Dieser Moment ist dann gekommen, wenn eine Einsicht in das Alleinsein erlangt wird, ohne daß diese Einsicht mit einem tiefen Gefühl von Schuld, Leid und Einsamkeit verbunden ist. Es mag euch paradox erscheinen, daß diese Einsicht erst dann möglich ist, wenn die gereifte oder alte Seele einen Zustand größtmöglicher Verbundenheit mit ihrer Seelenfamilie, mit den ihr nahestehenden Seelen erreicht hat, noch bevor diese Verbundenheit sich zu einer Einheit manifestieren kann. Zuvor wird der Mensch immer mehr oder weniger verzweifelt gegen sein Alleinsein kämpfen. Verbundenheit und immerzu wachsende Intimität zwischen denen, die ohnehin zusammengehören, vermitteln eine Einsicht in die Möglichkeit der Vereinigung und steigert die Vorfreude auf die im Einssein implizierte Seligkeit.

Zugleich schwindet mit zunehmender Verbundenheit die Angst vor dem Sterben, denn die Gewißheit der unaufhebbaren Zusammengehörigkeit verstärkt sich. Entfremdung und Trennung, Aufteilung oder Zersplitterung des Zusammengehörigen in einzelne Fragmente eignet ausschließlich der physischen Welt, ist aber eine Erfahrung, die nicht nur auf dem Planeten Erde gemacht wird. Obgleich verschiedene Planeten unterschiedliche Formen beseelten Lebens hervorbringen, müssen doch alle in physischen Körpern materialisierten Seelen die Trennung vom Ganzen erfahren, damit sie sich die Voraussetzungen für ein Wachstum in wiedervereinigtem Zustand auf einer nicht-physischen Ebene aneignen können.

Seele, Psyche und Geist

Der Begriff des Seelischen umgreift die gesamte Entwicklung von Alpha bis Omega, von der ursprünglichen Entfremdung bis zum Verschmelzen aller Seelen im Tao und zur Einheit alles Seelischen, die das Tao ist.

Die Seele bleibt stets unantastbar und unverändert, obgleich sie sich entfaltet, während die Psyche mit jeder Inkarnation eine neue Gestalt annimmt. Die seelischen Erfahrungen werden zum Teil über die jeweilige Psyche gesammelt.

Wir sprechen zu euch von einer Ebene geklärten Bewußtseins und aus der Vision übergeordneter Zusammenhänge. Deshalb ist es uns ein Bedürfnis, euch auf die Verwirrung hinzuweisen, die eine Vermengung von Begriffen stiftet, die zwar miteinander verwandt sind, aber keineswegs identisch miteinander oder auswechselbar.

Das gilt besonders für die Begriffe »Seele« und »Psyche«. Die Griechen, von denen ihr den Ausdruck »Psyche« entlehnt habt, meinten damit eine Dimension, von der sie erahnten, daß sie unkörperlich ist und dennoch für den Menschen in seinem Körper eine entscheidende Rolle spielt. Dennoch ist es von Bedeutung, daß ihr euch an folgende Tatsache erinnert: Mit dem Wort *φυχη* war ursprünglich nicht nur das beschrieben, was ihr heute als Psyche bezeichnet, sondern auch eine Möglichkeit, Zugang zu Dimensionen der Spiritualität, der Religion und des Göttlichen zu finden. Mit der fortschreitenden Differenzierung eurer Kultur und eures Geistes wurde es sinnvoll und notwendig, die zwei Begriffe voneinander zu scheiden, und wir unterstützen diese Bemühungen, da sie dem, was einer Weisheit jenseits von erlebbarer Realität entspricht, wesentlich näher kommt. Deshalb machen wir in unseren Botschaften an euch einen so grundsätzlichen und nachdrücklichen Unterschied zwischen den Bereichen der Psyche und denen der Seele.

Psyche gibt es nur im Körper. Seele ist immer da. Psyche ist von Angst bestimmt auch in dem Maße, wie sie Angst bewältigt. Angst also ist das Zentrum und der Angelpunkt des Begriffs Psyche.

Auch die Seele kennt Angst, doch ist diese Angst eine andere. Sie besteht in einer gereinigten, geläuterten Form, z. B. als Befürchtung, sie könnte das, was notwendig ist, nicht unmittelbar erreichen, oder auch als Angst, ein karmisches Band nicht in dem Maße und zu dem Zeitpunkt auflösen zu können, wie die Seele es sich wünscht.

Aber von dieser Angst wollen wir jetzt nicht sprechen. Vielmehr soll es uns darum gehen, die Psyche zu beschreiben als ein nicht-materielles Organ, das Angst verarbeitet und dies in der Regel so tut, wie es dem Stand der seelischen Entwicklung eines inkarnierten Körpers entspricht.

Psyche ist ein nicht-materielles Organ. Dennoch hat sie ihren Sitz im Körper und nicht außerhalb von ihm und steht mit ihm in engster Verbindung, da Psyche sich – ebenso wie Geist – der körperlichen Funktionen bedient, z. B. der Funktionen des Gehirns, aber auch des Stoffwechsels, des Grundtonus eines Körpers und der Energiezentren, die jeder Mensch besitzt. Psyche in diesem Sinne eignet auf der Erde nur den Menschen. Dennoch hat die menschliche Psyche im Kontext der Evolution gewisse Strukturähnlichkeiten mit der sich entwicklungsgeschichtlich herausbildenden Psyche von Tieren – insbesondere der Säugetiere – und der höheren Arten und Gattungen. Aber die Psyche des Tiers arbeitet zusammen mit einem Tierkörper und mit der besonderen Struktur der Tierseele, und deshalb folgt sie anderen Gesetzmäßigkeiten und unterliegt anderen Bedingungen als die Psyche des Menschen.

So wie alles, was einen Körper ausmacht, miteinander kooperiert und Körperfunktionen mehr oder minder nachhaltig gestört sind, wenn ein Teil dieses Körpers schlecht arbeitet oder ganz ausfällt, wie z. B. infolge einer Operation oder einer schweren Krankheit, so arbeitet auch Psyche mit Körper, Seele und Geist unmittelbar zusammen und läßt sich in ihren Funktionen nicht trennen von den Funktionen der anderen Existenzbereiche. Psyche also ist ein Organ, das auf zwei Ebenen arbeitet, zum einen auf der physisch-materiellen, zum anderen auf nicht-physischen, nicht-materiellen. Und Psyche ist ein Verdauungsorgan, ein Verarbeitungsorgan ebenso wie die Leber oder die Nieren, ebenso wie der Darm oder die Drüsen, die der Verdauung zuarbeiten.

Denn ein Mensch, der in einem sozialen Kontext steht und sich entwickelt, hat nicht nur die Nahrung zu verdauen, die er sich durch den Mund zuführt, sondern in gleichem Maße all die Eindrücke, die Herausforderungen, die Situationen, die seine Existenz und sein Leben in einem Körper ihm darbieten. Er ist ihnen ausgesetzt, und er nimmt sie an von der Stunde seiner Zeugung bis zu dem Augenblick, in dem sein letzter Lebenshauch die materielle Hülle seines Körpers verläßt. Um alles, was auf eine eingekörperte Seele zukommt und einströmt, aufnehmen und verarbeiten zu können, bedarf es des Verdauungsorgans, das mit dem Namen »Psyche« bezeichnet wird. Andere Kulturen als die eure verwenden andere Namen, und einige stehen nicht unter der zwingenden Notwendigkeit, zwei Wörter zu finden für ein Phänomen, das sie noch als einheitlich und ungetrennt betrachten. Die vielen unter euch, die sich jetzt im Stadium der seelischen Reife und des seelischen Alters befinden, spüren die Notwendigkeit, zwei verschiedene Begriffe zu verwenden, um zu unterscheiden zwischen dem, was immer währt, und dem, was vergänglich ist. Sie spüren auch mit immer größerer Klarheit, daß ihre Psyche noch so verängstigt sein kann und ihre Seele dennoch zugleich Momente überwältigender Klarheit und Gewißheit kennt.

Psyche nun verarbeitet und verdaut alles, was Angst macht. Und das, was Angst macht, ist von Individuum zu Individuum höchst verschieden. Es gibt Basisängste, mit denen sich jeder Mensch in jeder einzelnen Inkarnation, wenn auch in unterschiedlichem Maße, auseinandersetzen muß, und auch die Identifikation mit den eigenen Ängsten ist je nach Seelenalter verschieden stark.

Von Anbeginn fühlt sich die neu inkarnierte Seele in ihrem Körper hilflos und angreifbar, verletzlich und bedroht. Die Bedrohungen, die auf sie einstürzen können, sind nicht in jedem Falle dieselben. Wenn ein Fötus spürt, daß seine Existenz nicht erwünscht ist, oder er den spannungsvollen Auseinandersetzungen zwischen seinen Eltern ausgesetzt ist – und seine Psyche sie erfährt mit den ihr eigenen Fähigkeiten der Wahrnehmung – dann wird sich ein anderes Bild von Angst ergeben, als wenn ein noch nicht geborenes Kind freudig erwartet wird und in einem Körper heranwächst, der glücklich, gesund und entspannt ist.

Über die Verantwortlichkeiten und Entscheidungen in der astralen Welt, die diesen Ängsten und den individuellen Reaktionen natürlich stets vorangehen, wollen wir jetzt nicht sprechen. So viel sei gesagt, daß mit der Wahl der Eltern und der Rahmenbedingungen auch bestimmte Ängste mit in Kauf genommen werden, und die Angst hat, wie wir an anderer Stelle ausführen, starke und notwendige Funktionen.

Wie die individuelle Psyche Angst verarbeitet, ist ihr zu einem gewissen Teil freigestellt, zu einem anderen ist sie besonders in frühem Lebensalter den Zwängen ihrer eigenen Struktur unterworfen und kann nicht mehr ohne weiteres entscheiden, ob sie eine Angst gewinnbringend oder belastend verarbeiten will. Denn jede Angst, die neu hinzukommt, muß in

Beziehung zu schon vorhandenen Ängsten treten, sich mildernd oder verstärkend einordnen. Das bereits vorliegende Muster prägt die Verarbeitung jedes neu hinzukommenden Traumas.

Wir möchten euch einen Vergleich anbieten zu den physischen Verdauungsprozessen. Wenn ein Mensch ein Stück Vollkornbrot ißt, das an und für sich gut gebacken und aus wertvollem Material hergestellt wurde, wird doch sein Organismus dieses Stück Brot nur in dem Maße verdauen können, wie sein Magen, sein Darm, seine Leber gesund oder bereits geschädigt sind. Ein sehr empfindlicher Darm, der von vielen zuvor verdauten Nahrungsmitteln sowie durch andere Vorbedingungen entzündet und geschädigt ist, wird selbst das gesündeste Stück Brot nicht auswerten können und vielleicht sogar als quälende Belastung empfinden und somit andere Säfte, andere Enzyme als der robuste Darm zur Verfügung stellen müssen, um diese Nahrungsmittel bewältigen und ausscheiden zu können. Und so kann der eine Mensch aus dem Stück Brot alles, was ihm guttut, herausfiltern, der andere muß viele Stoffe, die ihm unverdaulich sind, abwehren und sie ungenutzt lassen. Möglicherweise wird er sogar Gifte produzieren als Gegenmittel zu dem, was sein Organismus nicht verarbeiten kann. Und was für ein gesundes Stück Brot gilt, gilt in verstärktem Maße für Speisen, die dem Körper nicht zuträglich sind oder ihm schaden.

Wenn also ein Mensch einer angsterregenden Situation ausgesetzt ist, verdaut seine Psyche diese Angst auf eine ihm eigene und von ihm entwickelte Weise. Von tausend Menschen, die in einem Kriegsgefangenenlager unter denselben Bedingungen leben, die für alle bedrohlich, die für alle peinigend und demütigend sind, wird jeder einzelne die durch diese Umstände ausgelösten Ängste anders verdauen. Bei dem einen werden frühkindliche Reaktionen auf erste Traumata verstärkt und lösen einen unerträglichen Zustand aus, der in den Wahnsinn führen kann. Bei einem anderen werden die stärksten Gegenkräfte aktiviert. Er bewältigt seine Angst durch die Mobilisierung aller Abwehr, er macht sich immun oder sublimiert vielleicht die Ängste in dem Bedürfnis, seinen Mitgefangenen beizustehen und ihnen Trost zuzusprechen. Ein Dritter wird vor allem von der Befürchtung gequält sein, verhungern zu müssen. Ein Vierter wird besonders unter der Trennung von seinen Angehörigen leiden und unter der Unmöglichkeit, ihnen eine Nachricht zukommen zu lassen. Und so wie jeder von diesen Menschen seine ureigene Art hat, mit der schwierigen Situation zurechtzukommen, werden auch alle anderen Anwesenden individuell darauf reagieren.

Psyche ist äußerst selten kerngesund. Eine gesunde Psyche kennt die Angst, läßt sich aber von ihr nicht beherrschen, und deshalb ist sie nur in jenen zu finden, die sich in einem Zustand der Erleuchtung befinden. So wie es in eurer Welt kaum einen menschlichen Körper gibt, dessen Verdauungsorgane wirklich gesund sind und die ihre Aufgaben in der ursprünglich geplanten Weise verrichten, so gibt es auch auf eurem Planeten nur sehr wenige, die über eine gesunde Psyche verfügen können. Aber – um in dem Bild zu bleiben – ebenso wie ein überaus kranker Darm behandelt und weitgehend geheilt werden kann, so kann auch eine Psyche behandelt und geheilt werden. Heilung bedeutet nicht Rückführung zu einer vollständigen und ursprünglich-urtümlichen Funktionsfähigkeit, sondern sie führt zu einer Bereitschaft, Realität wieder so wahrnehmen zu können, daß sie nicht von Angst vollständig verzerrt erscheint und zum Aufbau weiterer Ängste beiträgt. Entzerrungsvorgänge können durch vielerlei Maßnahmen eingeleitet werden. Welche Form der Klärung zum gewünschten Ergebnis führt, ist abhängig von vielerlei kulturellen Bedingungen, abhängig von der Gesellschaft, in der ein

Mensch lebt, abhängig von seiner persönlichen Struktur und abhängig von dem, was er in einem bestimmten Leben erreichen möchte.

In allen Formen der heilenden Beeinflussung einer erkrankten oder gestörten psychischen Balance gilt, daß Liebe, Anteilnahme und Verständnis der auslösende Faktor sind und alle Technik – sei sie nun schamanistisch oder analytisch – nur den Rahmen bietet, der für den Kontext eines Heilvorgangs seine Funktion hat.

Grundsätzlich gilt, daß Psyche und Geist zusammenarbeiten. Psyche ist über Geist zugänglich, und Geist kann die Verzerrungen von Realität sichtbar machen, denen Psyche sich angepaßt hat. Geist wiederum ist zu einem erheblichen Teil Produkt von Kultur und Gesellschaft, denn er ist ebenso flexibel, beeindruckbar und anpassungsfähig wie Psyche. Doch neigt er weniger stark dazu, sich der Angst zu unterwerfen, obgleich Angst auch ihn prägen kann. Je differenzierter, offener und flexibler der Geist eines Menschen ist, um so differenzierter wird auch seine Psyche sein. Ein einfach strukturierter Mensch in einer einfach strukturierten Gesellschaft wird weniger psychische Facetten aufweisen als ein komplex strukturierter in einer Gesellschaft, die hunderttausend verschiedene Dinge von ihm verlangt, ohne ihm klare Richtlinien zu geben, wie es in eurer westlichen Gemeinschaft meistens der Fall ist.

Die Strukturierung der Psyche könnt ihr euch vorstellen wie eine Kugel, die mit kleinen Spiegeln verkleidet ist. Eine Kugel mit geringem Durchmesser wird nur einer begrenzten Anzahl von Spiegeln Raum gewähren können. Eine große Kugel von mehr als einem Meter Durchmesser hat Platz für eine Riesenanzahl von Spiegelteilen, die jede auf ihre Weise die umgebende Wirklichkeit reflektieren. Innerhalb der Kugel befinden sich die psychischen Verarbeitungsorgane, und sie müssen in einer großen Kugel anders arbeiten und komplizierter ausgestattet sein als in einer kleinen, wenn sie all das aufnehmen, registrieren und verdauen wollen, was die vielen Spiegelfacetten ihr zuleiten. Daß es aber leichter zu »optischen« Täuschungen und Illusionen führen kann als bei der kleinen Kugel, ist jedem verständlich.

In der Regel ist es so, daß sich ein Mensch wählt, entweder in einer einfachen Gemeinschaft mit festen Regeln und klaren Rahmenbedingungen zu inkarnieren oder in einer Zivilisation, die ihm große Wahlmöglichkeiten bereitstellt, ihn aber entsprechend verunsichert. Und es wird für eine ältere Seele von größerem Interesse sein, sich dieser Wahlmöglichkeiten zu bedienen, als für eine jüngere, die sich zunächst einmal auf dem Planeten zurechtfinden muß und eine Familie und Gemeinschaft benötigt, die ihr ein Empfinden von unbedingter Sicherheit und Geborgenheit vermittelt.

Je älter eine Seele ist, und je mehr Inkarnationen sie schon bewältigt hat, um so mehr ist sie in der Lage, ihren Geist zu der Aufgabe einzusetzen, Angst wahrzunehmen und damit zu unterscheiden, was die Psyche mit ihren unterschiedlichen Aspekten ihr diktiert und was in ihr an Angstautomatismen vorherrscht. Sie hat dann neue Wahlmöglichkeiten. Es ist ihr dann mehr und mehr freigestellt, zu entscheiden, ob sie der Stimme der Angst oder der Stimme der Liebe folgen will. Und je öfter eine Seele in verschiedenen menschlichen Körpern auf dem Planeten geweilt hat, um so mehr wird sie sich auch erinnern können an Ängste, die in früheren Inkarnationen eine dominante Rolle gespielt haben. Sie wird sich dann nach und nach von diesen Traumata der Vergangenheit distanzieren können, und sie nicht mehr im Speicher des kollektiven oder historischen Unbewußten mit sich tragen müssen.

Psyche ist, obgleich nicht Materie, doch ein Organ der Physis mit einigen nicht-physischen Aspekten. Wir sagten bereits, daß Seele auch Angst empfinden kann, doch handelt es sich um eine qualitativ andere Angst. Von einem Leben zum anderen werden nicht die Ängste des Alltags oder die Schwierigkeiten der individuellen Realitätsbewältigung weitergetragen und fortgeschrieben, sondern nur karmische oder elementare Verletzungen, die sich vorwiegend in bestimmten Arten manifestieren, das Leben zu verlieren, oder in schwerwiegenden Mißverständnissen, die sich in der körperlichen Psyche zu nachhaltigen Schuldkomplexen entfächern können.

Zu unterscheiden ist also zwischen den Ängsten, denen eine Psyche innerhalb einer Inkarnation ausgesetzt ist, und die sie auf die eine oder andere Weise bewältigt, die ihren Charakter und ihre Persönlichkeit prägen, und die zu wichtigen, unverzichtbaren Lernprozessen führen. Ein anderes sind die elementaren Ängste, die die Seele belasten, wenn ihr zur Unzeit eine Gelegenheit zur Entfaltung genommen oder verwehrt wurde, oder sie selbst eine Handlung begangen hat, die andere an der Durchführung ihrer seelischen Planung hinderte.

Diese Erinnerungen, die mit karmischer Verantwortlichkeit verknüpft sind, trägt die Seele von dem einen Leib in den anderen hinein, bis die Gelegenheit gegeben ist, die karmischen Bande zu lösen und die Ängste damit zugleich aufzulösen.

Die Psyche kann niemals gesund sein in dem Sinne, wie die Seele stets gesund ist. Als Psyche bezeichnen wir lediglich jenen Erfahrungsbereich, der der menschlichen Inkarnation in ihren vielerlei Gestaltungen seinen Sinn gibt. Wir möchten diesen Begriff auch nicht auf die Reaktionsmuster anderer Wesen, z. B. der Tiere, angewendet wissen.

Geist ist ein Begriff, der verschiedene Bereiche mentaler Fähigkeiten – Verstand, Intelligenz, Einsichtsfähigkeit u.s.w. – umgreift, die sich sowohl der körperlichen Funktionen des Gehirns bedienen als auch der psychischen Realität des jeweiligen Individuums. Der Geist wirkt integrierend nicht nur zwischen Körper und Psyche, sondern auch zwischen Psyche und Seele und ist in der Lage zu ordnen, zu verstehen und das Gelernte in Impulse zu übersetzen, die es dann an die Seele weitergeben und integrieren.

Der Begriff »Geist« umschreibt alle mentalen Fähigkeiten, die der Mensch zum jetzigen Zeitpunkt seiner Evolution besitzt, sowie die Möglichkeiten des Austauschs mit dem Geist seiner Mitmenschen und darüber hinaus die geistige Interaktion mit den Formen von Geist, die außerhalb seiner selbst in Wesen ruhen, die nicht über einen Körper verfügen. Geist ist demnach zum einen ein individueller Faktor, sodann ein kollektiver Faktor und darüber hinaus eine der Möglichkeiten, über das Mentale Zugang zu geistigen Formen zu finden, die im Kosmos zur Verfügung stehen und ihrer Benutzung harren.

Beginnen wir mit dem Geist des Individuums. Hier subsumieren sich Begriffe wie Verstand, Intellekt, Intelligenz, Unterscheidungsvermögen, Urteilskraft, Denkfähigkeit, Bildung, Erfahrung, die Möglichkeit, Zusammenhänge zu erkennen und kreative Synthesen zu bilden, sowie viele Formen der schöpferischen Verarbeitung von Realität. Der Geist eines Menschen in seiner individuellen Prägung bestimmt in mancher Hinsicht darüber, wie seine Seele und seine Psyche miteinander in Austausch stehen, denn nur sein Geist ist in der Lage zu erkennen und zu begreifen, zu analysieren und zu verändern. Die Einsichtfähigkeit und die Erkenntnisbereitschaft des Geistes, der seine vielfältigen Fähigkeiten einsetzt, um Erkenntnis zu erlangen, trägt in entscheidendem Maße dazu bei, psychische Veränderungen zuzulassen, zu verankern und zu nutzen. Und der menschliche Geist kann aus seiner Erkenntnisfähigkeit heraus Neues aufbauen, wenn es darum geht, etwas zu wollen, das den Bedürfnissen der oft gestörten Psyche widerspricht. Willenskraft und Willensbekundung sind ebenfalls Faktoren des Geistes und dürfen nicht unterschätzt werden, wenn es darum geht, das Bestehende zu verändern, ganz gleich in welcher Hinsicht.

Die Vermittlungsaufgaben und -funktionen des Geistes – zwischen der individuellen Psyche und der Seele des Menschen haben wir bereits beschrieben. Nun wollen wir darüber Auskunft geben, wie Geist Verbindungen herstellt, sowohl zu anderen, die über Geist verfügen, als auch zu den vom Körper gelösten, mentalen Kräften, die den Kosmos bewegen und im kleinen wie im großen bewirken, daß Entscheidungen nicht nur getroffen, sondern auch durchgeführt werden.

Geist hat kommunikative Aspekte, denn Geist sucht Verbindung, und Geist entwickelt sich im Kontakt und Austausch mit seinesgleichen. Deshalb ist Sprache eine Ausdrucksmöglichkeit von Geist und der sprachliche Kontakt eine Form geistigen Austausches, die den Menschen gegeben ist, damit der Geist des Individuums nicht stagniert, nicht in sich selbst gefangen bleibt, sondern fließen kann.

Doch nicht nur Sprache, die in Worten artikuliert wird, sondern auch Sprache, die über die Errungenschaften des Geistes unter die Menschen getragen wird, über Schrift, über Kunst und Technik, bietet Kommunikationsmöglichkeiten und vor allem Lernmöglichkeiten, die dem kollektiven Wachstum und der Entwicklung von Geist zugutekommen. Daß der Mensch die Fähigkeit besitzt, zu denken und darüber hinaus über sich und die Welt nachzudenken und darüber hinaus auch noch die Fähigkeit, über sich und die Welt vorauszudenken, ist eine andere Definition von Geist. Und die Fähigkeit vorauszudenken verbindet den Geist des Menschen mit den Formen von Geist, die sich außerhalb seiner selbst und seines Kollektivs finden. Wir könnten auch sagen, sein Geist nimmt Verbindung auf mit dem Geist schlechthin oder mit den Geistern. Die Fähigkeit des Menschen, sich inspirieren zu lassen, in einen von den Grenzen des Individuums und des Kollektivs befreiten Kontakt mit höherentwickelten Formen des Denkens zu kommen und sich zu öffnen für Ideen und Gedanken, die seine Kleinheit überschreiten, bindet den Menschen ein in das große Ganze auf einer Ebene, die der Einbindung seiner Seele entspricht, obgleich Geist und Seele hier nicht als vollständig gleichartig nebeneinander stehen.

Ihr erfahrt, daß eure Seele nicht nur den Anfang und das Ende des Allganzen beschreibt, ihr erfahrt auch, daß Geist die Seele darin unterstützt, das Allganze zu erkennen. Wäre Geist nicht auch losgelöst von den Möglichkeiten des Körpers mit seinen körperlichen Organen, wäre Seele nicht in der Lage, Erkenntnis zu erlangen und zu dem Wissen vorzudringen, das sie bewegt wie ein Motor auf ihrer Reise durch die unendlich vielen Entwicklungsstadien, nach denen sie verlangt.

Wir sagten, daß die Seele unveränderbar und unantastbar ihren Weg geht, und doch geht sie ihren Weg als ein Ding, das das Unveränderliche mit dem Sich-Entfaltenden vereint. Indem die Rose ihre Blütenblätter entfaltet und sich von der geschlossenen Knospe zu einer offenen Blüte entwickelt, die ihren Duft verströmen kann, verändert sie doch ihr Wesen und ihre Existenz als Rose nicht.

Geist und Psyche stehen in ständigem Austausch miteinander. Geist ist gereinigte Energie, die wie ein Filter zwischen Psyche und Seele wirken kann. Wenn wir die drei Bereiche als drei Schwingungsfelder betrachten, so hat das psychische Feld die niedrigste Schwingung, was sich als Konflikt, Unklarheit und Qual manifestiert. Das seelische Feld hat die höchste Schwingung, und Geist wechselt seine Schwingung in dem Maße, wie er sich den Feldern des Psychischen oder des Seelischen nähert. Geist wandert zwischen beiden Bereichen und überträgt Erkenntnisse, indem er sie von niederen Schwingungen reinigt und in höhere Frequenzen verwandelt.

Psyche kann sich selbst nicht entwirren. Geist entwirrt Psyche. Geist kann sich auf breiten Flügeln emporschwingen, während Psyche keine Flügel besitzt. Darum ist Psyche nicht schlechter als Geist und Geist nicht weniger wertvoll als Seele. Alle drei – Seele, Psyche, Geist – arbeiten aufs engste zusammen und sind notwendig, um dem Körper aufbauende Erfahrungen zu ermöglichen. Die Zusammenarbeit erfolgt auf einer vertikalen und auf einer horizontalen Ebene.

Die vertikale Ebene ist die Historie der aufeinanderfolgenden Inkarnationen, und die horizontale Ebene ist die aktuelle, die der Verbindungslinien zwischen gleichzeitig inkarnierten Körpern und getrennten Seelen. Es gibt nicht nur eine Realität. Realität ist eine Frage der Wahrnehmung. Es gibt aber nur eine Wahrheit, die jenseits von begrenzten Wahrnehmungsformen wirklich ist.

Die Seele in ihrer Ungebrochenheit und fraglosen Kontinuität hat Kontakt mit Wahrheit. Darüber hinaus erlebt die Psyche unterschiedliche Formen von Realität im Ablauf jeder Sekunde und der Spanne zwischen Geburt und Tod.

Die Psyche erlebt auf zwei Spuren, von denen eine durchgängig, aber selektiv die entscheidenden Erfahrungen aneinanderreiht, die andere, dem Physischen näher zugeordnete, sich mit dem Erfahrungsraum auseinandersetzt und versucht, den Bruchstücken von Realität, die ihr zugänglich sind, ihre eigene Logik aufzutragen. Was wir jetzt als Realität bezeichnen, ist Teil von Wahrheit, aber keineswegs identisch mit ihr.

Mit Psyche meinen wir die Gesamtheit der individuellen Erfahrungen in spezifischer Verarbeitung, die in einem nichtphysischen Organ bewahrt werden. Dieses Organ besitzt eine Kontinuität, die über den auswechselbaren physischen Körper hinausreicht. Die Psyche ist an den Körper gebunden, und gerade deshalb vergeht sie nicht vollständig, solange eine Seele noch im Zyklus physischer Inkarnationen gebunden ist und ihre Vorhaben erfüllt. Solange eine Seele zwischen der Erde oder anderen Planeten, auf denen Verkörperungen möglich sind, und der astralen Welt hin- und herwechselt, bewahrt sie Teilaspekte ihrer Psyche. Die Psyche ist ein Bindeglied zwischen Körper, Geist und Seele, und nur durch die Bewahrung psychischer Aspekte auch jenseits des fleischlichen Körpers kann diese Verbindung sinnvoll zum Tragen kommen, damit das Gelernte sich in der Seele verankert und neue Lehrpläne entworfen werden können. Im Umkreis einer einzelnen Inkarnation, wo die in der Psyche hinterlassenen Erfahrungseindrücke präziser und schmerzhafter empfunden werden, kann man sich die Psyche als einen Magnetspeicher vorstellen, der seine Programme über das physische Gehirn empfängt. Dieser Magnetspeicher zeichnet sich wiederum paradoxerweise dadurch aus, daß er vorzugszweise geeignet ist, verdrehte, entstellte und verzerrte Abbilder von Wirklichkeit festzuhalten. Wiederum hat er jedoch auch die Möglichkeit, solche verzerrten Informationen zu berichtigen, sie mit anderen Daten zu kombinieren, Schaltungen zu korrigieren und Gespeichertes, wenn nicht zu eliminieren, so doch die ihnen innewohnenden schädlichen Elemente zu neutralisieren. Dieser Magnetspeicher ist keine Fehlkonstruktion, obwohl es manchmal so scheinen mag, weil er vielen Individuen mit seinen automatisierten Programmen große Pein bereitet. Der Sinn dieses Apparates wird erst verständlich, wenn die Funktion von Bewußtsein im Passiven und Bewußtheit im Aktiven zum Verständnis hinzugenommen wird. Wachsende Bewußtheit vermag die erwähnten Korrekturen auszuführen, und damit Bewußtheit sich entwickeln kann, liefert die Psyche verzerrte Abbilder.

Psyche ist in diesem Sinne eine höchst bedeutende Wachstumshilfe für die Entwicklung der Seele. Als nicht-materielles, jedoch von den Zulieferungen der Physis abhängiges Speicherorgan erfüllt sie die Aufgaben einer Brücke zwischen den getrennten physischen Körpern sowohl auf der horizontalen als auch auf der vertikalen Ebene.

Essentielle Seelenrolle und Seelenalter

Jeder von euch besitzt ein seelisches Grundmuster, eine Matrix[1], ob er es weiß oder nicht. Jeder von euch nimmt von Anfang bis Ende seiner Entwicklungsphasen in verschiedenen menschlichen Körpern ein und dieselbe essentielle Seelenrolle ein. Die sieben Seelenrollen – Helfer, Künstler, Krieger, Gelehrter, Weiser, Priester und König – sind Archetypen, die zusammengenommen alle Möglichkeiten seelischer, geistiger und materieller Entfaltung und das gesamte Potential des Menschseins umfassen. Sie manifestieren sieben Prinzipien und Funktionen: Dienen, Gestalten, Kämpfen, Lernen, Kommunizieren, Helfen und Führen.

Die konstante essentielle Seelenrolle ist frei und selbständig

1 Die Matrix, das Seelenmuster, das jede Seele sich vor ihrer erneuten Inkarnation zusammenstellt, besteht aus sieben Elementen. Die Essenz oder Seelenrolle verbindet sich dabei mit dem Seelenalter sowie mit den fünf Variablen der Matrix: Hauptmerkmal, Entwicklungsziel, Mentalität, Modus und Reaktionszentrum. Diese bilden nunmehr miteinander ein persönliches, unverwechselbares Muster, das sich exakt beschreiben läßt. So ist der Mensch sowohl in ein Allgemeines und Ganzes eingebunden, als auch absolut einmalig, unverwechselbar, einzigartig, nicht nur was sein Gesicht, seine Stimme, seine Gene oder seine Fingerabdrücke betrifft, sondern auch durch seine seelische Struktur. Zur Matrix gibt es eine weitere umfangreiche Sammlung von Trance-Botschaften, die unter dem Titel »Archetypen der Seele« im November 93 bei Goldmann erscheinen.

gewählt, doch unterliegt diese Wahl anderen Kriterien als die Wahl der einzelnen variablen Matrixelemente, die eine Seele mit einer bestimmten Essenz sich von Leben zu Leben neu zusammenstellt.

Die Essenzen müssen einem unendlich breiten Fächer von Funktionen und Bedürfnissen gerecht werden. Dennoch sind es nur sieben, die für alle gleichermaßen gültig sind, und wenn ein jeder von euch eine dieser sieben Essenzen verkörpert, bedeutet es, daß er sie mit Milliarden und Abermilliarden von beseelten Wesen im ganzen Kosmos teilt.

Die essentielle Seelenrolle ist somit einerseits euer ureigenstes Merkmal, das euch ermöglicht, Leben aus einer bestimmten individuellen Perspektive zu erfahren, andererseits verbindet sie euch mit dem Überindividuellen, da sie archetypische Verwandtschaftsverhältnisse mit all jenen auf der Erde und im Kosmos bildet, die dieselbe Essenz vertreten wie ihr. Wenn die Essenz gewählt wurde, bleibt sie gültig über alle Dimensionen von Zeit und Raum hinweg, auch wenn ihr längst eure menschlichen, irdischen Körper hinter euch gelassen habt. Sie bleibt erhalten sowohl in der astralen als auch in der kausalen Welt sowie in allen weiteren Welten seelischer Entfaltung. Sie prägt die Struktur der Seelenfamilie und bestimmt euren Beitrag zum großen Ganzen. Sie wird euch nie verlassen bis zum Ende des Kosmos. Da jedoch dieses Ende weder für euch noch für uns vorstellbar ist, wollen wir darauf nicht weiter eingehen.

Um euch die fünf Seelenalter, die unterschiedlichen Entwicklungsstufen des langen Weges im Körper illustrieren zu können, haben wir zu einem Analogiesystem Zuflucht genommen, das jedem von euch vertraut und verständlich ist. Wir meinen ein Modell, das in eurer Kultur historisch weitverbreitet ist: das Modell der Lebensalter und Wachstumsstadien eines Menschen. Ihr könnt davon ausgehen, daß sich die Seele weitgehend diesem Modell entsprechend entwickelt. Es beginnt mit einem Zustand, den wir das Säugling-Alter der Seele nennen und entspricht entwicklungsgeschichtlich weitgehend dem ersten Lebensjahr eines Menschen. Das Säuglingsalter spiegelt die allerersten Erfahrungen von Hilflosigkeit und Ohnmacht wider, denen sich eine Seele ausgesetzt fühlt in all ihrer Verwirrung, wenn sie sich zum erstenmal inkarniert. Angst und Bedrohung sind allgegenwärtig. Dieser Zustand von Verwirrung und Ohnmacht hält manchmal länger als notwendig an, weil einige Seelen die Abhängigkeit, die damit verbunden ist, als ungewöhnlich angenehm empfinden.

Erst der Übergang in das zweite Stadium, das Kind-Alter der Seele, bietet einen ersten Ansatz zu freier Entfaltung. Neugier, die ersten Gehversuche und der Wunsch, die nähere Umwelt zu erkunden, prägen diesen Abschnitt.

Der Zyklus der Jungen Seele dauert in der Regel sehr lange. Die meisten zur Zeit auf dem Planeten Erde im Körper befindlichen Seelen stehen in diesem dritten Seelenalter. Jung heißt: dynamisch, aktiv, risikobereit, unbekümmert, von wenig Problemen oder doch von wenig Problembewußtsein belastet, erfolgsorientiert. Der junge Seelen-Zyklus umfaßt alle Eigenschaften, auch die weniger angenehmen, die ein Mensch von seiner Pubertät bis an das Ende seiner Zwanzigerjahre in der Welt, die ihr kennt, besitzt.

Dann tritt die Seele nach vielen Erfahrungen in das Stadium der Reife ein. Nach unserem Analogiemodell entspricht dies dem Menschenalter zwischen dreißig und fünfzig bis fünfundfünfzig Jahren. Eine erste Bilanz wird gezogen, die Seele sieht vieles, was sie erlebt hat, gelassener; sie ist sich der Lernmöglichkeiten bewußter, sie ist bereiter, nicht nur Aufregung und Befriedigung zu suchen, sondern auch leidvolle Erfahrungen positiv zu integrieren. Sie stellt sich nun andere Fragen und versucht auf individuelle Weise, diese Fragen zu beantworten, während die junge Seele keine Zeit hat, sich diese Fragen überhaupt zu stellen. Etwa zwanzig bis fünfundzwanzig Prozent der jetzigen Erdbevölkerung befinden sich in diesem Zustand seelischer Reife. Dieser Zyklus ist besonders schwierig und wird daher oft nur mühsam und langsam durchschritten. Zwischen den einzelnen Inkarnationen entstehen lange Pausen, da vieles beraten und verkraftet werden muß. Die Notwendigkeit entsteht, Bilanz zu ziehen und zu begreifen, was sich ereignet hat. Verantwortlichkeit ist ein Schlüsselbegriff des reifen Zyklus.

Die alte Seele – und damit kommen wir zum letzten Zyklus, der inkarnierte Existenzen betrifft – die alte Seele also hat diesen schwierigen Zyklus erfolgreich hinter sich gebracht und beginnt nun auf neue Art, sich zu befreien. Sie schüttelt zunehmend alten Ballast ab, wird auf eine neue Weise unbekümmert, schert sich immer weniger um das, was andere meinen und denken, versucht ungewöhnliche Wege der Individuation zu finden und ist auch bereit, sie zu gehen. Sie interessiert sich mehr und mehr für innerseelische Zusammenhänge, sucht bewußt seelische Verwandtschaften mit anderen, findet Befriedigung in ruhigen Lebensformen und braucht viel Zeit zur Introspektion. ← Selbstbeobachtung

Alle Seelenalter haben ihren eigenen Wert. Unsere scheinbar hierarchische Gliederung impliziert nicht, daß zwischen der Säugling-Seele und der alten Seele qualitative Unterschiede bestehen. Es gibt für niemanden einen plausiblen Grund, sich über andere, die seiner Meinung nach weniger fortgeschritten sind, zu erheben. Jede Seele erfüllt unwiderstehlich und unerbittlich die Notwendigkeiten ihrer Entwicklung.

Wenn ihr bereit seid, das zu begreifen und eure Kenntnisse von den Stufen des Seelenalters nicht als Waffe der Verachtung gegen andere einzusetzen, so seid ihr einen guten Schritt weitergekommen in der Fähigkeit, andere um euch herum zu akzeptieren und zu lieben.

Die Seelenfamilie

So, wie ihr Menschen das Leben erfahrt in der Zugehörigkeit zu verschiedensten sozialen Gruppen und in der Eingliederung in die unterschiedlichsten sozialen Strukturen, gibt es solche Gruppierungen und Strukturen auch in den Welten der Seele. Die kleinste Organisationseinheit, die ihr auf eurem Planeten kennt, ist die der biologischen Familie. Dann gehört diese Familie zu einem fest umrissenen Teil der Bevölkerung eines Landes. Sie ordnet sich ein in eine soziale Schichtung. Sie gehört einer Rasse an, einer Sprachgruppe, einer Berufsgruppe usw.

Diese Familie, der jeder von euch entspringt, hat auch eine vertikale Dimension, außer der horizontalen, die wir soeben angedeutet haben. Diese Vertikale ist eine historische Gewordenheit – eine Entwicklung, deren Endprodukt ein jeder von euch ist, und die sich weiter fortentwickeln wird, so daß der aktuelle Endpunkt aus der Perspektive der Geschichte – und hier meinen wir nicht nur die persönliche, sondern auch die kollektive Geschichte – nur ein Moment des Übergangs sein kann. Und so wie jeder von euch einer menschlich-biologischen Familie angehört, ist jeder von euch auch Mitglied einer seelischen Familie. Die Seelenfamilie bildet die kleinste Organisationseinheit in den Welten der Seele. Sie umfaßt aber in der Regel ein wenig mehr Mitglieder als eure menschlichen Familien. Allenfalls könnte man eine weit verzweigte Großfamilie mit vielen Generationen und vielen weitläufigen Verwandtschaften mit der Struktur der Seelenfamilie vergleichen.

Eine Seelenfamilie ist dennoch nicht beliebig groß, und ihre Mitgliederzahl steht von Anbeginn bis zum Ende fest. Sie kann sich im Sinne einer Verschwägerung mit anderen Seelenfamilien verbinden. Aber sie kann sich niemals durch eine andere wirklich erweitern. Die Anzahl der Mitglieder einer Seelenfamilie umfaßt zwischen 1000 und 1500 Seelen. Sie ergibt sich aus der Zusammensetzung der Essenzen, denn jede Seelenfamilie besteht aus zwei oder drei unterschiedlichen essentiellen Seelenrollen, die sich zu bestimmten Aufgaben und Zielsetzungen zusammenschließen und gemeinsam den Weg durch alle Inkarnationen beschreiten. Eine Seelenfamilie, die zum Beispiel aus den drei Essenzen von Künstlern, Gelehrten und Helfern besteht, wird sich andere Aufgaben setzen und in anderer Weise miteinander kooperieren, um diese Aufgaben zu lösen, als eine andere Familie, die sich zusammensetzt aus Künstlern, Weisen und Priestern. So wie in früheren Jahrhunderten eurer Zeitrechnung bestimmte Familien bestimmte Berufe pflegten und ihre Energien einsetzten, um innerhalb dieser Berufssparten eine Vollkommenheit und eine Geschicklichkeit zu erreichen, die sie und ihre Produkte unverwechselbar machten, sei es nun eine Familie von Juristen oder eine Familie von Goldschmieden, so kennen auch die vielen unterschiedlich zusammengesetzten Seelenfamilien ihre Spezialgebiete sehr genau und arbeiten über alle Inkarnationen darauf hin, sich auf den ihnen gemäßen Aufgabengebieten zu vervollkommnen und eine immer größere Geschicklichkeit darin zu erlangen, sie auszuführen und zu bewältigen.

Die Aufgaben einer Seelenfamilie beschränken sich nicht – wie ihr vielleicht glaubt – auf das Erreichen geistiger Ziele. Da die Seele jedes Familienmitglieds immer wieder in einem menschlichen Körper wohnt, ermuntert sie den Körper und den ihm innewohnenden Geist, die mentalen und die psychischen Kräfte in fest definierter Weise tätig werden zu lassen und den betreffenden Menschen in seinen vielen aufeinanderfolgenden Inkarnationen zu einer Erfüllung zu veranlassen, die durchaus auch in den Bereichen von Aktivität, Produktivität und Kreativität ihren Ausdruck findet. Dabei ist es ganz gleich, ob diese Produktivität und Kreativität zum Beispiel in der Elternschaft gesucht wird oder im Verfassen von Predigten, im Bau von Häusern oder im Komponieren von Musik. Die Arbeit auf dem Feld ist nicht weniger wertvoll und sinnvoll als die Regierung eines großen Stammes. Aus der Sicht der Seelenfamilie erfüllt jeder Angehörige dieser weit verzweigten Verwandtschaft genau die Aufgaben, die dem seelischen Kollektiv zugutekommen. Und jemand, der an dem, was von ihm erwartet wird, trotz einer bewußten Empfindung und trotz der Möglichkeiten, die ihm geboten werden, vorbeilebt, sich also in dieser oder jener Weise weigert, seinen Aufgaben gerecht zu werden, schert aus diesem Aufgabenverband aus. Wenn wir dies sagen, möchten wir euch zugleich warnen, das Gesagte als eine Schuld oder ein strafwürdiges Vergehen zu betrachten. Wie ihr auch aus euren biologischen Familienverbänden wißt, gibt es in jeder Familie Individuen, die sich den scheinbaren Gesetzmäßigkeiten der Familie nicht beugen wollen. Ihr bezeichnet sie als schwarze Schafe.

Und diese schwarzen Schafe haben – wie ihr ahnt – eine wichtige Funktion. Denn sie stellen das, was ihr für selbstverständlich haltet und das, womit ihr euch unbewußt, ohne es in Frage zu stellen, identifiziert, eben in Frage. Sie machen euch aufmerksam darauf, daß nicht alles so festgefügt und unerbittlich seinem Gang folgt, wie ihr annehmt. Diejenigen also, die sich den Erfordernissen der Seelenfamilie entziehen – und sie werden das immer nur vorübergehend tun –, haben auch innerhalb der Seelenfamilie die Aufgabe, die Bewußtheit zu fördern, die Klarheit der Entscheidung herauszufordern, diejenigen, die allzu gehorsam sind und in diesem Gehorsam einzuschlafen drohen, aufzurütteln und ihnen das hohe Gut der freien Entscheidung wieder vor Augen zu führen. Ihr dürft euch die Notwendigkeiten der Seelenfamilie nicht vorstellen als ein Gesetz, dem ihr folgen müßt, ob ihr es wollt oder nicht. Als Mitglieder eurer Seelenfamilie habt ihr ebenso wie in jedem Moment eures irdischen Lebens nicht nur die Fähigkeit, sondern auch die Aufgabe, den nächsten Schritt eures Werdens bewußt in Angriff zu nehmen und euch zu entscheiden.

Wir sagten, daß die Mitglieder einer Seelenfamilie gemeinsam an den Aufgaben arbeiten, die sie sich gesetzt haben. Und das erfordert – wie ihr euch vorstellen könnt – ein großes Maß an Kooperation. Die Kooperation nun findet nicht statt in der Weise, daß ihr euch im eingekörperten Zustand stets als Gruppe wiederfindet und dadurch auf der irdischen Welt zusammenarbeiten könnt wie die Kollegen eines Betriebs. Die Kooperation der Seelenfamilienmitglieder untereinander geschieht vielmehr unter Einbeziehung der telepathischen Verbindungen, über die jeder von euch mit den Geschwistern der Seelenfamilie verfügt. Und wie wir an anderer Stelle berichten werden, befindet sich zu dem historischen Zeitpunkt, an dem wir zu euch sprechen, jeweils ein beträchtlicher Anteil eurer jeweiligen Seelenfamilie auf dem zweiten und dritten Territorium der astralen Welt. Nur ungefähr ein Drittel befindet sich in der physischen Welt, und alle stehen miteinander ununterbrochen in Kontakt.

Die Kontakte nun unter den Mitgliedern, die sich gleichzeitig im Körper befinden, sehen ein wenig anders aus als diejenigen mit den Seelengeschwistern auf den Territorien der astralen Welt. Zunächst einmal ist es euch möglich, eure Körper in Berührung zu bringen. Das bedeutet, ihr könnt euch mit den Seelengeschwistern im Körper auseinandersetzen. Ihr könnt euch lieben und hassen. Ihr könnt euch begegnen und euch ignorieren. Ihr könnt miteinander arbeiten oder gegeneinander. Ihr könnt euch gebären und erschlagen. Und ihr könnt auch, wenn ihr es wünscht, eure besondere Verbindung miteinander bejahen, wenn ihr eure Herzen öffnet und euch den Möglichkeiten der Liebe stellt, die zwischen den Geschwistern einer Seelenfamilie in jedem Moment offenbar werden und Möglichkeiten der Verwirklichung finden können. Die Kommunikationsmöglichkeiten des 20. Jahrhunderts eurer Zeitrechnung haben die Chance erheblich vergrößert, daß ihr Mitgliedern eurer Seelenfamilien begegnet, die in entfernten Ländern und in den unterschiedlichsten Rassen inkarniert sind. Das hat seinen guten Grund, denn die Begegnung mit einem Bruder oder einer Schwester eurer Seelenfamilie ist von großer Wichtigkeit für die Entwicklung des Ganzen. Und da die inkarnierten und nicht inkarnierten Seelen es seit einiger Zeit eiliger haben als früher, ihren Fortschritt zu betreiben und ihre Inkarnation möglichst sinnerfüllt zu gestalten, haben sie dafür gesorgt, daß die Gelegenheiten, einander zu begegnen, häufiger und leichter zu schaffen sind.

Wenn ihr also in ein fernes Land reist und dort einem Menschen begegnet, der euch über seine Augen im Herzen anrührt, so wird es euch wohltun, diese Berührung zweier Seelen zu bejahen und zu fördern, so gut es geht und solange es die Situation erlaubt. Dasselbe aber gilt auch für ein Gesicht, das euch über den Fernsehbildschirm entgegenleuchtet und zu dem ihr euch hingezogen fühlt wie zu einem Menschen, der euch verwandt erscheint, und der euch viel zu geben hat. Ebenso könnt ihr in Berührung kommen mit einem Mitglied euerer Seelenfamilie über ein Buch, das ihr lest und von dem ihr euch in besonderer Weise angerührt fühlt, oder über eine Musik, die Träger einer Botschaft ist, die eure Seele entziffern kann, auch wenn sie eurem Verstand unzugänglich bleibt.

Wie ihr seht, gibt es viele und noch viel mehr dieser Möglichkeiten, mit den Mitgliedern eurer Seelenfamilie Kontakt aufzunehmen. Wir möchten euch dazu sagen, daß nicht die Dauer des Kontakts die Verbindung herstellt, sondern seine Intensität. Und zum Empfinden der Intensität gehört ein Funken Bewußtsein, der diese Intensität zulassen kann und sie bejaht.

Die meisten – wenn auch nicht alle – eurer Seelengeschwister sind euch in vergangenen Inkarnationen begegnet. Ihr habt flüchtig oder eng mit ihnen in Beziehungen gestanden. Diese Beziehungen waren erfreulich oder schmerzhaft. Ihr habt mit niemandem so viel gemeinsam und so viel erlebt wie mit denen, die mit euch zusammen ausgeschüttet wurden, und mit denen ihr euch wieder vereinigen werdet, wenn der Zyklus eurer Inkarnationen abgeschlossen ist und ihr wieder zu einem Kollektiv ohne Trennung verschmelzt, das wir als Ganzheit oder Entität bezeichnen.

Wir sprachen bislang von den Möglichkeiten, die euch im Körper gegeben sind, Aufgaben miteinander zu erfüllen. Und nun wollen wir noch sprechen über die Verbindungen, die ihr zu den Mitgliedern eurer Seelenfamilie aufrechterhaltet, die sich nicht zum selben Zeitpunkt wie ihr in einem Körper auf eurem Planeten befinden. Über die Wechselbeziehungen zwischen Physis und astraler Welt werden wir an anderer Stelle sprechen. Wir möchten nun nur einen Hinweis darauf geben, daß die Seelen einer Familie, die sich auf dem zweiten astralen Territorium aufhalten, auch dort enger miteinander in Berührung stehen als mit den anderen Seelen, die sie dort treffen. Diese Nähe drückt sich in erster Linie darin aus, daß die, die sich in der astralen Welt wiedererkennen, sich vom Körper gelöst in einem angstgemilderten Zustand befinden. Deshalb können sie auch dann, wenn sie miteinander verfeindet waren oder sich weh getan haben, miteinander ins Gespräch kommen, um über das Gespräch und unter kundiger Führung jener, die sie dort empfangen, neue Vereinbarungen treffen zu können. Sie können das, was ihnen nach eigenem Willen widerfahren ist, verarbeiten und begreifen. Sie können miteinander ausmachen, sich erneut gemeinsam zu inkarnieren und ihre Körper auf die eine oder andere Weise miteinander in Kontakt zu bringen, um die Tiefen ihrer bereits bestehenden Beziehungen auszuloten und um neue Wege zu erkunden in gemeinsamem Bemühen; aber manchmal ist es auch sinnvoll, eine Feindschaft, die noch nicht in ihrer Tiefe erschöpft ist, weiter zu betreiben, sich erneut in Rache und gegenseitige Verletzung zu verstricken. Das klingt in euren Ohren wie eine schreckliche Sünde, doch von den Bedürfnissen der astralen Welt her gesehen ist eine solche Abmachung nicht selten von großem Gewinn.

Denn nur wenn die Seelen einer Familie die Gelegenheit wahrnehmen, sich aneinander zu erproben und in den Schatten der physischen Welt miteinander zu frieren, werden sie sich daraus lösen können und sich wärmen, um sich von ihren Verstrickungen zu befreien.

Auch die Tierwelt ist beseelt. Tiere besitzen jedoch andere Formen von Seelen. Es sind Gruppenseelen, deren Aufgaben sich aber mit den Aufgaben einer Individualseele nicht vergleichen lassen.

Nicht nur auf eurer Erde, sondern auch auf anderen Planeten, die verkörperte Existenzen kennen, gibt es Tiere mit Gruppenseelen. Der Tierseele ist jegliches Bewußtsein ihrer selbst und ihrer Lernmöglichkeiten verwehrt. Ein Tier hat kein Bewußtsein seiner selbst. Eine Katze z. B. erfährt sich zwar als lebendes, aber nicht als lernendes Wesen. Sie hat kein Selbst-Bewußtsein, wohl aber ein Gefühl von ihrem Lebendigsein. Ihr fehlt das Empfinden ihrer Identität. Um euch die Unterschiede zwischen Menschenseele und Tierseele zu erläutern, kommen wir auf unser eigenes Lehrprogramm zurück, das wir als ein Aufheben von Trennung bezeichnen, als ein Helfenwollen bei der Überwindung des Getrenntseins. Die im Menschen verkörperte Seele hat sich diesen merkwürdigen, schwierigen Weg der Erfahrung gesucht, weil er ihr am meisten entspricht.

Das Tier kennt in diesem Sinne keine Trennung, weil es kein Bewußtsein von sich selbst als Individuum hat. Die Aufgaben des Tieres bestehen vielmehr in der Erfahrung und der Bejahung des Kollektivs. Es erfährt sein subjektives Glück und sein Lernen mit der Integration in das Ganze. Die Möglichkeiten der Integration und ihr Sinn kann vom Tier nicht in Frage gestellt werden und wird auch nicht in Frage gestellt.

Die Aufgaben von Tier und Mensch sind im Grunde geradezu diametral verschieden. Der Mensch ist nicht Mensch, wenn er nicht Trennung erfährt und überwindet. Das Tier ist nicht Tier, wenn es nicht das Kollektiv erfährt und bejaht.

Der Mensch kann Trennung zwar nicht verhindern, er kann aber die Verringerung der Distanz in der Trennung und die Vereinigung und Einigung anstreben. Er kann sich dem aber auch entgegenstellen und versuchen, die Tendenzen zur Trennung zu verstärken. Darin liegt seine Freiheit. Dennoch wird er nicht umhin kommen, auf die Vereinigung zuzugehen, auch wenn er nicht danach strebt. Der Weg zur Vereinigung ist nicht gerade, aber unaufhaltsam. Der Weg der Vereinzelung, der Fragmentierung ist der Menschenseele vorbehalten. Er ist eine ganz besondere Form von Lernen, die der Entfaltung dieser speziellen Seelenstruktur auf den Leib geschrieben ist, auf den Leib – und nur auf den Leib.

Viele Menschen hängen nun in ihrer begrenzten Fähigkeit zu lieben mehr an ihren Haustieren als an den Menschen, die in ihrer Nähe leben. In spiritistischen Sitzungen kann manchmal etwas geschehen, was wir als Trick einiger Wesen von der

Astralebene bezeichnen möchten, der angewandt wird, um einen Menschen, der sich noch im Körper befindet, mit einer Botschaft zu erreichen. Stellt euch eine Seele vor, die vor einiger Zeit den Körper verlassen hat und nun einen engen Kontakt mit einem noch Lebenden herstellen möchte. Dieser Entkörperte wird oft mit viel mehr Erfolg durch die angenommene Identität des Haustieres sprechen, als wenn er sich als die Person, die er gewesen ist, melden würde. Die »Maske« Tier dient ihm als Erkennungszeichen. Es handelt sich also nicht darum, daß Verstorbene in der Astralwelt ihre Haustiere wiederfinden, denn Tiere befinden sich nicht dort, wo sich die verstorbenen Menschen aufhalten. Sie haben dort nichts zu suchen und würden sich sehr fremd vorkommen. Aber in dem Sinne, wie wir es geschildert haben, benutzen Astralwesen bisweilen die Verbindung mit Tieren, um ihre Anliegen sinnvoll vorbringen zu können.

Die Gruppenseelen der Tiere halten sich nicht auf diesen Ebenen auf. Sie verspüren kein Bedürfnis, sich erneut zu inkarnieren, aufs neue die Physis zu bevölkern, wenn sie diese verlassen haben, da mit einem einmaligen Besuch der Sinn ihrer Inkarnation vollends erfüllt ist.

Die Funktion von Angst

Welchen Sinn für die Entwicklung hat Angst, oder ist sie nur ein Hindernis? An Angst ist nichts Gutes, aber sie hat Funktionen. Funktionen sind weder gut noch schlecht, sie sind neutral. Angst ist zu vielen Dingen da. Sie wird zu vielen Dingen benutzt und auch mißbraucht. Zum Beispiel hat sie die Funktion, diejenigen Bereiche zu umschreiben, die im Leben nicht real sind.

Ihr alle habt schon die Erfahrung gemacht, daß eine Angst sich als unbegründet herausgestellt hat. Wenn wir von Angst sprechen, dann sprechen wir grundsätzlich nur von der Angst, die nicht begründet ist, die im existenziellen Sinn unbegründet ist. Wir reden nicht von der Angst, die berechtigt ist, z. B. die Angst zu sterben, wenn ein Mensch in großer Gefahr schwebt. Diese Ängste nennen wir existentielle Ängste. Sie sind berechtigt, wie jeder von euch weiß.

Angst ist eine Sichtweise, die die Realität, also das, was ist, in einer so starken Weise verdreht, verrenkt und verzerrt, daß ihr sie vor Augen habt und euch auch gerne vor Augen führt als etwas Bedrohliches, als etwas äußerst Unüberwindbares, als etwas, woran ihr mit Vorliebe zugrunde gehen möchtet. Wenn es überhaupt ein Problem mit der Angst gibt, dann jenes, daß ihr glaubt, ohne Angst nicht überleben zu können. Angst gehört zu euch wie das Leben. Keinen Moment eures Lebens habt ihr in aller Regel ohne Angst verbracht. Angst ist ein Zustand, der sich einmal schwächer und einmal stärker manifestiert, doch fast immer ist er in der einen oder anderen Form vorhanden. Um nun diese Angst in eine Form zu bringen, um ihr Gestalt zu geben, schafft ihr euch eine persönliche Ausdrucksform. Wir reden jetzt von euch nicht als einer Gruppe von Individuen, sondern von euch als Spezies. Ihr kennt kein Leben ohne Angst, und da Angst zu diesem Leben so gut wie untrennbar gehört, darf man mit Fug und Recht unterstellen, daß ihr auch eine Funktion zukommt.

Gehen wir zurück zu dem Zeitpunkt, wo eine Seelenfamilie sich aus ihrer Einheit löst, sich in Fragmente zersplittert und die Mitglieder der Seelenfamilie als getrennte Individuen getrennte Körper beziehen. Allein die Tatsache der Trennung, des nicht mehr Zusammengehörens, des nicht mehr Zusammenseins, macht dem nunmehr abgetrennten, aufgesplitterten Fragment eine solche Angst, daß es sich am liebsten nie mehr inkarnieren möchte, denn diese Angst in den allerfrühesten Zyklen bestimmt alle Tage und alle Manifestationen seiner Existenz.

Diese Angst ist sogar noch zwischen den Leben zu beobachten. Sie löst sich erst nach und nach im Laufe vieler Inkarnationen auf, und wir haben wiederholt darauf hingewiesen, daß ein Mensch dann als erleuchtet bezeichnet werden kann, wenn er sein Leben vorwiegend – wenn auch nicht ausschließlich – ohne Angst überstehen kann. Angstfreiheit ist also das Ende eines langen Weges, und wenn wir von Angstfreiheit sprechen, so möchten wir dies dahingehend präzisieren, daß auch Erleuchtete nicht ständig und immer ohne Angst sind. Aber sie erkennen ihre Angst und können sie überwinden, wenn sie sie überfällt.

Angst hat nun eine weitere sehr wichtige Funktion. Sie erfüllt die Aufgabe des Poles. Wie ihr wißt, könnt ihr Wärme nicht identifizieren und abgrenzen, wenn ihr Kälte nicht kennt. Ihr könnt den Tag nicht als solchen erkennen, wenn euch die Nacht fremdbleibt. Ebenso ist es unmöglich, Liebe zu erkennen, zu fühlen und zu identifizieren, wenn ihr die Angst nicht kennt. Angst ist also ein Kontrastmittel. Angst hilft euch zu erkennen, wann ihr keine Angst habt. Dies sind seltene Momente, aber dazu lebt ihr. Dafür lebt ihr, daß ihr diese Momente verlängert, daß ihr sie wahrnehmt, daß ihr anfangt, euch darin wohl zu fühlen.

Die Frage nach der Funktion von Angst ist also die Frage nach dem Leben überhaupt. Warum lebt der Mensch denn, was ist der Sinn seiner fortgesetzten Existenzen, seiner vielen Inkarnationen? Wir haben bereits darüber gesprochen, möchten euch aber in Erinnerung bringen, daß es sich hier um die Erkenntnis und Überwindung der Entfremdung handelt, die zur Ganzheit führt.

Aus der Ganzheit kommt ihr und in die Ganzheit geht ihr. Ihr kommt aus der Ganzheit, ohne zu wissen, wie gut sie ist. Ihr kamt aus der Ganzheit und wußtet nichts von ihr. Ihr wart ganz und kanntet die Ganzheit nicht. Ihr konntet euch nicht an ihr freuen. Sie hat euch keine Ekstase geschenkt.

Darum wurde dieser Weg eingerichtet, damit ihr über die Zersplitterung, die Entfremdung und die Individuation die Freuden der bewußten Ganzheit erobern sollt. Es ist ein langer Weg, der nicht nur durch die Körper führt, sondern auch jenseits des Körpers noch weiter beschritten wird. Aber das Ziel ist wiederum die Ganzheit. So geht ihr von der Ganzheit in die Ganzheit, und die Angst ist das Mittel, das euch gegeben ist, um zu überprüfen, wo ihr steht. Sie ist die Testlösung, die euch immerwährend zur Verfügung steht. Im wahrsten Wortsinn kann ein Ausspruch auf diesen Weg gelten: Wie wohl tut es, wenn die Angst nachläßt!

Doch seid ihr durch die vielen Leben so sehr an eure Angst gewöhnt, daß ihr wirklich begonnen habt zu glauben, ohne sie sei kein Überleben möglich. Ihr habt begonnen, eure Angst zu lieben, als sei sie ein Teil von euch, dabei ist sie, wie wir sagten, nur ein Kontrastmittel. Die Angst gilt es weder zu ehren noch zu verachten. Sie hat eine Aufgabe, eine Funktion, und diese ist neutral. Sie möchte nur das Eigentliche besser hervortreten lassen. Liebt also eure Angst nicht und haßt sie auch nicht. Sucht in ihr nach der Liebe, wie ihr in eine Lösung schaut, in der bestimmte Stoffe deutlicher sichtbar werden. So könnt ihr eure Angst betrachten, um zu erkennen, was es ist, das sich von ihr unterscheidet.

Das Böse ist ein Mangelzustand

Hätte das Böse eine eigene Realität, würde das bedeuten, daß es existiert und sich losgelöst vom inkarnierten Menschen manifestieren kann, von seinem Denken und seinem Tun. Dann würde es auch die Bereiche erfüllen und betreffen, die mit dem Menschen nicht unmittelbar in Kontakt sind. Eine solch eigene, losgelöste und abgetrennte Realität besitzt das Böse nicht.

Dennoch ist die Existenz des Bösen, so wie es sichtbar wird, nicht zu leugnen. Das Böse ist real, wenn auch nicht abgetrennt von dem, der Böses tut. Das Böse braucht Handlanger. Das Böse braucht Täter und Opfer. Beide, Täter und Opfer, sind gleichermaßen in den Kontext des Bösen verwickelt. Das Böse, so wie wir es definiert haben, existiert überall, wo es Seelen gibt, seien sie nun inkarniert oder nicht. Keineswegs ist das Böse abwesend dort, wo Seelen keinen Körper bewohnen. Das Böse ist nicht nur auf eurem Planeten existent, sondern überall dort, wo Wesen existieren, die eine Seele besitzen. Diese Wesen haben nicht immer die Art und die Form von euch Menschen, aber das hindert sie nicht daran, sich im Gefüge von Gut und Böse zu bewegen.

Das Böse ist ein Mangelzustand. Das Böse ist ein Zustand der Abwesenheit. Böses ist nur dann vorhanden, wenn etwas anderes fehlt. Das Böse ist Abwesenheit von Liebe. In diesem Sinne jedoch ist es nicht absolut, sondern relativ. Wir möchten euch ein kleines Beispiel davon geben. Ein Kind, das täglich mehrmals geschlagen wird, wird einen Menschen, der es nur einmal in der Woche schlägt, als gut empfinden. Die Vorstellung vom Bösen ist nicht loszulösen von der Vorstellung, die ein Mensch von Liebe hat. Abwesenheit von Liebe kann sich in zerstörerischen Taten äußern oder nur in Gedanken.

Das Böse als die Erfahrung der Abwesenheit von Liebe gehört unverzichtbar zur Entwicklung des Menschen. Denn der Mensch kann Liebe in sich selbst nur erfahren, wenn er das Böse in sich und anderen zuläßt. Erst dann hat er die Freiheit zu wählen. Und wie ihr wißt, ist die Freiheit zu wählen die Essenz von Menschsein und Entwicklung.

Da ein Mensch, der sich leer fühlt von Liebe, dieses Vakuum kaum ertragen kann, bemüht er sich, es zu füllen mit dem Gegenteil von Liebe. Der Mensch braucht das Böse, um sich definieren zu können. Das bedeutet nicht, daß er sich danach sehnt, sich dem Bösen hingeben zu können. Das Böse ist für die Entwicklung der Seele wie eine bittere Medizin, der sie sich aussetzt, die sie sich zufügt, um gesunden zu können. Diese Vorstellung von dem Bösen als einer unverzichtbaren Entwicklungshilfe für die Seele ist nur dann gültig, wenn ihr eure Existenz nicht als einmalig betrachtet. Erst im Kontext des gesamten Inkarnationszyklus erhält das Böse seine Aufgabe und seine Erklärung.

Das Böse ist nicht existent als losgelöste Energie, die vom Menschen abtrennbar ist. Ganz im Gegenteil: Das Böse ist manifeste Projektion dessen, was ein Mensch in sich trägt. Dadurch ist es von der Polarität allen Seins nicht zu trennen. Je mehr ein Mensch versucht, das Böse von sich fernzuhalten, um so mehr wird das Böse um ihn herum manifest werden. Ein Mensch, der sich krampfhaft bemüht, nichts Böses zu denken und zu tun, sich bis in die kleinsten Winkel seines Bewußtseins zu reinigen und sich alles zu verwehren, sich für alles zu strafen, was ihn nur irgendwie an das vermeintlich Böse gemahnt, wird unbewußt mit Genuß dafür sorgen, daß er von Menschen und Mächten umgeben ist, denen er das Böse zuschreibt und die das Böse für ihn leben müssen. Deshalb ist es wichtig, das, was da ist, anzuerkennen, anstatt es den anderen zu überlassen, diese Aufgabe zu erfüllen und zu leben.

Wir sagten: Das Böse ist Abwesenheit von Liebe. Nicht also, indem ihr das Böse in euch und in den anderen negiert, und nicht durch Kasteiung, Vorwurf, Schuld und Sühne wird es sich auflösen, sondern indem der Liebe mehr Raum gegeben wird, damit das Böse sich nicht genötigt fühlt, sich auszubreiten und die Regierung, die Macht zu übernehmen.

Böses ist immer eine Reaktion auf Angst. Böses ist eine von vielen Möglichkeiten, mit der Angst nach außen zu gehen. Mit Bösem kann der Mensch einen scheinbar fruchtbaren Versuch unternehmen, Angst zu bekämpfen. Wenn Angst überwältigend wird, kann Bosheit scheinbar helfen, die Herrschaft über die Situation wieder zu erlangen. Bosheit und das Böse sind Punkte auf einer Skala von Gradunterschieden. Die böse Schwiegermutter, die eine giftige Bemerkung macht, bekämpft ihre Angst vor dem Abgelehntwerden, indem sie ihre Angst und Bosheit auf den Schwiegersohn oder die Schwiegertochter projiziert. Zwischen dieser Bosheit und dem Bösen, das sich z. B. in Mord oder Völkermord sein Ventil sucht, bestehen nur graduelle Unterschiede. Die Funktion ist dieselbe. Bosheit ist ein mißglückter Versuch, Angst abzuwenden, und das Böse ist es auch. Warum sprechen wir von einem mißglückten Versuch? Weil die vorhandene Angst damit nicht verschwindet, sondern nur ins Unbewußte verdrängt wird, und es wäre wünschenswert, daß mehr und mehr Menschen die Möglichkeit entdecken, Angst auch auf andere Weise zulassen zu können. Dennoch bleibt gültig, daß die Erfahrung des Bösen ein unverzichtbares Element für die Entwicklung der Seele darstellt. Darum habt ihr alle das Wissen um das Böse und Zugang zum Bösen, sei es aus dieser Inkarnation oder aus einer anderen.

Um das Böse zu erfahren, sowohl von der Täterseite als auch von der Opferseite, braucht ihr andere um euch herum, die die Aufgabe übernehmen, das Böse zu tun. Wenn ihr jetzt glaubt, ihr könntet euch ewig rein und frei halten, so wird euch bald aufgehen, daß ihr in eurer nächsten Existenz diese Vermeidungstaktik wieder berichtigen müßt.

Das bedeutet nicht, daß ihr euch befleißigen solltet, Böses zu denken und Böses zu tun. Es geht vielmehr um die Anerkennung der Kräfte, die in jedem von euch sind. Es geht um alle Einsicht, um alle Möglichkeiten, das Böse zu betrachten, ohne es nach außen projizieren zu müssen und denen, die mit ihren eigenen Anliegen beschäftigt sind, noch aufzubürden, das, was ihr für euch selbst tun könntet, an eurer Stelle zu tun.

Leid, Krankheit und Tod gehören zum Leben

Wenn wir euch Menschen betrachten, erkennen wir, daß ihr euch in zwei Grundtypen unterscheidet. Der eine Typus setzt sein leibliches Leben, seinen Körper und seine physische Existenz als Grundlage seiner Weltanschauung, und deshalb glaubt er, daß mit seiner Physis der Anfang und das Ende seiner Existenz gegeben sei.

Der andere Menschentyp versucht sich davon zu überzeugen, daß er nicht sein Körper sei. Er glaubt, er ist Geist. Er glaubt, er ist Seele. Er glaubt häufig, daß sein Körper etwas sei, das man mit dem Wörtchen »nur« einschränkend bezeichnen sollte. Er glaubt, sein Körper sei ein zu vernachlässigendes Anhängsel seiner Seele oder seines Geistes und sollte deshalb möglichst nicht wichtig genommen werden. Zu dieser zweiten Kategorie gehören auch all diejenigen, die immer wieder betonen, daß Körper und Geist, Körper und Seele eine Einheit bilden und sich eines ganzheitlichen Denkens befleißigen. Wir aber sagen euch: Keine von diesen beiden Gruppen hat das richtige Maß der Dinge erfaßt.

Ihr Menschen lebt in einem Körper. Der Körper ist für einen Menschen, der beschlossen hat, sich zu inkarnieren, von elementarer Wichtigkeit. Aber was sich in dem Körper inkarniert, ist Seele; der Geist vermittelt zwischen Körper und Seele.

Eine Notwendigkeit des Leidens gibt es streng genommen nicht. Leid wird notwendig erst dann, wenn ein Mensch, der zum Lernen geboren wird, aufgrund vielfacher Prägungen und angehäufter negativer Erfahrungen nicht mehr in der Lage ist, zu erkennen, daß Lernen auch durch Freude möglich ist. Wir sprechen von angehäuften Erfahrungen, weil sie sich durch viele Existenzen hindurch akkumulieren und so fest in das Bewußtsein einbrennen, daß es heute kaum einem einzigen Wesen mehr möglich scheint, die entscheidenden und wirklich bereichernden Erfahrungen ohne Leid zu gewinnen.

Ihr vertretet die Ansicht, daß kein Mensch gern leidet. In mehr als einer Hinsicht möchten wir diese Aussage bestreiten. Die Seele leidet dann gern, wenn sie keine anderen Möglichkeiten sieht, um ihre Erfahrungen zu machen. Subjektiv ist das Erfahren von Leid allerdings nicht erwünscht. Jeder möchte dem Leid ausweichen und wünscht sich ein Leben in eitel Freude und Vergnügen. Doch weiß er sehr genau, daß die Freuden, die er sich im allgemeinen zu verschaffen weiß, keine echten Freuden sind und ihm die Möglichkeiten nicht gestatten, tiefgreifende und tief verändernde Erfahrungen zu machen.

Menschen leiden, weil sie die Fähigkeit verloren haben, nicht zu leiden. Oder zumindest scheint es ihnen so. Mit Fleiß begeben sie sich fortwährend in Situationen, die ihnen Leiden versprechen, sogar bevor sie eingetreten sind. Und jeder von euch ist mit einem Minimum an Instinkt ausgestattet, der ihm signalisiert, wo ihn Freude und wo ihn Leid erwartet. Aber ihr hört auf diesen Instinkt nur in den seltensten Fällen, weil euch Leid auch Lust vermittelt. Wir begannen damit zu sagen, daß es keine strikte Notwendigkeit für Leid gibt. Leid ist nur bedingt vorgesehen als Möglichkeit des Wachstums und der Entwicklung. Es besteht z. B. keinerlei Notwendigkeit, über den Tod eines Angehörigen oder eines Freundes so traurig zu sein, daß man leidet. Trauer und Leid sind nicht in der Weise miteinander gekoppelt, wie es euch zwingend scheint. Man kann freudig trauern, oder man kann die Erfahrung des Abschieds so leidvoll gestalten, daß man daran zu zerbrechen droht.

Das alles ist eine Frage der inneren Haltung, der Prägung, der Einsicht und des Wollens. Auch eine Krankheit, selbst eine, die zum Tode führt, muß nicht zwingend eine leidvolle Erfahrung sein. Viel Leid entsteht erst dadurch, daß andere mit einem Erkrankten ein sogenanntes Mitleid zeigen, das weder erwünscht noch gefragt ist, das aber eure Vorstellung von Leid auf den Kranken so machtvoll projiziert, daß dieser sich nicht mehr zu retten weiß und der Zuweisung von Leid unterliegt. Wenn ihr zu einem Kranken in einem fort sagt: Du Armer, du Armer! dann wird er sich binnen kurzem sehr arm vorkommen. Ihr seid aber bloß so froh, daß nicht ihr selbst betroffen seid, daß ihr die Krankheit und das Leid delegieren könnt! Dann häuft ihr es auf den Kranken wie einen Berg von Asche, unter dem er ersticken muß. Ihr findet also Leid, wenn ihr es sucht, und ihr werdet es immer finden, wenn ihr nicht lernt, Stille und Freude als praktikable Alternativen zu suchen, die euch jederzeit zur Verfügung stehen. Auch wenn es euch unmöglich erscheint, eine verantwortliche Entscheidung zu treffen, ob ihr euer Leben vorwiegend in Leid oder vorwiegend in Freude verbringen wollt, so sagen wir euch: Es ist dennoch möglich. Möglich ist es aber nur dann, wenn ihr beginnt, Freude nicht als oberflächliche Emotion zu definieren, sondern als tief empfundene Bejahung all dessen, was ist.

Warum haben die meisten Menschen Todesangst? Ein Mensch ist ohne Todesangst nicht denkbar insofern, als er ein physisches Wesen ist, ein biologisches Wesen. Er ist Körper. Und der Körper fürchtet um sein Überleben, weil er ohne Leben seinen Zweck nicht erfüllen kann. Auf dieser Ebene also ist es normal und gilt es zu akzeptieren, daß ein Mensch, der nicht umhin kann anzuerkennen, daß er einen Körper besitzt, auch von der Angst um diesen Körper gepeinigt wird. Dieser Körper kann gemartert und gequält werden. Er kann zerstört werden. Das macht dem biologischen Menschen angst. Wenn ihr also versuchen wollt, eure biologische Angst fortzuscheuchen, macht ihr euch an ein aussichtsloses Unterfangen. Denn diese biologische Angst ist notwendig; sie gehört zu euch wie euer Kreislauf, wie eure Verdauung. Akzeptiert, daß ihr Wesen seid, die Angst um ihr Überleben haben müssen.

Diese Angst bewahrt euch vor manchen Schwierigkeiten. Diese Angst gehört zu euren biologischen Mechanismen. Sie schützt euch, sie hilft euch in schwierigen Zeiten zu überleben und fördert das Wachstum der Seele.

Etwas anderes ist es mit der geistigen Angst vor dem Sterben. Diese Angst ist nicht notwendig. Wenn ihr euch daran gewöhnen könntet, dem Körper seine eigenen Gesetzmäßigkeiten zuzugestehen, dann könntet ihr auch dem Geist seine Gesetzmäßigkeiten lassen. Und ihr könntet ihm die Freiheit gewähren, die biologische Angst anzuerkennen und sich dennoch nicht in den Fesseln dieser biologischen Angst gefangen zu legen.

Die Menschen haben also aus zweierlei Gründen Todesangst. Zum einen, weil biologische Angst eine wichtige Funktion des lebendigen Organismus ist, und zum anderen, weil euer Geist für diese biologische Angst, die ihn demütigt und ihm ein Gefühl von Kleinheit vermittelt, tausend Erklärungen sucht, tausend Rechtfertigungen, unendlich viele Systeme, die er benutzen kann, um diese Angst zu bewältigen. Diese Systeme und Rechtfertigungen manifestieren sich in den vielen verschiedenen Ausdrucksformen von Glaube und Aberglaube, von Phantasie und Tradition, die euch angeboten werden, und die ihr euch selbst kreiert, um mit der vermeintlichen Demütigung leben zu können. Diese Vorstellungen nehmen euch die Freiheit zu überprüfen, eine eurer persönlichen Wahrheit entsprechende Einstellung zum Sterben zu entwickeln und eure Ängste verständnisvoll und liebevoll zu betrachten. Für die allermeisten Menschen steht fest: Sterben ist schrecklich. Sie stellen diese Auffassung nie in Frage und verhärten sich in der Angst, die aus dieser Vorstellung resultieren muß. Sie verwechseln dabei, wie wir schon andeuteten, die biologische Angst des Körpers, nicht überleben zu können, mit der Angst des Geistes, die die Wahrheit der Seele ignorieren möchte, um die eigene menschliche Sterblichkeit nicht eingestehen zu müssen. Der menschliche Geist ist in der Lage zu begreifen, daß ein Teil dieses Wesens, das wir und ihr »Menschen« nennen, sterblich ist und ein Teil unsterblich. Wir betonen noch einmal: Es hat wenig Wert, wenn ihr euer Wesen auf einen dieser beiden Teile reduzieren wollt. Weder seid ihr nur sterblich, noch seid ihr nur unsterblich. Akzeptiert, anstatt zu beschönigen. Ihr seid sterblich und unsterblich zugleich – das macht euer Menschsein aus. Angst vor dem Tode ist keine Frage der Notwendigkeit. Sie ist ein Faktum. Und gleichzeitig kann dieses Faktum aus verschiedenen Blickwinkeln betrachtet werden. Der Mensch, der wahrhaft ganzheitlich leben und empfinden möchte, sollte sowohl seine Sterblichkeit als auch seine Unsterblichkeit in jedem Moment in sein Bewußtsein integrieren. Dann muß er sich nicht mit der Angst um seinen Körper identifizieren, und er sieht sich auch nicht genötigt, allerlei Tricks anzuwenden, um sein Bewußtsein darüber hinwegzutäuschen, daß sein Körper sterblich ist. Mit Tricks meinen wir die Kapriolen des Verstandes, die unter den Etiketten der verschiedenen esoterischen Modelle zu Betrugsmanövern führen. Denn wir möchten euch darauf aufmerksam machen, daß diejenigen, die euch zu vermitteln suchen, daß ihr nicht euer Körper seid, euch nur Halbwahrheiten verkaufen.

Wir bitten euch, diesen Satz »Du bist nicht dein Körper« richtig zu verstehen. Wir halten diesem Satz entgegen: »Du bist nicht deine Seele«. Und wenn ihr das gehört habt, dann versucht, eine Synthese von Körper und Seele herzustellen, die weder sagt »Du bist nicht nur dein Körper« noch sagt »Du bist nicht nur deine Seele«. Ganzheitlich denken und ganzheitlich empfinden bedeutet, das Sowohl-als-auch wirklich zu bejahen. Die Seele stirbt nicht. Der Körper stirbt. Um den Tod eurer Seele braucht ihr keine Angst zu haben. Die Angst um den Körper ist gerechtfertigt. Er ist ein unbeschreiblich fragiles Instrument, das eure Seele benutzt, um Erfahrungen zu machen, die sie anders nicht erleben kann. Achtet diesen Körper und pflegt ihn, damit er euch dienen kann. Und achtet auch die Körper der anderen Seelen, damit sie ihre Aufgaben erfüllen können. Das Sterben kann so viele verschiedene Gesichter haben, und eure vielen Möglichkeiten, den Körper zu verlassen, dienen eurer Seele zur weiteren Entwicklung. Es ist nicht gleichgültig, wo, wann und wie ihr euren Körper verlaßt.

Mancher, der starke Angst vor dem Sterben hat, hat diese Angst, weil er von Vorstellungen beherrscht ist, die ihm furchterregend erscheinen, und die er nicht versteht. Zu diesem Unverständnis tragen die Grundsätze der verschiedenen Kulturen bei. Aber manch anderer spürt in den Tiefen seines Unbewußten, daß er sich eine Sterbeart gewählt hat oder eine Todesart in Betracht zieht, die dem Körper Schmerzen und der Psyche Qual verspricht. Wollt ihr einen Menschen schmähen, der sich dieser Angst stellt, anstatt sie zu verdrängen? Es ist nicht jedes Menschen Sache, ruhig in seinem Bett, umgeben von seinen Lieben, aus dem Leben zu scheiden. Das Sterben ist ein so elementarer und bedeutungsvoller Bestandteil des irdischen Lebens und der jeweiligen Inkarnation, daß ihm ein hoher Ehrenplatz zukommt.

Deshalb möget ihr eure Betrachtungsweise ändern und eure Verurteilung der meisten Todesarten. Ihr schreibt das, was ihr nicht versteht, als grauenerregend ab und bekämpft damit nichts weiter als eure eigene Angst. Ihr bekämpft sie ohne Sieg. Jeder Tod hat seinen eigenen Wert. An anderer Stelle werden wir euch darauf aufmerksam machen, wie wichtig es ist, den Tod nicht allzu hoch zu bewerten und ihm nicht die Rolle eines existentiellen Schreckgespenstes zuzuweisen. Es ist nicht nur entscheidend, wie, wo und wann ein Mensch sein Leben aufgibt, sondern daß er ein Bewußtsein entwickelt von dem Anteil in ihm, der niemals sterben wird, weil er nicht sterben kann. Tod an sich ist nicht schrecklich. Tod an sich ist ein Faktum wie das Geborenwerden. Nur weil ihr glaubt, daß ihr auf das Geborenwerden keinen Einfluß habt, und nur weil ihr euch einbildet, daß ihr Möglichkeiten kennt, die Art eures Sterbens unter Kontrolle zu halten, entstehen so viele Probleme in diesem Zusammenhang.

Weder seid ihr hilflose Opfer, wenn ihr geboren werdet, noch seid ihr allmächtig, wenn es ans Sterben geht. Wenn ihr lernen könnt, den Beginn und das Ende einer Inkarnation als eine barocke Perle auf einer langen Schnur mit vielen anderen Perlen zu betrachten, deren jede ihre Schönheit und ihre eigene Individualität besitzt, in ihrer ganzen Rundung, dann wird jene Angst vor dem Sterben, die euren Geist belastet, sich mildern und lösen können, ohne daß ihr euer Menschsein mißachten müßt.

Von dem Begriff »Todesverachtung« halten wir wenig.

Verachtet nicht den Tod und verachtet nicht das Leben! Verachtung an sich ist lieblos, ganz gleich, worauf sich diese Verachtung bezieht. Und glaubt denen nicht, die behaupten, sie hätten keine Angst vor dem Sterben. Seid skeptisch, denn meistens stellt sich diese Angstfreiheit heraus als das Ergebnis einer Verdrängung oder einer geistigen Überzeugungsarbeit, die die Notwendigkeiten des Körpers leugnen will. Selbstbetrug ist dem Thema Sterben nicht förderlich.

Im Hier und Jetzt zu leben und dieses Leben wirklich zu akzeptieren, bedeutet auch, die Angst vor dem Sterben und das Sterben selbst in das Leben zu integrieren. Rituale, wie zum Beispiel die letzte Ölung, sind hilfreich, wenn sie nicht zu leeren Formen erstarren. Ein Ritual hilft dem Menschen, sich wiederzufinden und sich in einer Struktur geborgen zu fühlen, die ihm vertraut und bekannt ist. Es ist bedauerlich, daß die Kultur der westlichen Welt die Rituale, die sich um das Sterben eines Angehörigen ranken, auf die Zeit nach seinem Ableben konzentriert. Sobald ein Mensch seine leiblichen Augen geschlossen hat, beginnt ihr zu klagen und zu organisieren. Dann haltet ihr Messen ab und gebt dem Verstorbenen ein Geleit, das er an der Schwelle zu seinem Übergang viel besser hätte gebrauchen können. Doch diejenigen, die bei euch an dieser Schwelle stehen, erhalten selten eine Hilfe. Selten streckt sich ihnen eine Hand entgegen, um diesen Schritt zu erleichtern.

Was könnt ihr tun, um Menschen, die sich auf einen ruhigen, besinnlichen oder gar bewußten Tod vorbereiten wollen, zu unterstützen? Eine Unterstützung, sei sie nun individuell oder rituell, kann nur denjenigen helfen, die an langen Krankheiten oder an hohem Alter sterben, also jenen, die sich in einer ruhigen Umgebung befinden. Und es schließt alle aus, die durch Unfall, Krieg oder andere Gewalteinwirkungen ihr Leben lassen. Aber das muß kein Grund sein, auch jene sang-

und klanglos hinüberzuschicken, die die Möglichkeit einer ruhigen Sterbeform vorziehen. Sie sind es ja gerade, die diese Art des Übergangs gewählt haben, sie für sich in Anspruch nehmen und von ihr lernen wollen. Und diesen Menschen ihr Lernen zu erschweren oder es ihnen gar zu versagen, ist ein Akt der Lieblosigkeit, der in euren Gesellschaften institutionalisiert wurde und von den Ritualen der Kirchen nur in sehr geringem Maß aufgefangen wird. Sofern ein Mensch, der sich aufs Sterben vorbereiten möchte, über Angehörige verfügt, die ihn lieben, oder über Freunde und Helfer, die sein Anliegen erkennen, wird es sinnvoll sein, mit dem Sterbenden über das zu sprechen, was ihn erwartet. Damit meinen wir nicht die Bedingungen der astralen Welt oder nur in gewissen Fällen. Wir meinen vielmehr, daß es hilfreich und bedeutsam ist, den Sterbenden auf seine nachlassenden Kräfte anzusprechen und ihm Gelegenheit zu geben, seine Ängste und Vorstellungen zu äußern. Die Angst der Freunde und Angehörigen um ihr eigenes Leben und vor ihrem eigenen Tod läßt sie das, was der Sterbende ausdrücken möchte, tabuisieren und ignorieren. Das ist sehr bedauerlich, denn sie könnten unendlich viel lernen von denen, die an der Schwelle stehen. Einem Menschen, der spürt, daß er nur noch kurze Zeit seinen Körper bewohnen wird, einzureden, daß er noch jahrelang leben wird, ist kein Akt der Liebe. Vielmehr handelt es sich um den Versuch eines Selbstbetrugs. Denn häufig ist es nur die Angst des Angehörigen vor dem Verlust und dem Schmerz, der ihn nach seiner Ansicht erwarten muß, wenn der Angehörige stirbt, der ihn solche Worte sprechen läßt.

Viel besser wäre es, wenn die Angehörigen das Sterben ihres Familienmitglieds zum Anlaß nehmen könnten, sich diesem Menschen noch einmal wirklich zuzuwenden, ihm zuzuhören, ihn zu ermuntern, über das zu sprechen, was ihn bewegt und sich auch mit ihrer eigenen Angst auseinanderzusetzen. Was könnt ihr tun, um einem Mitmenschen das Sterben zu erleichtern und ihn darin zu begleiten? Wenn er sprechen möchte, hört ihm zu. Und bereitet euch selbst darauf vor, daß er sterben wird, indem ihr nicht darum bittet, er möge noch länger bleiben. Betupft, wenn ihr spürt, daß es bald soweit sein wird, seine Stirn, seine Handflächen, Brust, Bauch und die Sohlen seiner Füße mit ein wenig frischem Wasser. Wiederholt diesen Vorgang, sooft es euch richtig erscheint. Berührt, wenn es euch möglich ist, sanft seine Füße, haltet sie, wenn ihr merkt, daß ihm der Abschied schwerfällt. Schaut in seine Augen, ohne etwas zu wollen, ohne etwas zu suchen, ohne zu sprechen. Gebt ihm das Geleit, indem ihr auf alles eingeht, was noch an Wünschen von ihm ausgeht, auch wenn ihr glaubt, daß es ihm nicht guttun wird, daß es unvernünftig ist, daß der Arzt anderer Meinung sei. Achtet die letzten Regungen des Körpers und der Psyche. Und während er ruht, setzt euch zu dem Sterbenden in Stille und laßt ihn ziehen. Einen jüngeren Menschen, der noch bei klarem Bewußtsein ist und in der Lage, ein Gespräch zu führen, würdet ihr sachte befragen über das, was ihn berührt. Ihr würdet ihn nicht aushorchen, ihn aber dennoch mit eigenen Worten und Themen zu seinem Sterben hinführen, ohne etwas aus ihm herauspressen zu wollen. Denn auch das gehört zu dem, was wir euch ans Herz legen möchten: Wenn ein Mensch es braucht, bis zur letzten Sekunde an sein Überleben und sein Genesen zu glauben, dann achtet auch dies. Wenn ihr spürt, daß trotz aller Evidenz ein Mensch mit geschlossenen Augen hinübergehen will, respektiert das als sein Recht.

Der Beitrag, den ihr leisten könnt, wenn ihr Sterbende begleitet, besteht vor allem darin, daß ihr eure eigenen Ängste, eure eigenen Bedürfnisse und euer Helfer-Ego von euch schiebt, sie als existent betrachtet, aber nicht als hilfreich, und daß ihr euch öffnet für all das, was von dem Sterbenden kommt, ganz gleich, ob es euch einleuchtet oder nicht. Und wenn der Mensch, den ihr in seinem Körper geliebt habt, von euch gegangen ist, dann verrichtet das Notwendige in Stille und Anteilnahme. Kommen Tränen, laßt sie fließen. Versiegen sie, laßt es geschehen. Ist Freude da, gestattet ihr, dort zu sein. Ist Trauer da, gebt ihr Raum. Macht euch frei von allem, was eure Glaubenssätze euch suggerieren wollen. Macht euch frei von allem, was eure Umgebung euch auferlegt an Reaktionen, die nicht die euren sind. Ihr könnt dem, der seinen Körper verlassen hat, am besten behilflich sein, wenn ihr ihm all die Liebe, die euch verbunden hat, nachsendet. Denkt an die Stunden oder Jahre, die ihr miteinander verbracht habt. Denkt an das, was ihr ausgetauscht habt. Erinnert euch an das, was euch erfreut und gekränkt hat. Und haltet den Dahingegangenen nicht fest, indem ihr mit dem Vorgang hadert, den er sich erwählt hat. Wenn der Sterbende in seinem Körper leidet, versucht seine Leiden zu mildern, ohne sie ihm fortzunehmen. Die Frage nach der Anwendung von Mitteln, die das Bewußtsein betäuben, um die Schmerzen zu lindern, kann aus unserer Sicht nur so beantwortet werden, daß damit mehr Schaden als Nutzen erreicht wird. Schmerzmittel hingegen, die dem Sterbenden eine Qual abnehmen, die sein Bewußtsein trüben würde, haben einen Effekt, den wir aus unserer Sicht unterstützen können.

Noch ein Hinweis auf die Begleitung, die ihr einem Sterbenden angedeihen lassen könnt: Wenn es möglich ist, sollte derjenige, der sich vorbereitet, in einem ruhigen Raum gebettet werden und immer nur eine oder zwei Personen um sich haben. Die Konzentrationsfähigkeit läßt sonst nach, und die Qualität des Abschiednehmens intensiviert sich, wenn sie sich konzentrieren kann. Wenn der Kranke sich nicht abwehrend äußert, kann eine sehr leise Musik den Vorgang des Hinüberschwebens unterstützen. Wichtiger aber als eine instrumentale Musik ist der Klang einer menschlichen Stimme. Und noch wichtiger ist die Bereitschaft, mit dem Sterbenden zu atmen, seine Atemzüge zu begleiten und ihm dadurch sein Aushauchen zu erleichtern. Die Benetzung der Energiezentren mit Wasser entspricht in ihrer Funktion, in ihrer körperlichen Funktion, dem Ritual der letzten Ölung. Sie lindert körperliche und seelische Schmerzen. Doch braucht ein Mensch, der in einer Tradition aufgewachsen und daheim ist, auch die Rituale, die er selbst für nötig hält. Deshalb ist es eine liebevolle Form der Anteilnahme, wenn ihr dem Menschen, der in Ritualen seinen Halt findet, diese Rituale nicht versagt, nur weil ihr selbst nicht mit ihnen lebt. Viele sterbende Christen werden die Ölung als Erleichterung empfinden und sich geborgen fühlen. Deshalb ist es gut, sie ihnen zu spenden, wenn sie danach verlangen.

Wenn ein Mensch in Frieden eines natürlichen Todes stirbt, ist er auch nicht mehr darauf angewiesen, daß die, die ihn lieben, alle körperlich anwesend sind, daß sie an seinem Bette stehen und sich mit ihm befassen. Wenn ein Mensch in Frieden eines natürlichen Todes sterben will, braucht er in den Stunden vor seinem Energiewechsel viel Zeit, viel Ruhe, viel Besinnlichkeit, um sich wirklich seinen Gedanken, die nur noch wie Wolkenfetzen in seinem Geist vorbeiziehen, widmen zu können, um noch an dieses und jenes zu denken und um Abschied zu nehmen – nicht nur von Menschen, sondern auch von Wünschen und Illusionen. Abschied zu nehmen auch von einem Körper, der ausgedient hat, der lange gedient hat und den man liebgewonnen hat, auch wenn er zuletzt nicht mehr das leistet, was man von ihm gewöhnt war.

Ein Sterbender hat eine äußerst verfeinerte Energiewahrnehmung. Und er spürt, ob man ihn liebt oder ob er wirklich einsam ist. Das Alleinsein, das ihm gewährt wird dadurch, daß keiner von denen, die ihm nahestanden, anwesend ist, dient ihm dazu, ganz bei sich zu sein, nicht abgelenkt zu werden durch Gespräche, durch die emotionale Anteilnahme an der Trauer derer, die zurückbleiben. Denn häufig ist es für einen Menschen, der sterben will und der Schwierigkeiten hat, wirklich loszulassen, eine Qual und ein Hindernis, von den Verwandten und Liebenden festgehalten zu werden. Es ist dann für ihn um so schwieriger, die Energieform zu wechseln, und es macht das Sterben unnötig hart, wenn ein Sterbender die Menschen, die um sein Lager stehen, noch trösten muß.

Gewaltsame Todesformen erfordern andere Abschiedsrituale. Die Bewältigung des Schmerzes über das plötzliche Verlassenwerden wird für die Angehörigen leichter sein, wenn sie ihr Bewußtsein lenken auf die Anteile, die sie selbst und ihre eigene Psyche an diesem Schmerz haben und jene Anteile, die nur den verstorbenen Menschen selbst betreffen. Nichts ist dem Verstorbenen hinderlicher, und nichts ist dem Schmerz förderlicher als die Frage nach dem »Warum«, die eine Scheinfrage ist. Denn sie will keine Antwort. Die Frage »Warum mußte meine Tochter, mein Mann sterben« erwartet keine Antwort, sondern dient dazu, den Gram und den Hader wachzuhalten, den Hinterbliebenen zu verwehren, in Liebe zu akzeptieren, was der unergründliche Ratschluß der Seele ist.

Anders jedoch als bei jenen, die still hinübergehen, verspürt der Hinterbliebene eines unerwartet verstorbenen Menschen das Bedürfnis, länger als sonst mit der Seele des Hinübergegangenen Kontakt aufrechtzuerhalten, denn vieles blieb ungeklärt. Vieles war unausgesprochen und muß nun nachgeholt werden, da fast alle sich ihrer Liebe zu denen, die sie plötzlich verlassen haben, kaum bewußt waren, und nun erst einmal zu dieser Liebe finden müssen, um sie dann loslassen zu können. Denen, die ihre Angehörigen durch einen plötzlichen Tod verloren haben, raten wir, ihren Toten in regelmäßigen Stunden der Andacht und Stille Gelegenheit zu geben, mit ihnen Kontakt aufzunehmen, um das zu besprechen und zu erklären, was zu Lebzeiten nicht zur Sprache gekommen ist. Diese Form der stillen Zwiesprache sollte jedoch nicht länger als etwa ein Jahr lang aufrechterhalten bleiben. Denn derjenige, der seinen Körper hinter sich gelassen hat, braucht Zeit und Ruhe, um sich in seine neue Existenzform hineinzufinden und sich auf eine weitere Inkarnation vorzubereiten.

Wir machen euch darauf aufmerksam, daß alle, die mehr als ein Jahr untröstlich sind, nicht getröstet sein wollen, da sie in dieser Trostlosigkeit eine Existenzberechtigung finden, die ihnen vorher zu fehlen schien. Und eines Menschen in Liebe zu gedenken, auch noch viele Jahre nach seinem Tod, ist etwas anderes, als einen Menschen unter Jammer und Tränen zu betrauern und ihn damit auf eine Weise festzuhalten, die weder ihm noch den Hinterbliebenen wohltut.

Aids ist keine Strafe

Aus unserer Perspektive hat eure Ratlosigkeit in bezug auf das Phänomen Aids zwei schwerwiegende Gründe.

Der erste Grund ist eure fatale Angst vor Krankheit und Tod. Krankheit und Tod werden von fast allen, die sich mit Aids auseinandersetzen, sei es in wissenschaftlicher, sei es in philosophischer Weise, als etwas aufgefaßt, was man unbedingt vermeiden oder bekämpfen muß. Solange ihr nicht versteht, daß Krankheit und Tod zum Menschen gehören, und wirklich akzeptiert, daß Krankheit und Tod Teile eures Lebens sind, die nicht eliminiert werden können, werdet ihr euch nicht fruchtbar mit dem Thema Aids beschäftigen können.

Der andere Grund, der zu eurer Hilflosigkeit beiträgt, ist die mißverständliche Vorstellung von der Entscheidungsfreiheit und der Selbstverantwortlichkeit eines jeden Menschen. Die Vorstellung, daß ein Mensch, der an Aids erkrankt, in irgendeiner Hinsicht als willenloses Opfer eines Virus, der Umstände in einem Land oder eurer gesellschaftlichen Bedingungen anzusehen sei, ist so abweichend von der Realität, wie wir sie euch darlegen möchten, daß ein Ansatz, der auf diesem Irrtum basiert, niemals zum Verständnis des Phänomens beitragen kann.

Beide Gründe, die Angst vor dem Sterben und das Mißverständnis, das dazu führt, daß der Mensch als Opfer einer Krankheit verstanden wird, stehen in engstem Zusammenhang miteinander. Denn ihr empfindet euch alle auch als Opfer einer Gesetzmäßigkeit, die das Sterben unausweichlich zum Ziel hat, und ihr wollt nicht anerkennen, daß euer Leben und euer Sterben Teile eines mit aller Bedachtsamkeit entworfenen Plans sind, an dem ihr selbst als seelische Instanz einen entscheidenden Anteil tragt.

Damit wollen wir sagen, daß jeder von euch, jeder Mensch, der den Planeten in einem Körper bewohnt, ein selbstentworfenes und selbstgewähltes Programm erfüllt, das wiederum Teil eines größeren Programmentwurfs ist. In diesem Gedanken werdet ihr neue Möglichkeiten des Begreifens entdecken, wenn ihr euch klarmacht, daß viele Seelen sich inkarnieren, um nur eine kurze Zeitspanne auf dem Planeten zu weilen, weil sie in dieser begrenzten Zeit ihre Aufgaben bewältigen können, andererseits aber durch die Errungenschaften eurer technischen Medizin an einem natürlichen Vergehen ihrer Körper gehindert werden, und sich Wege suchen müssen, wie sie sich – ohne selbst Hand an sich zu legen – aus dem Leben zurückziehen können.

Das ist der eine Aspekt. Der andere Aspekt liegt darin enthalten, daß eine Erkrankung wie Aids, aber auch Krebs und andere langanhaltende Verfallserscheinungen, einem jeden Menschen, gleich welcher Kultur er angehört, eine ungeheure Entwicklungschance im seelischen Sinne bietet, eine Möglichkeit, dem Sterben, der eigenen Vergänglichkeit, der Begrenztheit seiner äußeren und mentalen Mechanismen ins Auge zu schauen. Und mehr und mehr Seelen, die sich inkarnieren, suchen eine solche Möglichkeit der Entwicklung. Denn wie ihr an anderer Stelle schon vernommen habt, ist Leid für viele Seelen ein Mittel der Erkenntnis, ist für viele, die sich um ein seelisches Wachstum bewußt oder unbewußt bemühen und es beschleunigen wollen, der einzige Weg, um sich mit Bedingungen zu konfrontieren, die ihnen in ihrem gesamten Inkarnationsplan als Erfahrung zustehen, aber noch nicht begegnet sind.

Wenn ihr euch doch öffnen würdet für die eigentliche Belanglosigkeit des Sterbens, wäre euch nicht so bange bei dem Gedanken, ein Leben zeitig beenden zu müssen. Wir sagen damit nicht, daß ihr nicht alles versuchen solltet, um anders zu wachsen, wenn es eurem Lebensplan entspricht. Doch hindert nicht die, die sich einen solchen Weg suchen, an der Erfüllung ihrer Aufgaben. Begreift, daß sie selbst einen gewichtigen und seelisch verantwortlichen Anteil an dem tragen, was mit ihnen geschieht. Und achtet diese Verantwortlichkeit. Ihr kommt nach und nach darauf, daß ein Mensch, der einen Unfall erleidet, einen verantwortlichen Anteil an dem Geschehen trägt, sei es ihm nun bewußt oder nicht. Ebenso verhält es sich auch mit Krankheiten. Aids ist eine Krankheit, die sich eurem Begreifen entzieht, weil ihr die Ansätze zum Begreifen nicht bereitstellt. Ihr versteift euch mit aller Kraft darauf, daß eine Erkrankung wie Aids mit ihren vielen Symptomen eine einzige Ursache haben muß, die dann mit einem einzigen Mittel beseitigt werden kann. Aber dieses mechanistische Bild eines umfassenden Phänomens ist so abweichend von dem, was tatsächlich geschieht – und was einer Selbstregulierung auf vielen Ebenen, kosmischen und irdischen, entspricht –, daß ihr auf diesem Wege nicht zu einer Erklärung oder einer Veränderung gelangen werdet.

Die Frage ist, ob ihr bereit seid zu sehen, daß eine solche Krankheit einen Mitteilungscharakter hat, der auf anderen Kanälen in euer Bewußtsein dringen will, als ihr es gewohnt seid. Wir möchten aber betonen, daß Aids weder eine Strafe noch eine Mahnung darstellt. Es gibt keinen, der euch diese Krankheit sendet, damit ihr zur Umkehr gelangt, euch auf die Brust schlagt und einem neuen Sündenbewußtsein verfallt, das euch gemahnt, zu Erkenntnissen zu gelangen, die euch wiederum befreien sollen von allem Übel. Im Gegenteil, solange ihr in den Kategorien von Wohl und Übel denkt, werdet ihr gefangen sein in den Fesseln von Schuld und Sühne, von Täter und Opfer. Und es wird euch nichts nützen, die Täterschaft in kosmischen Zusammenhängen oder in der Rache des Planeten Erde zu identifizieren. Ihr alle seid Opfer und Täter zugleich und damit weder Opfer noch Täter. Freundet euch mit der Wahrheit an, die sagt: »Ihr wollt es so, ob ihr es wißt oder nicht, und dieses Wollen ist Teil eines größeren Plans.«

Ihr wollt wachsen und euch entwickeln, weigert euch aber zugleich, die Bedingungen anzunehmen, die eurer Entwicklung frommen. Immer stellt ihr euch vor, daß ein ideales Wachstum angstfrei und ohne Pein vonstatten gehen müßte. Dabei weiß jeder von euch, daß dem nicht so ist, obgleich es eventuell so sein könnte; und mit eventuell meinen wir: falls ihr eure mentalen Glaubenssätze, daß Tod, Krankheit, Leid etwas Schlechtes oder Böses sind, ändern würdet.

Denn ihr selbst trefft die Entscheidung, ob ihr an einem Phänomen, das zunächst einfach nur existiert wie das Geborenwerden und Sterben, leiden wollt, oder ob ihr ihm euch unterordnen könnt. Wir sagen nicht, daß ihr leiden müßt, um zu wachsen. Wir sagen nur, daß das, was ihr als Leid klassifiziert, ein Teil der großen Gesetzmäßigkeit ist, und daß ihr selbst die Freiheit besitzt, es anzunehmen, euch daran zu entwickeln oder es zu verneinen, dagegen zu kämpfen, es nicht haben zu wollen und damit gleichzeitig eurem inneren Plan zuwiderzuhandeln.

Wir sprachen von einer großangelegten Selbstregulierung. Dieser Vorgang entspricht den Absichten des einzelnen Fragments, bestimmte Erfahrungen zu machen, aber auch der Gesamtheit der Erdbevölkerung und ihren Notwendigkeiten, Bedingungen zu schaffen, die eine sinnvolle Erfahrung ermöglichen und darüber hinaus den Regulierungswünschen, die der Gesamtheit der im Inkarnationszusammenhang befindlichen Seelen zugute kommen, die von ganz anderen, weniger von Panik erfüllten Plänen und Gestaltungen ausgehen als der Mensch im Körper mit seinen Beschränkungen. Die von euch als unerklärlich und faszinierend bezeichnete Beobachtung, daß die Anzahl der Aidserkrankungen in einigen Ländern des Ostens, sei es nun Indien oder Japan, trotz vergleichbarer Häufigkeit und Art der sexuellen Betätigung im Verhältnis zur Gesamtbevölkerung dieser Länder geringer ist, findet eine Erklärung in der Tatsache, daß sowohl Buddhisten als auch Hindus eine viel geringere Angst vor dem Sterben haben als die Menschen, die davon ausgehen, daß es nur ein einziges Leben gibt und über dieses Leben hinaus keinerlei Möglichkeiten der Vorbereitung und des Nachklangs.

Wenn die Angst vor dem Tod einen Menschen nicht von der ersten bis zur letzten Stunde einer Inkarnation beherrscht, leidet sein Immunsystem nicht in der gleichen Weise, denn Angst transformiert die körperliche Energie herunter und macht einen Menschen anfällig für vielfältige Krankheiten. Und damit wollen wir euch auch sagen, daß ihr es selbst in der Hand habt, wie gern ihr euren Körper für die Möglichkeit einer Erkrankung wie Aids bereitstellen wollt. Denn Angst ist nicht Schicksal. Angst ist Ergebnis eurer täglichen Entscheidungen. Angst kann wachsen oder abnehmen. Liebe ist die Möglichkeit, Angst zu reduzieren. Liebe wird euch, wenn ihr euch für diesen Weg entscheidet, ein besseres Heilmittel gegen Aids sein als jegliche chemische Medikation.

Mit Liebe meinen wir nicht flüchtige sexuelle Kontakte, sondern die Liebe, die jeder Mensch für sich selbst und für seine Mitmenschen empfinden, entwickeln und auch mit seinem Körper ausdrücken kann, während sexuelle Kontakte, die ganz der Liebe entbehren, Angst fördern und den Körper schwächen. Glaubt ihr denn wirklich, daß es beliebig sei, wo, an welchem Ort eures Planeten, ein Mensch auf die Welt kommt? Diejenigen, die sich in afrikanischen Ländern inkarnieren, sind aus der veränderten Perspektive, die wir euch anbieten, die eigentlichen seelischen Helden. Denn sie wählen Inkarnationen, in denen sie sich mit Angst auf die vielfältigste Art auseinandersetzen müssen und dazu wirklich bereit sind. Wenige sind so mutig wie jene, die sich mit viel Bewußtsein und Absicht in den Ländern der Dritten Welt inkarnieren, wo sie auch beim besten bewußten Willen nicht erwarten dürfen, Bedingungen vorzufinden, die ihnen ein leichtes Leben gewähren. Alle Grundängste, sei es die Furcht um Leib und Leben, sei es die Furcht vor Krankheit und Hunger, sei es die Furcht vor seelischer Erniedrigung und Mißhandlung, sind in diesen Ländern gegeben, und nicht ihr seid die Großen, die ihr euch in Ländern des Friedens und des Wohlstands verwirklicht, sondern jene, die sich jetzt den Bedingungen ihres seelischen Wachstums stellen ohne Möglichkeiten des Entrinnens.

Nun wollen wir euch damit nicht tadeln. Wir wollen nur eure Aufmerksamkeit darauf lenken, daß es nicht angebracht ist, jene zu verachten, die in euren Augen so schlecht, so dumm, so primitiv sind, daß sie sich eine Krankheit wie Aids zuziehen, statt wie ihr diesen Gefahren siegreich zu entrinnen. Und das, was wir euch sagen, gilt auch für diejenigen in eurer westlichen Gesellschaft, die viel mehr euren Respekt und euer Mitgefühl verdienen als eure Verachtung, wenn sie an Aids erkranken und leiden.

Wir sagten dennoch, daß wir euch nicht tadeln wollen, denn wir wissen besser als ihr, daß die, die in einer aktuellen Inkarnation dieses Leid nicht gewählt haben, andere Erfahrungen hinter sich gebracht haben, die in ihrer Intensität vergleichbar und ebenso wertvoll sind. Keinem von euch sind Schmerz, Angst, Not, Hunger und Tod erspart geblieben.

Jedem das Seine und das, was er braucht.
Jedem das Seine und das, was er sich erwählt.
Jedem das Seine und das, was den großen Plan erfüllt, indem es die Ziele des Ganzen unterstützt.

Ihr vermutet richtig, daß auch die Ärzte Teil des Ganzen sein müssen, und deshalb ihre Arbeit einen Sinn besitzen muß, der sich dem Ganzen unterordnet. Wir haben mit all unseren Ausführungen nicht sagen wollen, daß die Bemühungen derjenigen, die Leid lindern wollen, vergeblich oder falsch sind. Wir bitten euch nur, die Motivation derer zu überprüfen, die sich um die Suche nach einem Heilmittel bemühen. Die Entscheidung eines Menschen, in der medizinischen Forschung oder in einem heilenden Beruf tätig zu sein, ist ebenso zu respektieren wie die Entscheidung eines Menschen, krank sein zu wollen oder zu sterben. Wenn wir sagen: Jedem das Seine, so gilt das auch für die, die nicht in der Lage sind, größere Zusammenhänge zu erkennen, sich aber dennoch aufrichtig bemühen, im Rahmen ihrer Möglichkeiten das Mögliche zu tun.

Wenn einem Sterbenden oder einem Kranken Linderung zuteil wird, und diese Linderung auch nur mit dem kleinsten Fünkchen von Liebe erfüllt ist, trägt sie dazu bei, daß die Erkenntnisfähigkeit des Kranken sich erhöht und seine Angst sich vermindert. Da der Kranke krank ist, um etwas über sich und den Sinn seiner Existenz zu erfahren, werden ihm Phasen der Erleichterung auf diesem Wege behilflich sein. Es geht bei Ärzten und Wissenschaftlern lediglich darum, daß jeder das tut, was in seinen Kräften steht und was seinem Potential an Erkenntnisbereitschaft entspricht. Jeder, der sich bemüht, ist der Richtige am richtigen Ort. Ihr irrt, wenn ihr davon ausgeht, daß der Plan einer jeden Seele positiv oder negativ beeinflußt werden kann, daß Unterlassen oder Handeln einen Effekt haben könnte, der dem großen Ganzen zuwiderläuft.

Es wird euch leichterfallen zu verstehen, was wir meinen, wenn ihr die Vorstellungen eures immer noch mechanistischen Weltbildes auf die Zusammenhänge anwendet und euch klarmacht, daß nicht nur jedes Rädchen im kosmischen Zusammenhang eine Funktion hat, sondern auch das Öl, das die Rädchen am Laufen hält, und auch der Mechaniker, der die Störungen repariert, sowie derjenige, der aus eigenen Gründen eine Störung herbeiführt. Die Allmachtvorstellungen, die euch in der einen oder der anderen Weise an der Erkenntnis der größeren Zusammenhänge hindern, beziehen sich auch auf die Funktionen, die diejenigen zu haben glauben, die die Geschicke der Welt mitgestalten, und auf ihre mentale Entscheidungsfreiheit. Ärzte und Wissenschaftler können an ihren Forschungen und auch an ihrer vergeblichen Suche nach einem einzigen Aids-Medikament wachsen. Aber niemand schreibt ihnen vor, daß sie zum Wachstum gezwungen sind. Ein einzelnes Medikament gegen Aids würde der Erfindung eines Mittels gleichkommen, das den Tod des Menschen verhindert. Ihr sprecht so viel von ganzheitlichen

Heilmethoden, von der Einbeziehung von Körper und Seele, aber diese Art von Forschung ignoriert mit Absicht solche Einsichten, die bei den meisten von euch ohnehin nur die Oberfläche der Mentalitäten erreicht haben. Die Behandlung von Aids kann nur den einen Sinn haben: einem Menschen auf andere Art und Weise zu den notwendigen Erfahrungen zu verhelfen als über Selbstzerstörung. Wenn aber eine Wahl erst einmal getroffen ist, wird es nicht immer sinnvoll sein, einen Menschen davon abzuhalten, seine selbstgewählten Erfahrungen zu machen.

Die Mechanismen der Selbstregulierung, von denen wir gesprochen haben, werden auch dort einsetzen, wo ein Mensch, der an Aids erkrankt ist, eine wirkliche Alternative erkennt und Bereitschaft zeigt, einen anderen Weg zu beschreiten. Wenn das nicht der Fall ist, wird kein Medikament lindern oder heilen können. Ein einzelnes Medikament wird nie die Energie eines Körpers anheben können, die durch den Wunsch nach Selbstauslöschung auf ein niederes Niveau heruntertransformiert wurde. Den Lebenswillen eines Menschen zu stärken und ihm Alternativen aufzuzeigen, wie er wachsen kann, ohne zugrunde zu gehen, sehen wir als einzige Möglichkeit der Hilfe, und diese Hilfe kann auch unter Einbeziehung von Medikamenten gestaltet werden. Aber ein Allheilmittel wirft euch zurück auf die Vorstellungen der medizinischen Frühzeit. Allheilmittel gibt es nicht, außer einem, und das ist die Liebe. Liebe aber wird euch nicht davor schützen, sterblich und verletzlich zu sein. So wie die Menschen immer wieder dafür sorgen, daß durch Kriege und Seuchen die Bevölkerung der Erde reduziert wird, so sorgt auch das kollektive Unbewußte dafür, daß entsprechende Möglichkeiten geschaffen werden, Leben frühzeitig zu beenden ohne die Erfahrung der Gewalt von außen. Das setzt eine anders geartete, unbewußte Opfermentalität voraus. Naturkatastrophen und Krankheiten wie Krebs oder Aids werden von jeweils unterschiedlichen Typen von Seelen als Wachstumsmöglichkeit in Betracht gezogen.

Wir kommen noch einmal auf den Ausgangspunkt unserer Überlegungen zurück: Die Angst vor dem Sterben und die Angst um die Einmaligkeit eures Lebens lassen euch den Tod als etwas Schreckliches erscheinen. Ebenso könntet ihr das tägliche Aufgehen der Sonne als etwas Entsetzliches betrachten. Verändert eure Einstellung gegenüber der Vergänglichkeit und der Wiedererstehung von Energie. Leben und Sterben sind nichts anderes als Energiephänomene, die euch aus den übrigen Bereichen der physikalischen Welt vertraut sind. Die bestürzende Überbewertung von Leben und Tod ist der Grund für unnötiges Leid, und erst die Veränderung dieser Grundhaltung wird eine Veränderung in den Notwendigkeiten der Selbstregulierung herbeiführen. Der Plan des Ganzen wird euch, da ihr im Körper und auf der Stufe der wechselnden Inkarnationen angesiedelt seid, immer unbegreiflich bleiben. Wir können euch nicht in die Geheimnisse des großen Ganzen einweisen, da auch wir nicht in alles eingeweiht sind. Dennoch wissen wir besser als ihr, daß eure Bemühungen, alles unter Kontrolle zu halten, auch das Leben, das Sterben, die Krankheit und das Leid, nichts fruchten können.

Drogen in der westlichen Gesellschaft

Die Gesellschaft, die ihr die westliche nennt, kann beschrieben werden als eine Gesellschaft, die sich bewegt von einer Gemeinschaft junger Seelen zu einer Gemeinschaft, die zunehmend auch reife Seelen beherbergt.

Und diese reifen Seelen sind es, die sich den Drogen öffnen, da sie sich beim Übergang vom Stadium der jungen Seele zum Stadium der reifen Seele häufig unsicher fühlen; sie haben neue Ziele, wissen aber nicht, wie sie sie erreichen sollen.

Die junge Seele findet ihre Erfüllung in der Erkundung der materiellen Welt. Und weil die Interessen der jungen Seele auf alle Aspekte des Realen und Materiellen gerichtet sind, sucht sich die junge Seele gesellschaftliche, moralische und religiöse Richtlinien, an denen sie sich orientieren kann, und die sie nicht oder nur sehr selten in Frage stellt. Die junge Seele fühlt sich wohl und geborgen, wenn sie weiß, was richtig und was falsch ist, was gut und was böse, was erlaubt ist und was verboten. Wenn der Zyklus der jungen Seele abgeschlossen wird, und eine Seele in das Stadium der Reife eintritt, verliert sie diese feste und beschützende Orientierung.

Die reife Seele hat eine lange Reise vor sich. Und die ersten, die allerersten Stationen dieser Reise konfrontieren sie mit so viel Neuem und so viel Unbekanntem und so viel Schwierigem, daß sie alle Kraft aufbringen muß, die ihr zu Gebote steht, um sich unter diesen veränderten Bedingungen zurechtzufinden. Die junge Seele, die sich ganz sicher glaubte und gefestigt in dem, was sie verstanden und errungen hatte, verliert jetzt diese Sicherheit und beginnt, ihre Errungenschaften in Frage zu stellen. Die soeben gereifte Seele weiß nicht mehr, woran sie sich festhalten kann. Nichts ist mehr so sicher, wie es einst schien. Der Zweifel an den Angeboten, die die Gesellschaft ihr macht, der Zweifel an den Bedingungen von Liebe und Haß, der Zweifel am eigenen Selbst, der Zweifel an dem, was möglich ist und unmöglich, quält die soeben gereifte Seele. Und wenn wir sagen, daß vornehmlich reife Seelen zu Drogen greifen, dann meinen wir damit die reife Seele auf den frühen Stufen ihrer Entwicklung. Da nun zunehmend reife Seelen eure Gesellschaft bevölkern, wird auch das Bedürfnis, vor der Verunsicherung in eine Traumwelt zu entfliehen, wo es wenig Probleme zu geben scheint, immer größer.

Aber zunächst einmal ist es auch die Sehnsucht der gereiften Seele, die Dimensionen zu schauen, in die hinein sie jetzt bereit ist, sich zu entfalten. Eine bewußtseinserweiternde Droge – je nach Art und Qualität – kann einer verwirrten Seele mit einer verunsicherten Psyche helfen, eine neue Sicherheit zu gewinnen und vorzudringen zu ihrer eigenen Wahrheit. Andere Drogen hingegen, wie z. B. Alkohol, machen sie vergessen, wie stark die Angst ist, die durch die neue Verunsicherung ausgelöst wird. Wiederum andere Drogen, zum Beispiel Zigaretten oder laute Disco-Musik, helfen oder scheinen zu helfen, die veränderten energetischen Bedingungen, die durch die Reifung der Seele herbeigeführt wurden, und die die Schwingungsfrequenz der Persönlichkeit und des Körpers angehoben haben, wieder zurückzutransformieren.

Wir sagen nicht, daß Drogen – gleich in welcher Form – die geeigneten Mittel sind, um eine Seele auf ihrem Weg wirklich voranschreiten zu lassen. Aber wir haben Verständnis für die Bedürfnisse einer soeben gereiften Seele und für ihre Angst. Und aus diesem Verständnis heraus appellieren wir an euer Verständnis und an eure Liebesfähigkeit, die nicht wachsen werden, wenn ihr jene verachtet, von denen ihr spürt, daß sie – wie ihr sagt – »so etwas nötig haben«. In diesem Satz steckt viel Wahrheit. Sie haben es tatsächlich nötig. Aber die Mittel, zu denen sie greifen, wirken sich oft zerstörerisch aus. Denn eine Seele, die soeben gereift ist, kann nicht in den Regionen bleiben, die die Drogen ihr eröffnen. Die verunsicherte Struktur von Psyche und Seele stellt jetzt so vieles, wenn nicht alles, in Frage. Und es trägt zu ihrer Bewußtwerdung bei, nicht mehr alles hinzunehmen und insbesondere sich von den Normen der Gesellschaft zu distanzieren, ohne sie abzulehnen. Überdies ist eine Seele in diesem Stadium ihrer Entfaltung überaus empfindlich an Geist und Körper. Sie fühlt sich übermäßig leicht gekränkt. Sie fühlt sich gestört von allem, was ihren Bedürfnissen nach Zweifel entgegensteht. Sie neigt zur Verachtung all jener, die sich noch im jungen Seelenzyklus befinden und die Werte der materiellen Welt nicht anzweifeln. Die Schmerzen, die eine gereifte Seele empfindet, wenn sie in die Zwangsjacke der Anpassung und Anständigkeit gepreßt werden soll, sind von wenigen nachzuvollziehen. Es ist nicht allein der Mangel an Liebe, obwohl dieser auch bei vielen gravierend ist, sondern vielmehr die Menge der Vorschriften, von denen sich eine Seele auf dem Weg zu ihrer Befreiung eingeengt fühlt, und die sie sprengen möchte wie Ketten, die sie martern. Und da die Gesellschaft, in der sie lebt, dies nicht zulassen kann und darf, hat eine solche Seele oft keine Wahl und findet keinen Ausweg aus ihrer Situation, es sei denn durch Flucht. Und die Flucht in die Drogen nimmt zunächst die Gestalt eines Trostes an, die Form einer Klärung, das Versprechen einer Möglichkeit, die Wahrheit zu erkennen und Klarheit zu erringen.

Doch kann eine Seele, wie wir sagten, in diesem Stadium der Entfaltung im Zustand der Erkenntnis ihrer eigenen Wahrheit noch nicht verharren. Nur vorübergehend, in blitzartigen Momenten, ist dies möglich. Und jeder Versuch, diese Einsichtsfähigkeit, diese Bewußtseinserweiterung über das zuträgliche Maß hinaus zu verlängern, ist zum Scheitern verurteilt. Aber die ersten Einblicke in das, was möglich ist an Entgrenzung, an Energie, an Begreifen der Zusammenhänge, an Angstfreiheit, führt Menschen in Versuchung, diese entgrenzten Bereiche mehr und mehr für sich in Anspruch zu nehmen, obwohl sie nicht reif sind zum Ertragen dieser Zustände. Körper und Seele sind auch hier eine untrennbare Einheit. Und wenn die Seele nicht in der Lage ist, die Entgrenzung zu ertragen, wird es der Körper auch nicht sein können.

Dadurch wird eine Zerstörung des Körpers eingeleitet, die bedauerlich ist und dennoch für viele eine Alternative, die sie besser akzeptieren können als die Unmöglichkeit, in einer Gesellschaft zu überleben, die ihren neuen Idealen oder Vorstellungen, auch ihren Illusionen, nicht entspricht.

Wenn ihr also die Funktion von Drogen in eurer Gesellschaft besser verstehen wollt, dann ist es günstig, daß ihr euch klarmacht: Drogen sind ein Preis, den ihr dafür zahlt, daß die Richtlinien, die einmal für euch alle sowohl in gesellschaftlicher als auch in moralischer und religiöser Hinsicht als unumstößlich galten, euch jetzt nicht mehr den Rahmen bieten, in dem ihr euch sinnvoll entfalten könnt. Und all jene, die in den letzten sechzig Jahren in das Stadium der Reife eingetreten sind, brauchen neue Bedingungen, die von eurer Gesellschaft zur Verfügung gestellt werden müssen. Aber die gesellschaftliche Entwicklung ist träger als die Entwicklung der Seele. Sie hinkt hinterdrein. Und der Zustand des Übergangs, in dem ihr euch befindet, muß nach und nach bewältigt werden. Die alten Seelen in eurer Gesellschaft sind nun dazu aufgerufen, denjenigen zu helfen und die zu unterstützen, die sich in dieser überaus schwierigen Phase befinden.

Die Anzahl alter Seelen in der westlichen Gesellschaft ist noch nicht so groß, daß sie einen wesentlichen Einfluß auf ihre Entwicklung ausüben könnte. Mit wesentlich meinen wir eine Beschleunigung der Veränderungen, die ohnehin auf euch zukommen werden in den Bereichen von Politik und gesellschaftlicher Reform. Aber die alten Seelen haben großen Einfluß im Bereich ihrer persönlichen Umgebung. Alte Seelen haben ein Charisma, das andere beeinflußt, ohne daß sie sich selbst anstrengen oder bemühen müßten zu wirken. Die alte Seele beginnt ja sich zu erinnern an alles, was sie selbst in ihren vielen Inkarnationen erlebt und durchgemacht hat. Und sie ist deshalb aus ihrer Erfahrung heraus besser als eine reife oder junge Seele in der Lage, Verständnis aufzubringen. Von einer jungen Seele kann man das nicht verlangen. Und da die westlichen Gesellschaften immer noch überwiegend aus jungen Seelen besteht, werden diese, solange es für sie passend ist, die Bedingungen dieser Gesellschaften gestalten.

Die alte Seele hingegen hat die Möglichkeit, in ihrer unmittelbaren Umgebung vieles zu verändern und zu beeinflussen, was sich verändern und beeinflussen läßt. Die alte Seele kann mehr Liebe geben als die reife oder die junge, da sie beginnt, sich von den Fesseln der Angst zu befreien, und weil sie an sich selbst erfährt, wie sie ihre Schwingung, ihre Frequenz, verändern kann durch die Arbeit an ihrem Bewußtsein. Und so kann sie, wenn sie es wünscht, die Möglichkeiten ihrer Liebesfähigkeit ausschöpfen. Und wenn wir das sagen, dann setzen wir bei der alten Seele eine gewisse Verständnisbereitschaft voraus, die nicht impliziert oder implizieren sollte, daß die alte Seele für alles Verständnis haben muß in dem Sinne, daß sie alles hinnehmen oder alles verzeihen soll. Wir erinnern euch an den Unterschied zwischen Liebedienerei und bedingungsloser Liebe. Liebedienerei ist eine falsche Form des Ja-sagens, eine Pseudogestalt des Akzeptierens, die sowohl resigniert als auch feige ist, weil sie nicht wagt zu sagen, was ihrer inneren Wahrheit entspricht, und weil sie sich aus Angst vor Konfrontation einredet, daß eine passive Hinnahme des Gebotenen gleichzusetzen sei mit einer Liebe, die keine Bedingungen stellt. Die Liebe, die einem Drogenkranken bei seiner Suche nach Klarheit und Wahrheit wirklich helfen kann, ist eine Liebe, die die Person des Kranken in keiner Weise in Frage stellt; eine Liebe, die die Entscheidungen des Drogenabhängigen achtet, ohne sie für sich selbst zu bejahen; eine Liebe, die auch die Entscheidung achtet, den eigenen Körper zerstören zu wollen; eine Liebe, die die Sehnsucht, der Angst entfliehen zu wollen, respektiert; eine Liebe, die nicht die Bedingungen stellt: »Ich liebe dich, wenn du...«: »Wenn du anständig und ehrlich bist, wenn du auf Drogen verzichtest, wenn du nicht mehr aus der Realität fliehen willst, wenn du aufhörst, gegen die Gesetze zu verstoßen, wenn du mir das Gefühl vermittelst, daß du meine Hilfe gern annimmst. Ich liebe dich nur, wenn du mir keine Vorwürfe machst, wenn du mir nicht zu verstehen gibst, daß ich Schuldgefühle haben müßte; wenn du mir nie vorwirfst, daß ich etwas falsch gemacht habe.«

Liebe ist eine Schwingung, die sich erhebt und ihre Flügel ausbreitet, die in dem Maße durch Raum und Zeit dringt, wie sie auf Bedingungen verzichtet – auf Forderungen und Erwartungen, die so überaus berechtigt erscheinen und es doch nicht sind. Diese Form von Liebe braucht keine Worte. Sie braucht nicht das Medium der Mitteilung; sie kommt bei dem, der sie empfängt, auf einer Ebene an, die ihm nicht bewußt sein muß und dennoch von einer Wirksamkeit ist, die durch nichts übertroffen wird. Eine solche Liebe bietet wahres Mitgefühl an, ohne sich identifizieren zu müssen und ohne mitzuleiden. Eine solche Liebe zeigt dem Drogenkranken: »Ich liebe dich, obwohl ich dich nicht verstehe«. Eine solche Liebe kann persönlichen, aber auch überpersönlichen Charakter haben. Eltern können ihr Kind so lieben, wenn sie dazu bereit sind. Und ein Sozialarbeiter kann seinen Schützling so lieben, wenn er es wünscht und sich dafür entscheidet. Aber das wird nur möglich sein – wir sagen es euch ehrlich –, wenn eure eigene Seele bereits die Reife oder das Alter erreicht hat, in der sie diese Liebe als eine Alternative erfahren hat, auf die sie nicht mehr verzichten möchte.

Diese Liebe ist die Liebe, die Jesus für die Menschen in Aussicht stellte, die vor dem Gesetz gesündigt hatten. Diese Liebe setzt nicht einmal mehr die Fähigkeit des Verzeihens voraus. Sie ist frei, auch von dieser Bedingung. Sie setzt aber voraus, daß der Liebende sich von den Kategorien des Guten und des Schlechten befreit. Solange ein Mensch der Überzeugung ist, daß das, was der Drogenkranke sich antut, schlecht ist, wird er den Zugang zu ihm und den Zugang zu seiner eigenen Liebe nicht finden können, da ihm dieses Urteil, das eigentlich ein Vorurteil ist, den Weg dorthin versperrt. Wenn ihr helfen wollt, nicht aus den Beschränkungen eures Ego heraus, sondern aus wahrer Liebe, dann findet euch damit ab – oder noch besser – dann akzeptiert vor euch selbst, daß Hilfe nur ein Angebot sein kann; daß Hilfe wie eine Hand ist, die ihr einem Menschen reicht. Und ihr müßt es ihm überlassen, ob er diese helfende Hand ergreifen möchte. Und wenn er sie ergreift, mag er allein entscheiden, wie lange er sie halten möchte. Hilfe in diesem Sinne kann nicht darin bestehen, daß ihr die Kategorien eurer Angst auf den, dem ihr helfen wollt, übertragt und ihm damit nicht gerecht werdet. Eure Angst sagt euch zum Beispiel: »Es ist nicht recht, wenn ein Mensch in jungen Jahren stirbt und sich durch Drogen selbst zugrunde richtet«. Eure eigene Angst vor dem Sterben, eure Angst davor, daß ihr sterben müßt, bevor ihr gelebt habt, läßt euch solche Dinge fühlen und sagen. Und sie treibt euch oft zu einer Haltung, die geradezu fanatisch ist, weil Fanatismus verspricht, Angst zu bewältigen. Für einen Menschen, der weiß, daß das irdische Leben nicht alles ist und daß er bereits viele Tode gestorben ist und viele weitere sterben wird, ist der Entschluß eines anderen Menschen, zeitig aus dem Leben zu scheiden, nicht in derselben Weise gravierend oder gar sündhaft wie für jemanden, der überzeugt ist, daß es nur dieses eine Leben gibt. Was ist schon dabei, wenn ein Mensch nicht lange lebt? Aus der Sicht der Seele spielt das eine nur untergeordnete Rolle. Es gibt keine Strafe für das, was ein Mensch in einem Leben nicht erreicht oder unterlassen hat. Es gibt nur eine Art Aufforderung, das, was nicht gelebt wurde, zu einem späteren Zeitpunkt nachzuholen. Und dieser Aufforderung wird jeder gern stattgeben, denn sie ist eine Maßnahme, von der er weiß, daß sie ihm zum Heil gereicht. Wenn also eine soeben gereifte Seele mit den Bedingungen, die sie vorfindet, nicht leben mag, und wenn sie wirklich aus Angst und Kummer, aus Schwäche und Verzweiflung alles tut, um sich diesem Leben, das ihr weh tut, früh zu entziehen, könnt ihr dies respektieren, wenn ihr begreift, was in ihr vorgeht.

Wichtiger aber noch ist, daß ihr angesichts einer solchen euch unverständlich erscheinenden Entscheidung eure eigene Einstellung zum Leben und zum Sterben überprüft, eure große Angst, vorzeitig scheiden zu müssen, weil ihr euer Leben immer auf morgen verschiebt. Ein Mensch, der Drogen nimmt, wird in vielen Fällen seine Lebensfackel an beiden Enden anzünden. Er wird mit einer Intensität leben, die keiner von denen nachvollziehen kann, der keine Drogen kennt. Er wird sich in Regionen bewegen, die für andere unzugänglich sind. Und er wird vieles beschleunigen, wozu andere achtzig Jahre brauchen. Und selbst wenn er dies nicht tut, sondern Unerledigtes hinter sich läßt, geht das niemanden etwas an als ihn allein. Deshalb bitten wir euch, nicht zu urteilen! Streckt eure Hand aus und bietet Hilfe an. Und versucht, mit der Ablehnung von Hilfe leben zu lernen. Das sind die Schritte in die wahre Liebe hinein, die ihr angesichts der vielen Drogenabhängigen in eurer Gesellschaft machen könnt.

Was Kornfeldzeichen bedeuten

Der Wert dieser Zeichen liegt gerade darin, daß sie nicht in der Weise entschlüsselbar sind, wie ihr gelernt habt, andere Phänomene der Natur zu entschlüsseln. Der Sinn der Zeichen erfüllt sich zuallererst darin, euch zu bedeuten, daß selbst mit aller Anstrengung und mit dem Einsatz aller euch bekannten naturwissenschaftlichen Methoden nicht alles beschreibbar, nicht alles deutbar, nicht alles begreifbar ist. Ihr geht in übergroßem Maße davon aus, daß die Phänomene, die sich in den Kornkreisen manifestieren, mit den Fähigkeiten der linken Gehirnhemisphäre analysiert werden könnten, oder daß sie mit diesen selben Fähigkeiten begreifbar werden müßten. Sie sind vielmehr dazu geschaffen, euch mit Nachdruck darauf hinzuweisen, wie begrenzt die Auffassungskräfte der linken Gehirnhälfte sind, und wie verwirrt ihr euch fühlt, wenn ihr mit den dort entwickelten Fähigkeiten nicht weiterkommt. Die Verwirrung, die die Kornkreise stiften, ist ihr Sinn und ihr Ziel. Euch auf die Grenzen eurer Möglichkeiten aufmerksam zu machen und euch aus eurer Selbstgefälligkeit aufzurütteln, ist ihr Ziel. Euch zu zeigen, wie wenig ihr wißt und wieviel ihr zu wissen glaubt, ist ihr Sinn. Das bewegt diejenigen, die diese Kornkreise herstellen. Und die Mahnung, die in ihnen enthalten ist, ist nicht als Drohung oder entschlüsselbare Mitteilung zu verstehen im Sinne einer Information, sondern als Aufruf, die Verwirrung zu einem fruchtbaren Boden neuer Erkenntnisse werden zu lassen.

Wenn ihr also fragt, was bedeuten diese Kornkreise und was wollen sie uns sagen, dann möchten wir euch raten: Sucht weiter in dieser Richtung. Sie wollen euch sagen, daß es an der Zeit ist, wirklich von der analytischen, kognitiven Auffassung von den Zusammenhängen der Natur zu einer synthetischen, ganzheitlichen überzugehen. Denn selbst die Forscher, die sich bei der Betrachtung der Kornkreise zu einem ökologisch ganzheitlichen Naturverständnis bekennen, wissen noch nicht um die engen Grenzen ihres Verstehens. Die Kornkreise enthalten somit eine existentielle oder essentielle Aufforderung, das Bewußtsein zu erweitern und die Möglichkeiten der instinktiven Erkenntnisfähigkeit, der poetischen Deutung, der integrierten Funktionen solcher Mitteilungen neu in Betracht zu ziehen. Das wird leichter sein, wenn ihr euch unter Einbeziehung der Erkenntnisse, die ihr über eure Naturwissenschaften erworben habt, in einen Zustand der meditativen Betrachtung versenkt, sei es im Mikrobereich oder im Makrobereich, sei es also in der meditativen Betrachtung eines mikroskopischen Schnittes oder einer Aufnahme aus einer Entfernung von 500 Metern, und diese Zeichen auf euch wirken laßt in einer Weise, wie sie den analytisch-kognitiven Fähigkeiten der linken Hemisphäre verschlossen bleiben muß.

Die Mitteilung, die in diesen Kreisen enthalten ist, geht weit über den Gehalt einer Information hinaus. Die Kreise enthalten weder Fakten noch Ankündigungen, weder Drohungen noch den Wunsch nach physikalischer oder mathematischer Überprüfbarkeit. Vielmehr sind die Zeichen Ausdruck des Wunsches, ihr möget heraustreten aus der Selbstgefälligkeit eurer Vorstellung, daß alles zu erklären und alles in euer Weltbild zu integrieren sei. Sie sollen euch lehren, euch wieder wundern zu können und in Staunen zu verfallen angesichts der Dinge, die ihr weder beschreiben noch begreifen könnt. Sie sind eine Zeichensetzung dafür, daß euer Horizont der Ausweitung bedarf. Und wir sagen euch, daß ihr euch bisher mit euren Bemühungen auf dem Holzweg befunden habt. Behandelt die Zeichen wie eine Sammlung von Mantren oder Mandalas. Die Zen-Tradition bietet euch die Meditationstechnik des Koan an, die uns geeignet erscheint, euch zu der wahren Bedeutung der Kornkreise hinzuführen.

Ein Koan ist ein Rätsel, das kognitiv – durch Nachdenken – nicht gelöst werden kann. Die Lösung liegt in demjenigen, der versucht, es zu lösen. Sie liegt nicht in dem Text, nicht in den Gedanken des Koan selbst. Und ebenso sind die Kornzeichen Runen oder Hieroglyphen, die euch dazu anregen möchten, eine neue Wahrheit in euch selbst zu entschlüsseln. Und so wird es dahin kommen, daß ihr entdecken müßt: Jedes dieser Zeichen, jeder dieser Kreise, wird für jeden der Betrachter eine andere Wahrheit in sich bergen. Diese Wahrheit schließt sich mit den Wahrheiten der anderen Betrachter auf einer höheren Ebene erneut zusammen. Ihr könnt die Kornkreise betrachten, aus der Nähe und aus der Ferne, so wie ihr Musik hört. Ihr wißt aus eigener Erfahrung oder könnt es zumindest vermuten, daß alle Menschen, die einem Konzert beiwohnen, von der Musik, die sie hören, in unterschiedliche Schwingungen gebracht werden, die sehr verschiedene Emotionen und Assoziationen auslösen. Dennoch hat auch das Musikstück seine eigene Frequenz und seine eigene Wahrheit. Es hat einen Schöpfer, der sich etwas dabei gedacht hat. Auch die Kornzeichen haben Schöpfer. Die Kornzeichen sind keine Späße, weder irdische, noch kosmische. Dennoch sind sie nicht ernst im Sinne einer Warnung oder Bedrohung. Die Kornzeichen sind geschaffen von denen, die Mitgefühl haben mit den Begrenzungen eures Verstandes und die euch erlösen möchten von den Fesseln, die ihr nicht mehr nötig habt, von denen ihr euch aber nicht selbst befreien könnt. Sie sind Schöpfungen von Wesenheiten, die eine Seele besitzen wie ihr und zugleich in ihrer Kommunikationsfähigkeit in anderer Weise fortgeschritten sind, da sie niemals voneinander so isoliert sind und waren wie die Menschen selbst.

Die Menschen, die die Erde bevölkern, sind in großem Maße darauf angewiesen, mit technischen Mitteln zu kommunizieren. Und diese Techniken sind Ergebnisse eines sehr gut geschulten und hervorragend gebildeten kognitiven Verstandes.

Auf entfernten Planeten gibt es von Leben erfüllte Existenzen, die ganz andere Wege der Entfaltung beschritten haben. Und so wie ihr versucht, Kontakt mit ihnen aufzunehmen über die Mittel der Technik, so versuchen auch sie, Kontakt aufzunehmen mit euch über die Mittel, die ihnen zur Verfügung stehen, und die sie beherrschen. Das sind die Möglichkeiten der Übermittlung durch Energie, angefangen mit der Telepathie bis hin zur Veränderung der Energiekörper physischer Erscheinungen. Sie können eure Kommunikationsmedien nicht benutzen. Und ihr kennt die ihren nicht. Dennoch haben auch diese Wesenheiten einen Verstand, wie ihr ihn habt. Nur ist er nicht in derselben Weise ausgebildet. Sie beobachten und erkennen, was euch fehlt. Aber sie sind euch nicht überlegen, ebensowenig wie ihr ihnen überlegen seid, im Sinne eines hierarchischen Gefälles. Wenn ihr also gewillt seid, die rechte Hälfte eures Gehirns zur Entschlüsselung der Kornkreise einzusetzen, so werdet ihr einen Kontakt mit diesen Wesenheiten aufnehmen, die die Kornkreise gezeichnet haben, ohne physisch auf diesem Planeten erscheinen zu müssen. Es handelt sich um reine Energiephänomene, die von Wesen bewirkt wurden, die auf diese Weise miteinander kommunizieren und die versuchen, in eben dieser Weise mit euch zu kommunizieren. Aber es handelt sich dabei nicht um Seelen eurer Art, sondern um Wesen, die sich zu Gruppenseelen zusammengetan haben und Körper besitzen, die aus anderen Strukturen bestehen als eure. Nicht Wesen aus Fleisch und Blut, nicht Wesen aus Knochen und Lymphe, sondern solche, die sich in andere Materie verfestigen, die mit Energien – in einer für euch fast unbegreiflichen Weise – umzugehen gewohnt sind, die aber genauso staunen würden über das, was ihr entwickelt und erreicht habt, wie ihr über sie.

Wir betonen noch einmal: Diese Existenzformen sind der euren nicht überlegen. Sie sind der euren gleichwertig und dennoch fundamental von ihr verschieden. Es fällt euch deshalb so schwer, euch Formen von Leben, Formen von Beseeltheit auf anderen Planeten vorzustellen, weil ihr über eure anthropomorphe Anschauungsweise mental nicht wirklich hinauswachsen könnt.

Diese anthropomorphen Vorstellungen sind in eurem System verankert. Und es wird nicht viel fruchten, wenn ihr eure Phantasie bemüht, euch Phänomene vor Augen zu führen, die für euch wirklich nicht vorstellbar sind. Aber euer Verstand hat die Möglichkeit zu begreifen, daß es Erscheinungen gibt, die fremd sind und essentiell andersartig, ohne daß euer geistiges Auge ihnen eine Form zuordnen könnte. Der Kontakt mit fremden Lebewesen ohne sichtbare Körper kann niemals so aussehen, daß ihr euch hier oder dort mit ihnen an einen Konferenztisch setzt und in einer Sprache, sei es auch eine Metasprache, über territoriale Bedingungen und den Austausch von naturwissenschaftlichen Erkenntnissen verhandelt.

Und wir sagen euch auch, daß die Phänomene, die ihr als Ufos zu beschreiben gewohnt seid, Energiewirbel sind, die bestimmte Formen annehmen, die für manche von euch zu bestimmten Zeiten erkennbar sind. Ihr wundert euch dann, daß diese unbekannten fliegenden Objekte sich verflüchtigen und keine Objekte mehr sind, obwohl ihr so sicher wart, sie gesehen zu haben. Sie sind nicht Objekte in materiellem Sinne. Sie haben keine feste Form und keine äußere Struktur. Sie bewegen sich und erzeugen energetische Reibung. Doch ebenso schnell wie diese Wirbel entstehen, verfliegen sie auch wieder und sind nicht mehr zu erkennen.

Wir wünschen euch, daß ihr in den kommenden Jahrzehnten aus eurer Naivität herauswachst und immer mehr Verständnis entwickelt für die unendliche große Welt energetischer Phänomene, mit denen ihr täglich in Berührung seid, die in euch und außerhalb von euch existieren, und die dennoch bei euch auf so geringen Widerhall stoßen, weil ihr euch darauf versteift, alles mit der linken Gehirnhälfte verstehen zu wollen.

Erleuchtung

Erleuchtung ist ein Zustand des Erkannthabens. Dieses Erkannthaben geschieht auf allen Ebenen der Physis. Es vollzieht sich gleichzeitig auf körperlicher Ebene, auf der Ebene der Emotionen und auf der Ebene mentaler Erkenntnisfähigkeit. Kopf, Herz und Bauch befreien sich gleichermaßen von den Begrenzungen, die Angst ihnen zuvor auferlegte. Die Befreiung von Angst führt zu einer so großen Erleichterung, einer so immensen Entspannung, zu einem so unglaublichen Lustgefühl, daß der Mensch, der solches erlebt, zunächst einmal in ein Staunen verfällt, das sich in einem Lachen löst, das oft als kosmisches Gelächter bezeichnet wird. Kosmisch nennt ihr es deshalb, weil diejenigen, die davon ergriffen werden, sich durch dieses Lachen eingebunden und vereint fühlen mit all dem, was außerhalb von ihnen ist. Sie haben die Illusion ihrer Begrenzungen erkannt. Sie sind bereit, sie aufzugeben, solange sie sich in diesem Zustand halten können. Und auch wenn dieser Status, der für den Körper eine ungewohnt große Anstrengung mit sich bringt, abgeklungen ist, verflüchtigt sich doch damit nicht das Wissen darum, daß es einen solchen Status gibt, und auch nicht die Erinnerung an die Wonnen, die sich auftun in einer Verfassung, die Körper und Psyche und Geist miteinander in einen befreiten jubelnden Einklang bringt.

Wir haben damit schon angedeutet, daß Erleuchtung für einen Menschen im Körper kein Zustand der Dauer sein kann. Dennoch verändert dieses fundamentale Erlebnis von Angstfreiheit den Menschen, dem es zuteil wird, so nachhaltig, daß es ihm, selbst wenn er wollte, nicht gelingen könnte, zu dem Status zurückzukehren, den er vor der Erleuchtung innehatte.

Erleuchtung hebt die Polarität des menschlichen Erfahrungsraums auf. Erleuchtung entspannt, weil sie die Spannung, die zwischen den Polen besteht, neutralisiert. Erleuchtung tritt dann ein, wenn der Mensch bereit ist, das Drama seiner inkarnierten Existenz nach dem finalen Akt als beendet anzuerkennen und sich aus dem Theater, in dem er selbst so viele verschiedene Rollen gespielt hat, zu entlassen. Aber das Drama muß einen sinnvollen, einleuchtenden Abschluß gefunden haben. Es ist irrig anzunehmen, daß ein Mensch in der Mitte seines Existenzdramas Erleuchtung erleben kann, ohne die Lösung aus der Verstrickung in die Handlung erfahren zu haben.

Wir möchten damit klarstellen, daß jene Lehrer irren, die verkünden: Ein jeder kann unmittelbar dort, wo er steht, erleuchtet werden. Erleuchtung bedeutet Abschluß. Erleuchtung bedeutet bereit zu sein, ohne Angst zu leben. Erleuchtung bedeutet, in der Lage zu sein, die veränderte, fast unerträglich scheinende Energie mit ihrer ungewohnten Frequenz ertragen zu können, anstatt sie zur Begründung einer neuen Angst zu verwenden. Diese Fähigkeit wird erst auf den letzten Stufen der seelischen Entwicklung im Körper erreicht. Die Bereitschaft, erleuchtet zu werden, ist erst auf den letzten drei Stufen des Zyklus der alten Seele vorhanden.

Wenn ein Erlebnis, so wie wir es beschrieben haben, das den Körper, die Psyche und den Geist simultan von Angst erlöst, auf einer früheren Stufe der seelischen Entfaltung den Menschen beglückt, wird er in aller Regel das, was ihm als Wahrheit und Gewißheit zuteil wurde, nicht halten können. Es wird wie ein Traum nach und nach verblassen. Und nicht selten wird eine neue Angst an seine Stelle treten, die – gepaart mit der Sehnsucht nach Wiederholung – verhindert, daß sich ein solcher Befreiungs- und Erleuchtungsvorgang verankern kann.

Die Zyklen der seelischen Entfaltung lassen sich nicht verkürzen; sie können nicht mittendrin abgebrochen werden, da sie für das Fortschreiten der Seele auf ihrem Weg notwendig und unabdingbar sind. Wenn also ein Mensch die Erleuchtung punktuell erlebt und sie nicht halten kann als eine erhöhte, für den Körper bedrohliche und schmerzhafte Energiefrequenz, wird er es vorziehen, entweder binnen kurzem den Körper zu verlassen oder zu einem niedrigeren Energieniveau zurückzukehren. Das letztere wird immer dann der Fall sein, wenn der Mensch sich weiterer Aufgaben im Körper bewußt wird und wenn er Methoden entwickelt, seine Energie aus dem Körper abzuführen, anstatt sie zu stauen, ohne sich damit zugleich so zu entleeren, daß er dem Leben mit seinen täglichen Anforderungen nicht mehr gewachsen ist.

Da der Erleuchtete keine Angst mehr um sein Überleben im Körper hat, wird Essen, Trinken und Schlafen für ihn nicht mehr wichtig sein. Er wird es vernachlässigen. Er wird vergessen, seinen Körper zu pflegen, da er nicht mehr davon zu überzeugen ist, daß der Körper ihm dienlich sein muß. Der Erleuchtete hängt nicht mehr am Leben. Leben und Nicht-Leben sind ihm gleichgültig. Deshalb wird es ihm schwerfallen, lebendig zu bleiben, wenn nicht Menschen um ihn herum sich seiner annehmen, ihn umsorgen und ihn auffordern, unter ihnen zu bleiben, weil sie von seinem hohen Energieniveau, das den ganzen Menschen umfaßt, lernen wollen und sich daran wärmen möchten.

Der Erleuchtete verliert auch schlagartig das Interesse an dem Erwerb von Kenntnissen, die ihm zuvor wichtig erschienen. Denn jetzt weiß er, und er benötigt keine Informationen mehr. Dennoch kann er, wenn er es nur wünscht, sich Informationen auf neuen Wegen beschaffen. Denn er ist nun eingebunden in die Möglichkeiten, die den entkörperten Seelengeschwistern auf der astralen Ebene zur Verfügung stehen. Da er seine alten Grenzen aufgelöst und keine neuen geschaffen hat, steht er in unmittelbar telepathischem Kontakt mit all jenen, die seine Kenntnisse bereichern können auf den Gebieten, die ihm jetzt wichtig erscheinen.

Sein Körper wird sich durch die befreite Energie verändern. Er wird durchlässiger, empfindsamer, aber auch aufnahmebereiter. Seine Augen unterliegen nicht mehr der selektiven Wahrnehmung, die die Psyche ihnen vormals diktierte. Er sieht, wenn er es wünscht, global in dem Sinne, daß er erkennt, was sichtbar und was nicht sichtbar ist. Er erkennt nicht nur das, was vor ihm liegt, sondern auch das, was in anderen Dimensionen über und unter und hinter ihm sichtbar ist. Seine Wahrnehmungsmechanismen unterliegen nicht mehr den Beschränkungen seines vormaligen Selbst. Und wenn er lernt, mit der auf ihn einstürzenden Flut von Eindrücken, die alle seine Sinne erfüllen, zu leben und sich transformieren zu lassen, wird er seine Existenz erfahren als ungeteilt, als nicht fragmentiert, so wie es nur wenigen, eben den Erleuchteten, möglich ist.

Erleuchtung und das Ausscheiden aus dem Zyklus der Inkarnationen gehen nicht so eng Hand in Hand, wie es von einigen Religionen postuliert wird. Erleuchtung wird nur dann zur Krönung des abgeschlossenen Inkarnationszyklus führen, wenn sie eben an seinem Ende, auf der siebten Entfaltungsstufe der alten Seele, geschieht. Sollte – wie es bisweilen vorkommt – ein Vorgeschmack von Erleuchtung den Menschen auf einer weniger hohen Entfaltungsstufe entzücken, wird er, wie wir sagten, entweder das aktuelle Leben beenden oder sich in eine neue Angst flüchten, nämlich in die Angst vor der dauerhaften Erleuchtung. Diese Angst ist vollkommen unbegründet, da sie in diesem Stadium der seelischen Entfaltung nicht eintreten kann. Aber die Entgrenzung wirkt auf den, der von ihr betroffen wird, so ungeheuerlich, daß er auf sie mit Panik reagiert und ihre Dauerhaftigkeit unmöglich macht. Dennoch wird auch er das, was ihm offenbart wurde oder vielmehr das, was er sich selbst offenbarte, nicht vergessen; er wird danach ein anderer sein als zuvor. Solche Erlebnisse, die unter dem Namen »Satori« bekannt sind oder auch mit »Verzückung« bezeichnet werden, treten auf frühen Stufen durch Veränderungen des Bewußtseins ein, die auf unterschiedlichen Maßnahmen des Körpers oder des Geistes beruhen. Es kann sich um das Ergebnis langjähriger Meditationen handeln, um Veränderungen, die durch Drogen oder Krankheit hervorgerufen werden, durch religiöse Ekstase oder auch durch ein Nahtoderlebnis. Ihr werdet einen Menschen, der ein solches Erlebnis gehabt hat, daran erkennen können, daß er eine Fähigkeit zum Schweigen erworben hat, eine Stille, die von ihm ausgeht, die anderen nicht zugänglich ist. Solch ein Mensch ist still, auch wenn er redet, und sein Schweigen ist lebendig. Seine Augen sind von einem Leuchten erfüllt, von dem Leuchten der Erinnerung an das, was er geschaut hat. Das, was er geschaut hat, ist Einheit als Liebe und Liebe als Einheit. Und das wird ihn nie mehr verlassen. Auch wenn das Licht seiner punktuellen Erleuchtung mit der Zeit weniger hell scheint, an Kraft verliert und endlich fast erloschen ist, wird doch dadurch sein Wissen um das, was er geschaut hat, nicht ungültig.

Wir möchten euch darauf aufmerksam machen, daß jene euren Hohn nicht verdienen, die sagen »Ich bin erleuchtet«, und denen ihr es nicht glauben mögt; entweder weil ihr selbst noch allzu fern von einem solchen Erlebnis seid, und ihr es nicht verstehen könnt, oder weil das Licht sich wirklich wieder verfinstert hat. Zieht vielmehr in Betracht, daß die Angst vor dem Ertragenmüssen der Erleuchtung einen solchen Menschen dermaßen beherrschen kann, daß er seine Energie zurückzieht und nun vielleicht lieber sagen sollte »Ich war erleuchtet« statt »Ich bin erleuchtet«. Doch das ist schmerzhaft. Denn über das, was er weiß, wird er ohnehin kaum so sprechen können, daß es für andere glaubhaft und verständlich wird. Meßt also nicht die innere Wahrheit eines Menschen, der die Verzückung vorübergehend erlebt hat, an dem Zustand, in dem ihr ihn später erblickt. Meßt seine innere Wahrheit nicht an Maßstäben, die ihr aus unerfindlichen Gründen für die Erleuchtung aufgestellt habt. Bildet euch auch nicht ein, daß jeder von euch die Präsenz eines Erleuchteten unmittelbar fühlen müßte, und daß jeder von euch berufen ist, darüber zu urteilen, ob sich ein Mensch nur anmaßt, durch Erleuchtung eine Autorität gewonnen zu haben, die ihn über andere stellt, oder ob er versucht, euch etwas mitzuteilen oder euch teilhaben zu lassen an der Erinnerung an seine überwältigende Freude.

Zunächst einmal ist Erleuchtung kein Begriff, der sich von seiner inneren Wirklichkeit her genau umreißen und fest definieren ließe. Obwohl es von der menschlichen Wahrnehmung des Erleuchteten her gesehen, oder vielmehr von der Wahrnehmung derjenigen, die den Erleuchteten wahrnehmen, so scheinen mag, als sei dieser Zustand ein beschreibbarer und klar abgegrenzter, sollte doch von der anderen Seite, von der Erfahrungsrealität derjenigen, die diesen Zustand erfahren oder erlangt haben, deutlich werden, daß es sich nicht wirklich um einen Zustand handelt. Deshalb ist es nicht leicht, eine Definition zu geben. Ganz allgemein können wir sagen: Wer mit sich selbst und der Welt, mit dem inneren und äußeren Geschehen, das er wahrnimmt und erlebt, in vollkommenem Frieden ist, befindet sich auf der höchsten Stufe der Erkenntnis und der ungetrennten Empfindung. Wie aber dieser Friede für jeden einzelnen aussehen mag, ist äußerst unterschiedlich, da jeder von anderen Bedingungen ausgeht und das, womit er Frieden zu schließen hat oder Frieden schließen kann, sehr verschieden ist. Nun ist Friede wiederum ein Wort und ein Begriff, der sich nicht so einfach füllen läßt, und der von verschiedenen Kulturen sehr verschieden empfunden wird. Auch ist das Wort allzu häufig verwendet und mißbraucht worden, so daß es eine fast sinnentleerte Hülse darstellt. Es sollte nicht »Ereignislosigkeit« bedeuten, sondern Freude am Ereignis. Die Sehnsucht oder Sucht nach Erleuchtung wird oft verwechselt mit einer Suche nach der Ereignislosigkeit des intra-uterinen Traums.

Individuelle Fragen

1. *Die Seele verkörpert sich immer wieder neu und sucht sich neue Aufgaben. Aber biologisch gesehen gibt es doch immer mehr Menschen auf der Erde! Wo kommen denn die neuen Seelen her, wenn Adam und Eva Kinder bekommen?*

Zunächst einmal ist es so, daß die letzte große Ausschüttung von Seelen sich in den Jahren 1000 bis 1700 eurer Zeitrechnung ereignet hat. Seitdem werden keine neuen Seelen mehr aus dem Tao in die Physis der Erde ausgeschüttet, so daß es bald weder Säuglings- noch Kleinkindseelen mehr auf diesem Planeten geben wird, sondern nur noch junge, reife und alte Seelen.

Die Intervalle der Inkarnationen sind in den frühen Zyklen sehr lang. Die Angst vor den Herausforderungen des Lebens im Körper ist groß. Es besteht wenig Motivation, so bald wie möglich in die Physis zurückzukehren. Dieses Bedürfnis wächst mit zunehmendem Seelenalter, da mehr Bereitschaft besteht, sich den Herausforderungen und Schwierigkeiten der Inkarnation zu stellen. Man kann es als spirituelle oder seelische Neugier bezeichnen, wenn es solche Seelen, die sich unter anderen Umständen mehrere hundert Jahre in der astralen Welt aufhielten oder aufhalten würden, jetzt dazu drängt, sich häufiger und schneller zu inkarnieren. Das Bedürfnis besteht auch darin, denjenigen, mit denen Abkommen und karmische Bindungen bestehen, möglichst häufig zu begegnen, um das zu löschen oder zu erledigen, was ansteht und noch schmerzt.

Junge, reife und alte Seelen haben also seit einiger Zeit einen beschleunigten Rhythmus, und manche lassen jetzt nicht mehr als zwei oder drei Jahre zwischen den einzelnen Besuchen auf der Erde verstreichen. Es sind also, wie wir gesagt haben, keine neuen Seelen, die sich im Zuge der Bevölkerungsexplosion auf die Erde ergießen, sondern wiederholt Inkarnierende, die die Gelegenheit ergreifen, denen, die zu ihrer Seelenfamilie gehören und die ihnen vertraut sind, so häufig wie möglich zu begegnen, damit sie bald, noch zu Lebzeiten des Planeten, die Vereinigung erreichen können, nach der die alten Seelen sich sehnen.

Die Gesamtheit der Seelen, die jetzt die Bedrohung der Überbevölkerung ausmacht, ist also bereits dagewesen. Während sich früher auf dem zweiten astralen Territorium sehr viel mehr Seelen lange aufhielten als heute, strömen sie jetzt in verstärktem Maße zurück auf den Planeten. Und obwohl dies einerseits sinnvoll ist, sehen wir darin andererseits eine Gefahr für den Bestand des Planeten und die Lernmöglichkeiten auf der Erde. Denn diese Seelen konnten zum einen nicht damit rechnen, daß die Überlebensbedingungen sich so radikal ändern würden, und zum anderen haben sie diese Bedingungen selbst mit zu verantworten und grämen sich nun darüber, daß sie so wenig Möglichkeiten sehen, sie zu beeinflussen. Die Erde ist grundsätzlich dazu geeignet und entworfen, all den Seelen, die seinerzeit in langsamen Etappen ausgeschüttet wurden, ausreichend Nahrung und Entwicklungsmöglichkeiten zu bieten.

Doch sind jetzt diese Möglichkeiten auf vielen Ebenen gefährdet, besonders durch den Abfall, den die vielen produzieren, so daß nicht wenige Seelen das Bedürfnis verspüren, rasch zurückzukommen, um noch einigermaßen günstige Bedingungen vorzufinden. Dadurch beschleunigt sich ein Prozeß, der im Grunde nicht zu beschleunigen ist. Er läßt sich nur in der Zeitdimension anheizen, nicht aber in der Qualität des Wachstums.

Mit der Erwähnung von Adam und Eva entwirfst du ein Modell der allerersten Ausschüttung. Dieses Modell hat Ähnlichkeiten mit dem, was tatsächlich geschah, doch ist es nicht identisch damit. Du kannst davon ausgehen, daß die erste Ausschüttung sich keineswegs auf ein Paar oder wenige Paare beschränkte, wie es die Mythologie darstellen will, sondern daß innerhalb kürzester Zeit viele Hunderttausende von bereits menschenartigen beseelten Wesen die Erde bevölkerten und daß also die Pyramide nicht so spitz zulief, wie du es dir in deinem Beispiel vorstellst.

Der Mensch ist damals wie heute ein Säugetier und hat sich in seiner Physis evolutionsgerecht aus dem humanoiden Säuger entwickelt. Die Ausschüttung, von der wir sprechen, bestand darin, daß Seelen, die vom Tao bereitgestellt wurden, um sich auf der Erde zu entwickeln, in diese humanoiden Säugetiere einfuhren und sie erst eigentlich zum Menschen machten in dem Sinn, wie ihr heute das Menschsein versteht.

Diese Seelen waren bereits vorhanden. Sie waren aber zuvor noch nicht der Dimension des Körperlichen verhaftet gewesen. Sie hatten und kannten andere Existenzformen, denn jede Seele muß nur einmal einen Zyklus von Verkörperungen durchlaufen, wenn sie sich für diesen Weg entschieden hat. Das heißt nicht, daß sie nicht vorher und nachher mit eigenen Programmen, Dimensionen und Lernmöglichkeiten existiert.

Wir sagen »Ausschüttung« oder auch »Ausstreuung« und meinen damit nicht, daß es jemanden gibt, der diese Ausschüttung vornimmt. Vielmehr dürft ihr euch den Vorgang so vorstellen wie eine gereifte Samenkapsel, die Tausende von Samen enthält und zu einem bestimmten Zeitpunkt aufgeht und ihre Samen auf die Erde und in den Wind verstreut.

Wenn eine Seelenfamilie beschlossen hat, sich dem Abenteuer der Inkarnation auf dem Planeten Erde zu stellen, und sie die Reife erreicht hat, die damit verbundenen Aufgaben bewältigen zu können, öffnet sie sich wie eine Samenkapsel. Aus der ursprünglichen Einheit wird die Vielheit. Und jedes Samenkorn enthält das Wachstumsprogramm der ganzen Familie. Nun erst kann sich das Samenkorn verselbständigen. Es kann sich abtrennen und seiner eigenen Wege gehen, ohne die Identität und die Zugehörigkeit zum Ganzen zu verlieren. Der Vergleich mit der Pflanzenwelt wird euch auch insofern helfen, als ihr erkannt habt, daß die unendliche Flora eures Planeten in verschiedene große und kleine Gruppen, Familien und Einheiten eingeteilt werden kann, daß aber nicht denkbar ist, daß eine Pflanze nur in einem einzigen Exemplar existiert und als solches allein das Wagnis ihrer Existenz durchleben muß.

Jede einzelne lebendige Erscheinung eures Planeten ist mit vielen anderen vernetzt. Und jede Pflanzenfamilie steht wiederum in Beziehung zu einem größeren Verband von physischen Erscheinungen. In gleicher Weise seid auch ihr vernetzt, nicht nur mit den Geschwistern eurer Seelenfamilie, sondern auch mit größeren und weiteren Verbänden, die nicht nur im inkarnierten Zustand mit euch in Verbindung stehen, wenn auch weniger intensiv als die Mitglieder eurer Familie. Sie werden auf den astralen Gebieten und in den weiteren Bereichen der seelischen Welt mit euch zu größeren Organisationseinheiten verschmelzen. Sie werden euch immer begleiten, auch wenn sie nicht jedem von euch zu jeder Zeit sichtbar oder erkennbar sind. Schon jetzt haben wir euch die reichhaltigen und vielfältigen Vernetzungsmöglichkeiten mit den entkörperten Wesen der astralen Welt geschildert. Und wir haben euch gesagt, daß ihr auf einer vertikalen und auf einer horizontalen Ebene mit so vielen anderen Seelen zusammenwirkt, wie ihr es euch mental kaum vorstellen könnt.

Dennoch ist diese Realität, die wir euch schildern, so viel wirklicher als die Realität eurer psychischen Einsamkeit, die ihr zwar durchmachen und erleben müßt, um Mensch zu sein, die aber nicht dem entspricht, was tatsächlich vorhanden ist. Die Vereinzelung des Samenkorns ist notwendig, damit eine neue Pflanze entstehen kann. Die Vereinzelung des Samenkorns gibt ihm seine Stärke. Es enthält das gesamte Potential, das es als Mitglied des Ganzen verwirklichen kann.

Die Gärtner unter euch wissen, daß es der Entwicklung der Pflanze nicht wohltut, wenn zu viele Sämlinge auf engstem Raum beisammen sind. Deshalb wird der gute Gärtner die Sämlinge vereinzeln; er wird sie pikieren. Und er wird auch viele von ihnen herauszupfen und verwelken lassen. Damit geben wir euch ein Gleichnis, das euch die Notwendigkeiten des zeitigen Sterbens einzelner Mitglieder eurer Seelenfamilie zum Wohle des Ganzen aufzeigen soll. Und so wie es unter den Sämlingen stark und schwach entwickelte gibt, so braucht auch jeder von euch als Fragment eurer Ganzheit unterschiedliche Bedingungen. Er braucht verschieden lang, um seine Ziele zu erreichen. Und manche von euch sind Vorreiter, manche sind Nachzügler. Aber jeder hat seinen eigenen Wert und kann Frucht hervorbringen nach seinem Vermögen.

Bei der Ausstreuung finden alle Fragmente einer Entität dieselben Bedingungen vor. Sie sind also alle gleich, obschon sie verschiedene Essenzen besitzen. Die Struktur einer Seelenfamilie ist bedingt durch die Zusammensetzung ihrer Essenzen. Eine Seelenfamilie, die aus Helfern, Gelehrten und Königen besteht, wird mehr Helfer als Könige enthalten. Aber ihre Aufgaben definieren sich durch die Zusammenarbeit mit den Königen und den Gelehrten. Die Könige dieser Seelenfamilie werden die Helfer derselben Familie zu anderen Aufgaben heranziehen und mit ihnen in andersartige Verbindungen treten als die Gelehrten. Die Gelehrten werden einen Einfluß auf die Helfer haben, die die Könige nicht haben können. Wiederum werden die vielen Helfer die Könige in ihrer Königsessenz beeinflussen, behindern oder bestätigen. Sie werden darauf drängen, daß die Gelehrten dieser Familie sich um Aufgaben bemühen, die den Interessen der großen Anzahl von Helferessenzen entgegenkommen.

Eine solche Seelenfamilie wird sich vornehmlich humanitären Zielen verschreiben. Die Gelehrten werden darauf achten, daß sie ihr Wissen einsetzen zur Entwicklung eines Bewußtseins, das dem Menschen zugute kommt, das ihn fördert in seiner Menschlichkeit, in seinen sozialen Bindungen und in seiner karitativen Wärme. Die Könige dieser Familie werden dafür sorgen, daß das, was die Gelehrten erarbeiten und die Helfer ausführen wollen, auch von weitreichender Wirkung ist. Sie werden sich einsetzen für die Verbreitung dessen, was die beiden anderen Essenzen ihrer Seelenfamilie bemüht waren zu verwirklichen.

Eine andere Seelenfamilie, die aus Helfern und Künstlern besteht, wird sich in erster Linie mit der Entwicklung von Gerätschaften und Apparaturen befassen, mit der Entwicklung von Fertigkeiten, die sowohl die eigene Kreativität als auch den Wunsch zu dienen zum Ausdruck bringen. Diese Familie wird sich große Mühe geben, über viele Inkarnationen hinweg, oder gar über alle, die Zusammenarbeit der Menschen angenehmer zu gestalten und ihnen die schwierigsten Arbeiten zu erleichtern, damit Geist und Psyche sich fortentwickeln können, und die Seele zur Kontemplation Zeit gewinnt.

Denn mit fortschreitendem Seelenalter wird die Notwendigkeit, still zu sein und die Dinge nicht nur aktiv zu gestalten, sondern auch passiv zu betrachten, immer größer. Nur in seltenen Fällen sind wir bereit, einen Menschen darauf aufmerksam zu machen, daß er hier oder dort ein Mitglied seiner Seelenfamilie suchen oder identifizieren kann. Wir dürfen euch die seelische Arbeit, die darin liegt, daß ihr selbst die Nähe und Zusammengehörigkeit mit euren Geschwistern erkennt, nicht abnehmen. Sie ist ein so wesentliches Element eurer Entwicklung, daß es euch selbst überlassen bleiben muß, ob ihr die Verwandtschaft, die besondere Nähe, die sich nicht immer in Freude und Liebe ausdrückt, anerkennen wollt oder nicht. Erst wenn ihr deutliche Vermutungen aussprecht und eine authentische Wahrnehmung eurer eigenen Seele bestätigt haben wollt, sind wir bereit, euch in diesem oder jenem Einzelfall Auskunft zu geben.

2. *Im Oktober vergangenen Jahres, genau in der Nacht vom 24. zum 25. Oktober, hatte ich ein Erlebnis, das ich unvollkommen als »mystisch« bezeichnen möchte. Ich bin in der Nacht aufgewacht und merkte im Halbschlaf, daß ich eingehüllt bin. Es war ein Eingehülltsein, das ich noch nie zuvor erlebt hatte. Als mir dieses Eingehülltsein bewußt geworden ist, habe ich angefangen, mich zu bewegen und wollte mich umdrehen. In diesem Moment wurde diese Einhüllung ein Stück weggezogen, und mir wurde – ohne daß ich Sprachen oder Stimmen hörte, aber in meinem Kopf deutlich – sinngemäß mitgeteilt: Wenn du dich bewegst, müssen wir diese Einhüllung wegnehmen. Ich bin dann liegenblieben, und diese Einhüllung kehrte zurück. Nach einer kurzen Weile bin ich darüber wieder eingeschlafen. Was mich so beeindruckt hatte, war, daß ich am nächsten Morgen noch so überwältigt war von diesem Erlebnis – weil ich ein solches Gefühl nie zuvor erlebt hatte. War das »Einbildung«, oder war es tatsächlich ein Erlebnis, das eine Bedeutung hatte?*

Das, was du gespürt und empfunden hast, war weit weniger eine Einbildung als das, was du seither täglich erfährst und erlebst. Es hat eine andere Qualität und ist so selten, daß du Schwierigkeiten hattest, es wiederzuerkennen. Dennoch besitzt dieses Erleben, das du ein mystisches nennst, eine Authentizität, die weit über das hinausgeht, was du im Wachbewußtsein und im Alltag erfährst.

Du hast dich als eingehüllt empfunden. Das war auch kein Traum, sondern eine sehr genaue spezifische Wahrnehmung eines Zustands von Verbundenheit, von Kontakt mit dem, was wir als Seelenfamilie bezeichnen. Mit einem Kontakt also, den deine Seelenfamilie zu dir geknüpft hat, wie sie es oft tut, ohne daß du es bemerkst.

Diese Kontakte finden mangels besserer Gelegenheit in aller Regel während einer Tiefschlafphase statt, weil da der Körper sich am wenigsten bewegt und am meisten geneigt ist, die Energiekörper ein wenig freizugeben – je nachdem, wie gut der Mensch sich auf die Entfernung seiner Energiekörper eingelassen hat.

Du hast dich selbst erfahren als ein wenig losgelöst von deinem Körper, und das ist eine Erfahrung, die den meisten, die sich im physischen Körper befinden, selten bewußt wird. Darüber hinaus hast du die Verwandtschaft und Verbundenheit mit der Gesamtheit aller dir nahestehenden Wesen auf der Astralebene erfahren. Das war zugleich eine beglückende, entrückende, aber auch schwierige Erfahrung, die dich verstört hat, und die zu einer gewissen Beunruhigung beigetragen hat. Deshalb haben deine Freunde dafür gesorgt, daß du wieder einschläfst und alsbald wieder in einen Tiefschlaf verfällst, ohne daß du das Erlebte gleich wieder in die Tiefe deines Unbewußten hinabsinken lassen mußtest. Dieser Vorfall war ein Zufall insofern, als er weder von dir noch von ihnen beabsichtigt war. Du hast sozusagen einen kleinen blitzartigen Einblick gewonnen in das, was normalerweise bewußt erst jenseits der Physis erlebt wird.

Dieses Erlebnis, das du kurz und blitzartig in dein Bewußtsein hineinnehmen konntest, soll dir aber auch ein Zeichen und Beweis dafür sein, daß du nicht allein bist, daß du behütet bist und begleitet auf allen deinen Wegen, ohne daß beabsichtigt wird, dich vor Fehlern zu bewahren, die dir nützlich sein können.

3. *Viele Menschen haben Angst vor schwarzer Magie. Ist das berechtigt?*

Ob eine Handlung sich als Böses manifestiert oder nicht, kann nur über die Frage nach der Motivation des Handelnden beantwortet werden. Schwarze Magie entsteht aus dem Wunsch, einen anderen Menschen seiner Handlungsfreiheit zu berauben und ihn zu Handlungs- oder Denkweisen, zu Reaktionen zu zwingen, die nicht seiner Wahl entsprechen. Schwarze Magie entspringt aus der Unfähigkeit, Menschen in guter und positiver Weise beeinflussen zu können. Dennoch reichen in den meisten Fällen die Kräfte nicht aus, das zu bewirken, was der Schwarzmagier sich zum Ziel gesetzt hat. In den allermeisten Fällen besteht das, was der Schwarzmagier inszeniert, aus Ritualen, die nichts anderem dienen als der Bestätigung seiner Größenphantasien.

Das Opfer des Schwarzmagiers ist selten ein Opfer, das völlig losgelöst und unschuldig ein Schicksal erleidet. Wir beobachten immer wieder, daß nur diejenigen sich den Kräften der Schwarzmagie öffnen können, die von diesen dunklen Bereichen fasziniert sind, oder deren Gedankenwelt eine solche Möglichkeit als real und omnipräsent zuläßt. Auch hier also, wie so häufig, gehören zur Schwarzen Magie zwei oder mehr, die miteinander kooperieren: Derjenige, der sich bewußt oder unbewußt zur Verfügung stellt und derjenige, der bewußt oder unbewußt seine Macht auf sein Opfer zu projizieren wünscht. Diese Fälle sind aber in der westlichen Welt so selten, daß sie im allgemeinen Bewußtsein keine herausragende Rolle zu spielen brauchen.

4. *Meine Großmutter ist seit einem Schlaganfall und mehreren Stürzen ein schwieriger Pflegefall. Kann man ihr noch helfen?*

Es gibt verschiedene Arten zu helfen. Hilfe besteht in diesem Fall aber nicht darin, daß einem Menschen, der mit dem Leben fast abgeschlossen hat, alle möglichen Maßnahmen angetragen werden, um ihn am Sterben zu hindern. Hilfe besteht also nicht darin, sie wieder gesünder machen zu wollen, sondern darin, eher das zu erleichtern, was sie sich wünscht. Sie möchte sich ohne allzu große Schmerzen und ohne allzu große Angst aus ihrem Leben zurückziehen. Was du tun kannst, um ihr dabei beizustehen, ist, dich möglichst viel in ihrer Nähe aufzuhalten. Du mußt nichts tun. Es genügt, wenn du bei ihr bist, wenn du ihr so gut und so oft es geht, ins Ohr flüsterst: Hab keine Angst, es wird alles gut! Wenn du ihr sagst, daß du sie lieb hast, daß sie nicht allein ist, wird sie sich gleich besser fühlen.

Auch wenn ihr Ohr das oft nicht annehmen kann, werden ihr Körper und ihre Psyche doch fühlen, was du ihr mitteilen willst. Sei einfach da und gib ihr das Gefühl, daß du es akzeptierst, wenn sie gehen will. Glaube nicht, daß du ihr einen Gefallen tust, wenn du auch nur im Geiste versuchst, sie daran zu hindern. Du tust ihr aber einen großen Gefallen, wenn du bereit bist, sie innerlich in Liebe loszulassen und das auch auf sie abzustrahlen, einfach für sie da zu sein und sie in den letzten Wochen und Monaten zu begleiten. Sie selbst wird den richtigen Zeitpunkt wählen, aber es wird ihr leichter fallen, wenn sie weiß, daß jemand bereit ist, von ihr Abschied zu nehmen, der sie geliebt hat.

5. *Unser Bruder hat sich in jungen Jahren das Leben genommen. Hätten wir das verhindern können? Trifft uns eine Schuld?*

Du fragst: Hätten wir mehr für unseren Bruder tun können, was haben wir versäumt? Unsere Antwort lautet: Natürlich hättet ihr mehr tun können. Natürlich hättet ihr mehr für ihn da sein können. Selbstverständlich hättet ihr ihn mehr lieben können. Aber dazu hättet ihr zwanzig Jahre älter sein müssen. Und dazu hättet ihr schon andere Menschen sein müssen.

So wie es nun einmal war, habt ihr sicherlich einiges versäumt, was bei größerer menschlicher Reife und gesteigerter Klarsicht möglich gewesen wäre. Immer ist es möglich, noch mehr zu lieben, noch aufmerksamer zu sein, noch mehr für andere da zu sein. Aber das heißt nicht, daß die Dinge, so wie sie geschehen, falsch sind. Und es heißt vor allem nicht, daß euch eine Schuld trifft. Bitte trennt sehr genau zwischen dem, was hätte sein können, und einem Schuldgefühl, das darauf basiert, daß ihr euch Vorwürfe macht. Wir machen euch keinen Vorwurf, und euer Bruder macht euch keinen Vorwurf. Also bleibt niemand übrig, der euch Vorwürfe machen könnte, außer ihr selbst. Und das ist nicht hilfreich. Denn Vorwürfe und Schuldgefühle hindern einen Menschen am Lernen.

Wenn ihr an eure Schulzeit denkt, und euch daran erinnert, wie ihr euch gefühlt habt, wenn ihr bestraft wurdet oder stark getadelt für etwas, was ihr nicht verstanden hattet, oder was ihr nicht gleich gekonnt habt, so wißt ihr auch, daß es durch diese Strafe, diesen Tadel und diese Drohung nicht leichter wurde, etwas zu behalten oder Fehler zu vermeiden. Und so ist es auch im Leben. Schuldgefühle und Vorwürfe hindern einen Menschen am Lernen. Aber zu sehen »Aha, das habe ich falsch gemacht« und »Aha, das hätte ich besser machen können« und »So und so hätte ich es besser machen können« – das bewirkt eine Wandlung.

Und so dürft ihr einfach das, was geschehen ist, zu eurem Lernprozeß nutzen, zu eurer Reife, zu eurer Einsicht. Es ist eine harte Lektion, aber ihr werdet sie nie vergessen. Und das ist das Wichtigste: Daß ihr daraus ableitet und begreift, was in euch noch an Liebespotential gesteckt hätte, wenn es euch möglich gewesen wäre, es zu wecken. Davon aber einmal ganz abgesehen, war es auch euer Bruder, der euch nicht wirklich um Hilfe bitten konnte und auch nicht um Hilfe bitten wollte. Ihr hättet ihm sicher mehr beigestanden, wenn er deutlicher zu verstehen gegeben hätte oder hätte zeigen können, daß er euch braucht. Aber euer Bruder war entschlossen, dieses Leben zu verlassen. Er hat sich die letzten Jahre vor seinem Tod sehr viel mit dem Gedanken an eine Selbsttötung beschäftigt, und es war nur eine Frage der Zeit, wann er diesen Schritt unternehmen würde. Euer Bruder hat keinen Sinn mehr in seinem Leben gesehen. Und das gilt sowohl für seine bewußte Wahrnehmung, die erheblich gestört war, als auch für seine unbewußte oder seelische Wahrnehmung. Wenn ihm auch vieles nicht klar war, so war ihm doch eines offensichtlich: Die Aufgaben, die Ziele, die er sich für dieses Leben vorgenommen hatte, konnte er in dem Zustand, in dem er sich befand, nicht erreichen. Und deshalb, so sagte er sich, und so meinen auch wir, war es besser und sinnvoller, dieses Leben zu beenden, um einen neuen Versuch ins Auge zu fassen. Und wenn ihr ihm also ein wenig mehr Liebe hättet geben können, ein wenig mehr Aufmerksamkeit, ein wenig mehr Verständnis, so hättet ihr ihn sicher noch ein oder zwei Jahre lang am Leben erhalten können. Aber fragt euch bitte: Wozu?

Denn der Schritt, den er unternommen hat, war ohnehin vorgesehen. Und es ist nicht unbedingt sinnvoll, einen Menschen, der das nicht möchte, vom Sterben abzuhalten. Es gibt viele, die aus großer Verzweiflung planen, ihrem Leben ein Ende zu machen, die aber dennoch nicht wirklich sterben wollen. Und für diese Menschen gibt es immer eine Möglichkeit, sie vom Rande des Abgrunds zurückzuholen.

Wir unterscheiden also zwischen zweierlei Gruppen von Menschen, die ihr Leben beenden wollen. Die einen sind dadurch gekennzeichnet, daß sie mehr oder weniger deutlich empfinden, daß ihr Leben wirklich keinen Sinn, keinen Zweck und kein Ziel mehr hat. Und es ist gut, sie gehen zu lassen, wenn sie gehen wollen.

Die anderen hingegen wissen nur nicht, wie sie ihre Ziele, ihre Zwecke erreichen sollen und welchen Sinn ihr Leben hat. Und für diese ist es gut, ihnen zu helfen, diesen Sinn zu erkennen, ihnen Ziele zu zeigen, für die es sich lohnt zu leben.

Und ein wenig Liebe, ein wenig Verständnis genügt, um zu unterscheiden: Halte ich jetzt diesen Menschen am Leben, um meine eigene Angst vor Schuldgefühlen zu bekämpfen? Oder ist es jetzt wirklich nötig, diesem Menschen liebevoll zu zeigen, daß sein Leben einen Sinn hat, ohne daß ich mich selbst damit rechtfertigen oder beruhigen möchte? Wenn ihr das versteht, werdet ihr für jene, die sich aus freien Stücken das Leben nehmen, ein neues Verständnis aufbringen. Und ihr werdet nicht mehr die Schuldgefühle haben, die aus den Ängsten und Vorurteilen der Gesellschaft und der Religion gegen einen solchen Schritt entstehen.

Für diejenigen, die auf der astralen Ebene weilen, ist es nicht erheblich, wodurch ein Leben beendet wird. Die Motivation hingegen ist von großer Bedeutung. Und als Motivation bezeichnen wir eben die Erkenntnis, daß ein Leben seinen Zweck erfüllt hat, oder die Erkenntnis, daß ein Mensch nicht bereit war, sich den Möglichkeiten und Zielen mutig zu stellen und sozusagen vor der Richtigkeit oder Größe seiner eigenen Aufgaben kapituliert hat.

Es gibt also einen Selbstmord aus der Angst heraus, das, was notwendig ist, nicht erreichen zu können, und es gibt einen Selbstmord aus der Erkenntnis heraus, daß das, was man sich vorgenommen hat, realistisch gesehen nicht mehr erreichbar ist.

6. *Warum habe ich mir diese Eltern ausgesucht?*

Inkarnation – das vergessen viele von euch immer ein wenig – bedeutet vor allem, daß die Seele sich einen Körper wählt. In diesem Körper entwickelt sich nach und nach eine Psyche. Der Körper aber ist die Vorbedingung für alles andere, für Schicksal, für Lebensumstände, für Entwicklung, für Vollendung. Und eine Seele, die sich inkarnieren will, sucht einen Körper, sie sucht eine genetische Struktur.

Die Bedürfnisse für eine Inkarnation legt eine Seele vorher fest, und erst dann macht sie sich auf die Suche nach einer passenden genetischen Ausrüstung für ihre Ziele. Nun wißt ihr, daß die Ziele so verschieden sein können wie die Phänomene des Lebens, daß sie von Leben zu Leben sich wandeln und eine individuelle Differenziertheit aufweisen, die ihr Gegenstück findet in einem Körper, der die entsprechenden Voraussetzungen bietet.

Du hast also für das, was du dir als Plan und Ziel gesetzt hast, einen ganz bestimmten Körper mit einem ganz bestimmten biologischen Erbe gebraucht. Du hättest nicht mit einer anderen Hautfarbe auf die Welt kommen wollen oder mit einer mangelhaften bildlichen Vorstellungskraft, mit einem Körper, der äußerst gebrechlich ist, oder einem Geist, der deiner Bewußtseinsstruktur nicht entsprochen hätte.

Es scheint unglaublich bei der Anzahl inkarnierter Seelen, die sich auf eurem Planeten befinden, daß sich für eine solche biologische Ausrüstung nicht Zehntausende von Gelegenheiten bieten, die von einer suchenden Seele wahrgenommen werden können. Dennoch ist es so, daß sich diese Zusammenhänge nicht häufig ergeben. Hinzu kommt, daß deine Ziele meistens fest umrissene kulturelle und historische Rahmenbedingungen erfordern, ohne die du sie nicht erreichen kannst.

Es wäre also nicht ohne weiteres sinnvoll gewesen, daß du dir Eltern in China oder in Schweden gesucht hättest. Wir meinen damit nicht, daß du keinerlei Auswahl gehabt hättest, aber die Bedingungen schienen dir dort, wo du geboren bist, passend, um deine Entwicklung voranzutreiben, und die Bedingungen schienen dir auch geeignet, um Fehlstellen in deiner Entwicklung auszugleichen, weil du spürtest, daß du in einer Phase bist, wo du an starken Herausforderungen besser wachsen kannst als an einer Existenz, die dir wenig Schwierigkeiten in den Weg legt. Du hast dir also diese Eltern ausgesucht; aber das heißt nicht, daß du dir jedes Detail und jede Facette der sich daraus ergebenden Konsequenzen gleich mitgestaltet hättest. Die Wahlmöglichkeiten eines Menschen dürfen nicht so verstanden werden, daß er in allen Dingen absolut die freie Wahl besitzt. Deine Mutter und dein Vater haben ja auch Seelen, die Wahlmöglichkeiten brauchen, und wenn an einem bestimmten Tag drei Entscheidungen aufeinanderprallen, ist es leicht möglich, daß das Kind mit seiner biologisch schwachen Position den kürzeren zieht und lediglich die Wahl hat, wie es auf einen bestimmten Vorfall reagieren will. Du hast dir diese Eltern gesucht, ohne mit einkalkulieren zu können, wie du in jedem einzelnen Punkt auf das, was sie dir als Menschen anbieten konnten, reagieren wirst. Leben bedeutet nicht, von vornherein alles planen zu können. Wenn wir immer wieder von Entscheidungen und Verantwortung sprechen, so meinen wir vor allem die Entscheidung und Verantwortung, die sich aus dem Moment ergibt – als Summe der Erfahrungen, die vorher eingetreten sind.

Wenn du also einmal die Inkarnation beschlossen und die Gene deiner Eltern in Anspruch genommen hattest, um deinen eigenen Körper herauszubilden, heißt das nicht, daß du damit ein für allemal die Entscheidung getroffen hast, alles zu erleiden, was sich als Konsequenz aus dieser Entscheidung ergeben hat. Im Gegenteil: Jeder Mensch will auch lernen zu rebellieren oder sich zu artikulieren, ohne zu zerstören; und wenn du dir nicht Eltern gesucht hättest, die dir durch ihr Verhalten eine solche Aufgabe als lebensrettendes Anliegen vor Augen geführt hätten, würdest du nicht so weit kommen, die Notwendigkeit einer eigenständigen Überprüfung dessen zu sehen, was gut und wahr ist oder falsch und für dich verkehrt.

Eine Inkarnation ist ein so komplexer Vorgang, daß es uns nicht möglich ist, in wenigen Worten all seine Facetten zu beschreiben. Aber in groben Zügen können wir dir sagen, daß mit deiner Wahl nicht wirklich etwas schiefgelaufen ist. Du arbeitest sehr nachdrücklich an deinen Zielen. Du bist auf vielfältige Weise damit beschäftigt, eine Balance zu entwerfen zwischen der schattenhaften Existenz, die du glaubtest führen zu müssen, um unter deinen Eltern nicht allzusehr zu leiden, und einer inneren Wahrheit, die zunächst einmal dadurch, daß du sie wenig leben konntest, das Bedürfnis entwickelte, sich eruptiv zu äußern wie ein Vulkan, der in kurzen Abständen Rauch und Feuer speit, ohne aber gleich alles unter sich zu begraben. Wir haben mit Bedacht formuliert, daß es dir nicht möglich war, deine innere Wahrheit zu leben, denn wir möchten dich davor warnen, dich selbst zu strafen und dir Depressionen heranzuzüchten durch die Auffassung, daß du deine innere Wahrheit unterdrückt hast, und daß du dir dadurch etwas hast zuschulden kommen lassen, daß du dich nicht lösen konntest aus den Verstrickungen deiner ersten Lebenshälfte. Wir bitten dich, deine Ansicht über das, was deine Vergangenheit strukturiert hat, ein wenig zu revidieren und dir sowie deinen Eltern zu verzeihen, daß nicht alles so eingetreten ist, wie es nach eurer begrenzten Vorstellung optimal gewesen wäre. Und wir möchten dir auch nahelegen, zu erkennen, daß du niemals so weit gekommen wärest, deine innere Wahrheit so klar zu sehen wie jetzt und zu ihr zu stehen, um sie ans Licht zu bringen, wenn du nicht gezwungen gewesen wärest, sie so lange zu verbergen.

Es hat also in einem höheren Sinn alles seine Richtigkeit. Damit wollen wir aber weder leugnen noch beschönigen, daß du gelitten hast. Wir möchten dir aber vor allem sagen, daß du die Leiden deiner Kindheit nicht bis an das Ende deines Lebens fortschreiben mußt, sondern daß du jetzt in deiner zweiten Lebenshälfte alle Freiheit hast, um dich in schönster Weise zu entfalten.

Eltern glauben stets, sie seien dazu aufgerufen, alles richtig zu machen, und leiden darunter, wenn sie spüren: Beim besten Willen, es geht nicht. Wir sehen das ganze Gefüge von Erziehung und Elternliebe völlig anders. Wir meinen nicht, daß Eltern dazu da sind, ihre Kinder richtig zu erziehen. Wir sehen Eltern und Kinder nicht in einem Gefälle oder in einer Hierarchie. Ganz im Gegenteil. Wir sehen, daß sich oft Seele an Seele reibt, und daß Seele diese Reibung an Seele sucht, und daß Reibung niemals zustande kommen könnte, wenn alles richtig ist und ganz reibungslos funktioniert.

7. Ich bin schon sehr lange auf dem spirituellen Pfad und habe viel hinter mir gelassen. Bin ich schon erleuchtet?

Wenn wir noch lachen könnten so wie du, dann würden wir mit dir ein wenig über diese Frage lachen. Wir sagen das deshalb, weil wir sehr wohl wissen, daß du die Antwort auf diese Frage kennst.

Du weißt über das, was du »Erleuchtung« nennst, alles, was es zu wissen gibt aus der Perspektive des Nicht-Erleuchteten. Und gerade deshalb hast du dir eine genaue Vorstellung von dem zurechtgelegt, was es für dich zu erleben gilt. Nun willst du diesen Zustand für dich in Anspruch nehmen.

Du weißt, was es zu wissen gibt, und weißt deshalb auch, daß deine Frage nur aus dem Vorfeld der Erleuchtung und nicht aus ihrem tatsächlichen Erlebthaben gestellt werden kann. Solange dich diese Frage plagt, und sie tut das schon viele Jahre und läßt dir keine Ruhe, solange wirst du sie immer mit einem schlichten Nein selbst beantworten können. Wohl aber gilt es auch zu sagen, daß du Stunden und Tage erlebt hast, die dir einen authentischen Geschmack gegeben haben von dem, was dich erwarten kann, wenn du bereit bist, deine ehrgeizige Ungeduld und deinen ungeduldigen Ehrgeiz aufzugeben. Du bestehst aus einem Konglomerat von Widersprüchen. Dazu gehört auch die bescheidene Unbescheidenheit und die unbescheidene Bescheidenheit. Es wird nichts nützen, wenn wir dir empfehlen, bescheidener zu sein oder zu lernen, deinen Anspruch auf Erfüllung deiner Wünsche und Vorstellungen aufzugeben. Gerade dies kann nicht angestrebt werden. Es wird eines Tages von selbst geschehen. Du kannst für diesen Schritt nicht mehr, wie du es gewohnt bist, an dir arbeiten. Wiederum kannst du die Arbeit an dir selbst auch nicht beenden. Gestehe dir zu, noch ein Weilchen im Paradox des Wollens und Nicht-Wollens gefangen zu sein.

Es ist notwendig, daß sich die meisten Menschen, die sich mit der Erleuchtungsthematik befassen, deutlich machen, daß »Erleuchtung« kein Zustand ist, der als solcher von außen beurteilt werden könnte. Er nimmt allzu viele Formen an, die unverständlich und inkongruent erscheinen und daher den selbstentworfenen Erleuchtungstests nicht entsprechen.

Der wahrhaft Erleuchtete ist immer ganz normal, von einer Normalität, die nichts Durchschnittliches hat. Der Erleuchtete ist mit sich und dem Ort, wo er sich befindet, zufrieden. Er hat Klarheit, er hat Stille und er hat Ruhe. Der Erleuchtete ist ganz in seinem Körper, und dadurch ist er vollkommen klar. Der Erleuchtete ist deshalb erleuchtet, weil er den, der er ist, in vollem Maße – und ohne etwas auszusparen – akzeptiert. Der Erleuchtete kann nur noch lachen, weil er im Moment der Erleuchtung erfährt, wie einfach alles ist, wie klar, wie durchsichtig, wie lächerlich simpel.

Der Erleuchtete liebt ohne Grund. Er liebt.

Die astrale Welt

Die Heimat der Seelen

Die astrale Welt oder Astralebene gehört zu den unsichtbaren Bereichen der Seele. Das Physisch-Materielle umfaßt nicht das ganze Universum, sondern ist ein Teil des Universums, nur ein ganz kleiner Teil, der von untergeordneter Bedeutung ist. Und die Verkörperung einer Seele in der Physis ist diesem kleinen Teil noch weiter untergeordnet.

Die astrale Welt müssen wir euch aus der Perspektive derer erklären, die auf eurem Planeten vorübergehend Körper bewohnen und diese Körper in regelmäßigen Abständen verlassen, um sich zu erholen, um sich zu sammeln und das Erlebte zu verarbeiten. Die Verkörperungen selbst sind wie Ausflüge, von denen eine Seele zurückkehrt in ihre eigentliche Heimat. Nicht also das Leben im Körper stellt den Hauptaspekt des langen Inkarnationszyklus dar, sondern die Zwischenphasen sind es, von euch aus gesehen weniger bedeutend, von der Astralebene aus gesehen jedoch von größter Wichtigkeit und erheblicher Tragweite. Von den vielen Seelen, die sich aufmachen, Erfahrungen zu sammeln, um sich zu entwickeln, finden sich nur wenige, weniger als 30 Prozent, bereit, diese Erfahrungen als Einzelfragmente in einem Körper zu machen, wie immer er auch gestaltet sei. Und wiederum ist von diesen 30 Prozent nur ein Bruchteil mutig genug, um die Erfahrungen anzustreben, die eine Seele auf eurem Planeten in einem menschlichen Körper machen kann.

Es gibt andere beseelte Körper, die mit euren nichts gemein haben in der äußeren Gestalt und noch weniger gemein in ihrem Identitätsgefühl, denn vielfach handelt es sich um Seelengemeinschaften von drei, fünf oder mehreren Seelen, die sich in einem Körper zusammenschließen. Ihr könnt sie euch ähnlich wie Mehrlinge vorstellen, die miteinander zusammengewachsen sind, von denen jeder eine eigene Seele besitzt und sich dennoch in seinen Lebensäußerungen nicht von den anderen trennen kann. Und hinzu kommt noch, daß von den Mehrlingen auf eurer Erde mit aller Wahrscheinlichkeit jeweils jeder einzelne ein sehr unterschiedliches Seelenalter und eine sehr unterschiedliche Seelenindividualität hat, während eine Gruppenseele auf einem anderen Planeten eine Gemeinschaftsidentität besitzt, die sich auch auf die Seelenmatrix in allen ihren Aspekten erstreckt.

Es bedarf eines besonderen Mutes, sich als Mensch auf eurem Planeten zu inkarnieren. Es liegt daran, daß die Einsamkeit, die Getrenntheit vom Ganzen dort besonders groß ist. Das ist auch der Grund, warum viele Seelen sich scheuen, den Weg der irdischen Inkarnation zu beschreiten. Allein und abgetrennt Schmerzen, Ängste und Schwierigkeiten zu durchleben, ist für eine Seele, die während ihrer ganzen sonstigen Existenz niemals fragmentiert ist, von großer Bedrohlichkeit. Alleinsein und Einsamsein sind zweierlei Dinge. Die abgetrennte, fragmentierte Seele ist nicht einsam. Und dennoch ist sie allein, muß allein sein, um das zu erreichen, was sie sich an Wachstumsherausforderungen auferlegt hat. Nur in der Fragmentierung der Getrenntheit kann sie das lernen, was sie sich vorgenommen hat. Ihr werdet verstehen, daß dazu mehr Mut gehört, als z.B. in der Gemeinschaft von fünf oder sieben Seelen in einem Körper zu existieren und zu lernen. Hinzu kommt, daß nicht in allen Inkarnationen auf allen Planeten Erfahrungen wie Schmerz, Angst und Tod eine so zentrale Rolle spielen wie beim Mensch-Sein.

Obgleich die Seelen, die sich aus der Astralwelt auf die Erde ergießen, um sich zu materialisieren, eine gewisse vage Vorstellung von den beängstigenden Dimensionen des Humanen besitzen, können sie sich dennoch nicht in voller Bewußtheit auf alles, was sie erwartet, einstellen. Zweierlei macht Angst: zu wissen, was die Zukunft aller Inkarnationen bringen wird, und ebenso, es nicht zu wissen. Es zu wissen, wäre allzu bedrohlich und würde auch die Lust am Lernen nehmen. Aber auch ein nur vages Gefühl von Bedrohung und eine Ahnung von den immensen Herausforderungen an die eigene Entwicklung erfordert bereits eine so große Stärke und einen solchen Mut, daß der Entschluß, als Mensch zu inkarnieren, nur von wenigen aus der Gesamtheit der Seelen in Betracht gezogen wird. Und von denen, die ihn in Betracht ziehen, sind auch noch immer nicht alle bereit, den großen Sprung wirklich zu tun. Wenn aber der Sprung einmal gewagt wurde, gibt es kein Zurück. Und deshalb sind so viele Leben erforderlich, um die mutige Seele nicht in ihre Ängste zurückzutreiben, sondern ihr nach und nach in vielen kleinen Entwicklungsschritten die Gelegenheit zu geben, die Angst, die der initiale Sprung auslöst, und auch die, die ihm vorangeht, zu verarbeiten.

Wenn wir euch sagen, daß zum Menschsein ein beträchtlicher Wagemut gehört, so möchten wir euch damit auch sagen, daß ihr auf euren Mut ein wenig stolz sein dürft. Denn wenn ihr euch klarmacht, was ihr zu leisten und zu erleben bereit seid, um schneller als andere, ängstlichere Seelenwesen zum Ganzen zurückzukehren, dann mag euch das auch helfen, euch eurer Ängste nicht zu schämen, sondern mit einer gewissen Befriedigung die Größe eurer Aufgabe wahrzunehmen.

Der Begriff »astral«

Die astrale Ebene ist also die Heimstatt all der fragmentierten Seelen, die sich in unregelmäßigen Abständen bereitfinden, das Abenteuer der Verkörperung zu wagen und immer wieder zu wagen. Aber die astrale Ebene besteht aus verschiedenen Schichten oder Bereichen. Wir benutzen zunächst das Wort »Ebene«, weil es das neutralste ist, obgleich es für euch noch anschauliche Dimensionen enthält. Die Vorstellung von einer astralen Welt scheint uns ebenfalls angemessen, solange ihr Welt nicht mit Universum verwechselt.

In einer gewissen Hinsicht ist der Begriff »astrale Welt« nicht ganz zutreffend, denn die Vorstellung des Astralen beinhaltet noch allzusehr eine örtliche Entfernung, die den Kern der Sache nicht beschreibt. Dennoch gibt es im Moment keine bessere Bezeichnung dafür. Denn es müssen noch weitere hundert Jahre und mehr vergehen, bevor der Mensch der westlichen Zivilisation auf einer allgemein verbindlichen Ebene die Vorstellung, daß Raum und Zeit nicht universelle Realität, sondern nur eine Krücke seines beschränkten Denkvermögens sein könnten, mental und emotional an sich herangelassen hat und mit den neuen Kategorien des Raum und Zeit Überschreitenden wie selbstverständlich umgehen kann.

In anderer Hinsicht beschreibt der Begriff »astral« oder »Astralebene« bzw. »Astralwelt« etwas, das ganz zu Recht aus der Perspektive des Menschen betrachtet wird. Die Sterne sind dasjenige, was er noch sehen, noch in einer, wenn auch noch so distanzierten Art, wahrnehmen kann. Sie sind nicht vollkommen jenseits seines Fassungsvermögens. Und der Mensch ist seit jeher mit den Sternen in einem intimen Erlebniskontakt, denn er kann sie fast jede Nacht sehen. Sie sind in seiner Vorstellungswelt präsent. Und die Vorstellung, daß die

Wesen der Astralwelt während der Nacht von den Sternen oder aus der stellaren Sphäre zu ihm kommen, oder daß auch er in die stellare Sphäre reisen kann, ist nicht so abwegig, wie es zunächst scheinen mag. Es ist ja so, daß entkörperte Wesen eine Energiedimension haben, die wesentlich größere Ausbreitung erfordert als die verdichtete Materialisierung im Körper, und daß in dieser Hinsicht entkörperte Wesen sehr viel mehr Raum brauchen, um sich auszubreiten und ihre Schwingungen noch von anderen Schwingungen unterscheiden zu können.

Die Wesen der Astralebene sind einerseits noch mit der Vorstellung von Raum und Zeit vertraut, weil sie sie auf manche Weise noch mit einbeziehen und immer wieder benötigen. Andererseits bedeutet ihnen Raum und Zeit etwas anderes als den materiell und physisch verdichteten Menschenwesen. »Astral« bedeutet dem Menschen – und nur für ihn ist diese Bezeichnung wichtig – nah und fern zugleich. Und damit wird etwas sehr Passendes umschrieben. Es bedeutet aber nicht, um dies auch noch einmal klarzustellen, daß die Wesen der Astralwelt auf anderen Planeten leben. Die Energieerscheinungen der astralen Ebene, so wie wir sie euch beschrieben haben, leben nirgendwo. Sie existieren, doch haben sie kein Leben im Sinne einer Verkörperung. Und wenn wir sagen, sie reisen von hier nach da und von da nach dort, so bedeutet das nicht, daß sie sich hier und dort in gleicher Weise manifestieren. Sie legen keine Wegstrecken zurück, sondern sie verändern die Dichte ihrer Präsenz und werden dadurch zuweilen sogar für das menschliche Auge sichtbar. Wenn zum Beispiel ein Schutzwesen sich dem zu Beschützenden sichtbar machen will, dann verdichtet es seine Energie so, daß sie mit den Sinnen – nicht selten auch mit dem Gesichtssinn – wahrnehmbar wird, nicht als ein Wesen von Fleisch und Blut, sondern als eine transparente und dennoch erkennbare und identifizierbare Gestalt, die eher licht als dunkel ist und die nun – je nach kultureller Prägung desjenigen, der diese Frequenz wahrnimmt – auch eine Robe anziehen kann, z.B. die eines Engels in der jüdisch-christlich-islamischen Tradition oder die eines Mahasatva in der östlichen Sehweise. Andere Kulturen werden sie als Geistwesen ihrer besonderen Vorstellungskraft erkennen. Es ist in der Regel energetisch optimal, daß das Schutzwesen eine Gestalt annimmt, die sowohl von seinem Schützling identifizierbar ist als auch die Wirkung vermittelt, daß tatsächlich ein Schutz, ein Trost, eine nicht angsterregende Präsenz vorhanden ist. Alles, was allzu fremd wäre, würde eher Angst als Beruhigung bewirken.

Physische Welt und astrale Welt stehen nicht nur in einer unablässigen Interaktion miteinander, sondern sie befinden sich auch in einer Interdependenz, die sehr viel stärker ist als die gegenseitigen Beziehungen mit der kausalen Ebene. Stärker und unmittelbarer ist die Zusammenarbeit und die gegenseitige Abhängigkeit. Da aber der Mensch in seiner Physis ein sehr gespaltenes Verhältnis zum Thema »Abhängigkeit« hat, weil er aus der Getrenntheit heraus seine Erfahrungen macht und auch für die Getrenntheit große Opfer bringt, möchte er nicht gleichzeitig – besonders in den frühen Stadien der seelischen Entfaltung – ständig daran erinnert werden, daß er getrennt ist und doch nicht getrennt. Er möchte sich in seiner Bewußtheit, vor allem aber auch mit seinen unbewußten Kräften, nunmehr ganz und gar auf das Getrenntsein einstellen und einlassen, so wie ein Kind, das hinausgeschickt wird, und sich trotzig sagt: »Dann eben nicht.« Erst in den fortgeschrittenen Zyklen des Seelenwachstums tritt die Reife ein, die dem Menschen gestattet, ungeachtet seiner Fragmentierung die Beziehung zum Ganzen und eine Bejahung des Ungetrenntseins wieder in Betracht zu ziehen.

Astralebene und physische Welt sind in unmittelbarem und

fast ununterbrochenem Kontakt. Und so wie ein Mensch weiß, daß der Mond auch am Himmel steht, wenn er ihn nicht sieht, und daß die helle Seite des Mondes eine dunkle Seite impliziert, so darf er sich auch darauf verlassen, daß auch das, was er nicht sieht, nicht wahrnimmt und manchmal nicht einmal vermutet, dennoch vorhanden ist.

Ein Mensch einer primitiven Kultur weiß vielleicht nicht, daß der Mond ein Planet ist, der eine bestimmte Form hat und somit auch eine Rückseite. Aber das tut der Realität dieser Erscheinung keinen Abbruch. Nicht die Glaubenssätze oder Überzeugungen eines Menschen schaffen die ganze Realität seines Seins. Sie sind ein wichtiger Teil davon, und sie beeinflussen das Ganze auch in einer Weise, die für sein eigenes Entwicklungsstadium charakteristisch ist. Somit hat auch dies seine Ordnung. Aber es ist nicht die ganze Wahrheit.

Astralreisen

Wir haben bereits erläutert, daß jeder von euch in jedem Augenblick mit der Astralwelt in Verbindung steht und daß diese Verbindung von beiden Seiten gesucht, getragen und bejaht wird.

Was ist nun unter dem Begriff »Astralreise« zu verstehen? In aller Regel vollziehen sich die Begegnungen und die Berührungen tief in eurem Unbewußten und geben sich nicht als solche zu erkennen. Wenn aber eine Seele in ihrer Entfaltung bereits fortgeschritten ist und das späte reife oder das alte Entwicklungsstadium erreicht hat, dann ist sie in der Lage, solche Kontakte, Begegnungen und Berührungen bewußter zu erleben. Bewußter heißt, daß sie aus den Tiefen des Unbewußten emporlugen wie die Eisbergspitzen aus dem Nordmeer, und daß Teile dieser Kontakte sichtbar werden. Je älter eine Seele ist, um so mehr sieht sie von der Spitze des Eisbergs, und je älter eine Seele ist, um so bewußter wird sie anstreben, solche Kontakte herzustellen, anstatt nur passiv darauf zu harren, daß die Wesen der unsichtbaren Welten mit ihr in Verbindung treten. Der eigene Wunsch nach liebender Begegnung wird immer größer, und die Beziehungsfähigkeit auf bewußter Ebene wird immer stärker. Je älter eine Seele ist, um so bewußter erlebt sie also die Möglichkeit des astralen Kontaktes, und wenn eine solche gereifte oder alte Seele beschließt, sich in einer bestimmten Weise zu üben und zu schulen, so wird es ihr auch möglich sein, diese Kontakte immer weiter ins Bewußtsein zu heben und sie im Wachzustand herbeizuführen, wobei mit »Wachzustand« eine Situation gemeint ist, in der der Körper entspannt ist, der Geist aber eine große Reichweite hat. Wenn der physische Schlaf auch auf die mentalen Bereiche ausgedehnt wird, wird das, was ihr Astralreise im engeren Sinn nennt, nicht stattfinden können. Bewußt die Kontakte wahrnehmen: das ist mit Astralreise gemeint, und ebenso: gezielt Kontakte herstellen.

Die Verbindungen sind, wie wir sagten, stets gegeben. Es kommt nun darauf an, die konkreten Verbindungsstränge oder -kanäle zu erkennen und sie so zu reinigen und zu gestalten, daß eine Übermittlung klar und deutlich zu identifizieren ist. Die Lösung des eigenen Astralkörpers aus dem physischen Körper ist möglich, wenn der physische Körper sich ganz in einem Zustand der entspannten Verdichtung befindet und der Geist dennoch in der Lage ist, den Astralkörper zu lenken und zu dirigieren. Diese Lösung des Astralkörpers vom physischen Körper macht den allermeisten Menschen große Angst, da sie nicht wissen, ob ihr Geist stark genug ist, die Verbindung aufrechtzuerhalten und die Macht über den Astralkörper zu behalten, um ihn zur Rückkehr zu bewegen.

Ein Mensch, der auf eine Astralreise geht, sich bewußt darauf vorbereitet und die Kraft aufbringt, auch wieder zurückkehren zu wollen, muß sich in der Physis gut verankern, denn sonst wird er leicht in Versuchung geraten, diese Kontakte solange zu betreiben und so oft herbeizuführen, daß der Astralleib keine Veranlassung mehr spürt, sich mit dem physischen Leib wieder zu verbinden.

Wenn also jemand nicht sehr vertraut ist mit spirituellen Übungen und nicht langsam und vorsichtig an diese bewußten Astralreisen herangeht, raten wir in der Regel davon ab. Vielfach handelt es sich nämlich um unbewußte Selbsttötungsversuche über die Möglichkeit der Schwächung des physischen Leibs, die nach außen hin nicht wahrgenommen werden und von dem Reisenden sogar negiert werden, weil er die Verantwortung für sein Leben und Sterben nicht voll übernehmen will. Ein Mensch, der ohne die optimale Verankerung in der Physis sich allzu häufig von seinem Körper entfernt, um sich bei jeder Gelegenheit auf der astralen Ebene zu bewegen, muß im Körper krank werden, da dem Körper nicht genügend Möglichkeiten zur Regeneration während des Schlafes oder auch während des Wachens bleiben. Diese Schwächung wird von vielen in Kauf genommen. Dennoch meinen wir, daß der Sinn einer Inkarnation in erster Linie darin besteht, diese Inkarnation auf der Erde zu leben und zu erleben. Sie ist nicht dazu da, immerfort aus ihr zu fliehen und sich in erster Linie den Existenzformen zuzuwenden, die der Physis fremd sind. Astrale Berührungen ergeben sich ohnehin in einem ganz natürlichen Rhythmus, der weder allzusehr schwächt noch allzu anstrengend für den Inkarnierten ist. Wenn ihr darum bittet, im Schlaf einer bestimmten Person zu begegnen, wird ihre exkarnierte Entsprechung überprüfen, ob es für beide gut und sinnvoll ist, miteinander in Berührung zu treten. Nur wenn ihr euch ganz sicher seid, daß ihr auch

auch im Wachbewußtsein astrale Kontakte herstellen wollt und daß dies nicht nur der Befriedigung eures »spirituellen Ego« dient, solltet ihr die Sache selbst in die Hand nehmen. Für alle anderen Fälle gilt, daß ihr den Dingen ihren Lauf lassen solltet in dem Vertrauen und dem Bewußtsein, daß diese Verbindungen stets und ununterbrochen vorhanden sind.

Das erste Territorium: Seelen, die nie inkarniert waren

Wir haben bislang für die Beschreibung der astralen Welt die Begriffe »Schicht«, »Ebene« oder »Bereich« verwendet und wollen dennoch klarstellen, daß es sich nicht um qualitativ unterschiedliche oder hierarchisch geordnete Dimensionen handelt, sondern um gleichberechtigte, nebeneinander angeordnete Bereiche, die wie verschiedene, große Territorien von verschiedenartigen Wesen, den Nationen und Populationen, bevölkert werden. Wir sprechen hier von Nationen, weil dieser Begriff euch vermittelt, daß Nationen sich voneinander nicht qualitativ unterscheiden, wohl aber durch ihre Existenzweise, ihre Weltanschauung und ihre Gewohnheiten. Wir möchten euch die Territorien der astralen Welt so erläutern, daß ihr versteht: Sie haben verschiedene Anliegen, verschiedene Ziele und Aufgaben, die sie erledigen, indem sie mit der Welt der Physis Kontakte herstellen, die allerdings ebenfalls sehr unterschiedlicher Art sind.

Es gibt auf dem ersten Territorium der astralen Welt Wesen, die es entweder gar nicht vorhaben oder sich noch nicht trauen, sich in der Physis zu verkörpern und sich auf diese Weise zu vervollkommnen. Wir deuteten bereits an, daß dazu eine gewisse Courage notwendig ist, und man kann sagen, daß es viele Seelen gibt, die sich zwar bereits von dem großen Ganzen getrennt haben, um sich in Fragmente zu zersplittern, jedoch noch nicht den großen Schritt wagen, sich im Körper einer Säugling-Seele auf den großen Marsch zu machen. Diese bereits fragmentierten Seelen gehören zu den ängstlichsten und verwirrtesten, die denkbar sind. Und ihr erfahrt sie als sogenannte Geister, als Wesen also, die sich nicht wirklich in der Materie manifestieren, aber auch nicht wirklich in ihrer astralen Heimat Ruhe finden, da sie sich von den Möglichkeiten der physischen Entwicklung fasziniert und angezogen fühlen, ohne noch den Schritt zu tun.

Diese Geister erscheinen euch manchmal als Kobolde und manchmal als quälende Störenfriede, vor denen ihr Angst habt, weil sie versuchen, euch Angst einzujagen. Das geschieht deshalb, weil diese noch nicht inkarnierten Fragmente selbst so sehr von ihrer Angst gepeinigt werden, daß sie sie an euch abgeben, um sich ein wenig von dieser Angst zu entlasten. Sie probieren sozusagen aus, wie es wäre, sich in einem physischen Körper zu befinden. Anstatt die Angst, die damit – wie ihr sehr wohl wißt – in der Regel verbunden ist, zu ertragen, versuchen sie, sie von sich abzuwenden, indem sie andere erschrecken. Sie treiben allerlei Schabernack und verkleiden sich in Roben, die der jeweiligen Kultur und Gesellschaft derjenigen entsprechen, denen sie einen Schrecken verpassen möchten.

Um sich zu manifestieren brauchen diese Wesen, die ja, wie wir sagten, aus lauter Angst vor dem Ernst des Lebens das Leben nicht ganz ernst nehmen können, zweierlei Bedingungen. Sie brauchen bestimmte Orte und Umstände und auch, um wahrgenommen zu werden, bestimmte Menschen mit einer physischen Struktur, die solche Erscheinungen für möglich hält. Das ist der Grund, warum einem Naturwissenschaftler oder einem Philosophen, also Menschen, die vorwiegend intellektuell zentriert sind, eine solche Manifestation mit größter Wahrscheinlichkeit nie vor Augen treten wird. Die Orte, an denen Kobolde sich manifestieren, bzw. an denen noch nicht inkarnierte Seelenwesen sich in die Gestalt von Kobolden kleiden, müssen Orte sein, an denen sie sich wohl und geschützt fühlen, weil sie so ängstlich sind. Und das sind in der Regel bestimmte Plätze in einer noch intakten Natur, die Schwingungen besitzen ähnlich denen, die die Voraussetzung zu Materialisationen dieser Art bieten. Oder vielmehr schafft die Schwingung des Ortes die Voraussetzung für die Materialisation. Solche noch intakten Plätze, Landschaften und Orte mit besonderen Naturphänomenen sollten Orte sein, die von Menschen nicht übermäßig besucht werden, denn der Mensch hat die Tendenz, die Intaktheit solcher Orte zu zerstören. Sowie ein Ort, an dem Kobolde gesehen wurden, als eine Art spiritueller Wallfahrtsort heimgesucht wird, ziehen sich diese Geistwesen zurück, weil sich die Schwingung des Ortes verändert. Es ist selten, daß ein Kobold von mehr als einem oder zwei Menschen gleichzeitig gesehen werden kann. Große Städte und dicht bevölkerte Landstriche werden gemieden, da sie in ihrer beschleunigten Lebensweise und ihrer hektischen Schwingung den Materialisierungsvoraussetzungen dieser niedrigschwingenden Geistwesen nicht entsprechen. Diese Geistwesen zeigen sich lieber im Freien als in geschlossenen Räumen. Und wir sagten, daß auch ein Mensch, der solche Kobolde wahrnehmen kann, eine bestimmte Struktur aufweisen muß, und diese Struktur wird immer seltener in eurer Zeit und eurer Kultur.

In der westlichen Welt, sei sie nun zivilisiert oder nicht, nimmt die Bereitschaft, solche Wesen als real zu betrachten, mit dem Grad der Schulbildung und dem Grad der Entwicklung intellektueller Fähigkeiten ab. Je emotionaler und unverbildeter ein Mensch ist, um so mehr findet er sich bereit, zu sehen, ohne zu zensieren. Und je mehr ein Mensch eingebunden ist in die Überlieferung derer, die noch in anderer Weise als er naiv waren – naiv im Sinne von unverdorben oder unverbildet – je schlichter also ein Mensch denkt, und je mehr er an den Traditionen und Überlieferungen hängt, anstatt sich den Fortschritt als Ziel zu setzen, um so einfacher ist es auch für diese angstbesetzten, schlichten Geistwesen, die ihre Angst durch allerlei Späße und Absurditäten zeitweilig überwinden, sich zu zeigen und diejenigen zu erreichen, die ebenso ängstlich oder schlichten Gemüts sind wie sie selbst, nämlich vornehmlich jüngere Seelen. Wenn somit festgestellt wird, daß häufig sehr simple, wenig bewußte und stark emotionale Menschen davon sprechen, daß sie solche Wesen an bestimmten Orten unzerstörter Natur erlebt und erblickt haben, so hat das seine Richtigkeit.

Aber es zeugt von Voreingenommenheit, verfälschter Perspektive und Unwissenheit diesen Erscheinungen gegenüber, wenn sie gerade deshalb, weil sie einfachen, ungebildeten Menschen eher zugänglich sind als gebildeten, als Spinnerei abgetan werden.

Eine weitere Population befindet sich auf diesem ersten Territorium der Astralwelt. Sie besteht aus denjenigen, die nicht die Absicht haben, sich jemals als Menschen zu inkarnieren, da sie einen anderen Weg gewählt haben, der mit dem der Entwicklung einer fragmentierten Seele im menschlichen Körper wenig gemein hat. Wir sprechen von den Naturgeistern, d.h. von denjenigen Energiemanifestationen, die von Flüssen, Bäumen und Blumen ausgehen, von Bergen und Meeren, und die sich manchmal die Mühe machen, sich euch zu zeigen in Gestalt durchsichtiger liebreizender oder auch würdevoller Wesen. Es ist, wie wir sagten, nicht ihr Plan, den Weg durch die Inkarnationen zu beschreiten, einen Weg, der einer menschlichen Individualseele die für sie unerläßlichen

Erfahrungen bietet. Sie beschreiten einen anderen Weg, der in der Regel mit einer einzigen materiellen Manifestation als Stein, Pflanze oder Wasserlauf abgegolten ist.

Es ist angebracht, den Begriff »Inkarnation« für ein Wesen zu reservieren, das nicht nur einen physischen Körper aus Fleisch, Blut und Knochen besitzt, sondern auch eine Bewußtheit, die ausschließlich dem Menschen eigen ist und nur dem Menschen gestattet, die Erfahrungen zu machen, die diesem bestimmten Typus von Seele zum Wohl gereichen.

Das zweite Territorium: **Seelen im Inkarnationszyklus**

Wenden wir uns jetzt einem anderen Territorium der astralen Welt zu und damit einer anderen großen Nation mit verschiedenen Populationen.

Das zweite Territorium der astralen Welt beherbergt als erste Nation jene Wesen, die sich zwischen ihren Einzelinkarnationen von den Ausflügen in die Welt der Physis – nicht nur auf eurem Planeten – zurückziehen. Sie kehren zurück in die Bereiche der nichtkörperlichen Existenz, der seelischen Erholung, die ihnen gestatten, sich aus einer vom Körper nicht mehr behinderten Weise zu regenerieren und neue Pläne ins Auge zu fassen. Mit anderen Worten: Dort halten sich diejenigen auf, die ihr als »Verstorbene« bezeichnet. Sie weilen dort nur so lange, bis sie sich einem neuen Körper zugewandt haben. Das dauert im Durchschnitt nicht mehr als etwa siebzig Jahre nach eurer Zeitvorstellung, kann aber auch bisweilen wesentlich länger oder wesentlich kürzer sein. Um euch ein Beispiel zu geben: Wenn ein Kind stirbt, so wird es sich in der Regel nicht länger als etwa zehn Jahre in diesen Bereich zurückziehen, um möglichst schnell das nachzuholen, was es in der früh beendeten Inkarnation nicht zustande bringen konnte, es sei denn, ein so kurzes Leben war von vornherein geplant.

Hier halten sich auch diejenigen auf, die nach langem Leid, Herausforderungen und Nöten die großen Wachstumsschmerzen einer schwierigen Inkarnation hinter sich gebracht haben. Sie nehmen sich häufig ein wenig länger Zeit, manchmal über hundert, in Ausnahmefällen über zweihundert Jahre, um sich über das Erfahrene zu beraten, die Schrecken des Gelebten zu verarbeiten und neuen Mut zu fassen, eine weitere Inkarnation zu bewältigen. Wenn ihr euch also vorstellt, daß ihr dort alle diejenigen wiedertreffen werdet, die euch aus eurem jetzigen Leben vertraut sind, so ist das nicht ganz korrekt. Ihr werdet häufig diejenigen nicht wiedersehen, die schon vor langer Zeit verstorben sind, es sei denn, ihr hättet mit ihnen eine Übereinkunft getroffen, daß sie so lange auf euch warten, bis auch ihr die Schwelle eures Seelenheims wieder überschritten habt, damit sie euch in Empfang nehmen können. Aber meistens bedeutet das für ein schon vor Jahren verstorbenes Fragment eine nicht leicht aufzubringende Disziplinleistung. Denn das Interesse eines Verstorbenen an seinem kürzlich vollendeten Leben läßt schrittweise nach und verflüchtigt sich nach einiger Zeit so sehr, daß es einer größeren Anstrengung bedarf, sich an diejenigen zu erinnern, die er im Körper zurückgelassen hat.

Die Gesetze von Zeit und Raum sind auf diesem zweiten astralen Territorium und in dieser Nation, ebenso wie in der zuvor beschriebenen, nicht mehr in derselben Weise gültig wie auf eurem Planeten. Dennoch sind sie nicht derart außer Kraft gesetzt wie in der dritten Nation. Man könnte es so beschreiben, daß die entkörperten Seelen, die zwischenzeitlich von ihrer Lebensreise heimgekehrt sind, noch über beiderlei

Möglichkeiten verfügen. Zeit und Raum bedeuten ihnen wenig. Doch ist es ihnen möglich, sich an die Bedingungen von Zeit und Raum zu erinnern und sich ihren Gesetzmäßigkeiten so weit zu nähern, daß sie sich vorstellen können, wie es sein wird, wenn sie sich ihnen wieder unterwerfen. Und sie haben auch ein Bewußtsein von Zeit und Raum, das ihnen ermöglicht, mit denen in Kontakt zu treten, die sich in der Sphäre der Raum-Zeit-Bindung aufhalten. Sie wissen, wann das am einfachsten ist, nämlich in den Zeiten, wo Entspannung oder höchste Anspannung eintreten, in Momenten der Ruhe oder in Augenblicken höchster körperlicher oder seelischer Belastung. Sie halten sogar gern, um diese Kontakte zu gestalten, bestimmte Uhrzeiten ein und verfügen sich für diese Kontakte mit Vorliebe an fest definierte Orte, die sozusagen mit den im Körper Befindlichen verabredet werden, um die Besuche zu erleichtern. Denn ein Schlafender, der sich im Traum in die Astralwelt begibt, hat so viel Eigenes zu bewältigen und zu erledigen, daß es ihm nur selten gelingt, mit einem von den vielen, die der soeben beschriebenen zweiten Nation angehören, gezielt in Berührung zu kommen. Deshalb suchen diese Entkörperten oder Verstorbenen selbst zu bestimmten Zeiten und an bestimmten Orten diejenigen auf, denen sie etwas mitteilen möchten.

Betrachten wir nun die zweite Nation des zweiten Territoriums, die euch zwar bekannt und vertraut, aber doch auch ein wenig unheimlich ist. Sie besteht aus denen, die sich nicht wirklich vom Körper gelöst haben, sondern nur vorübergehende kurze Reisen in diese oder jene Sphäre machen: den Astralreisenden. Zwischen den in der Physis verkörperten Seelen und denen, die sich auf diesem astralen Territorium befinden, besteht ein reger Austausch, so wie es die Pendler einer Großstadt halten, die im täglichen oder wöchentlichen Rhythmus nach Hause fahren. Dieser Rhythmus der Astralreisenden ist dem der arbeitenden Pendler auch insofern ähnlich, als er sich in eine Tagwelt und eine Nachtwelt unterteilen läßt. Die Menschen, die sich zur Ruhe begeben, begeben sich in einen Bereich, in dem sie sich erholen und regenerieren können. Die von der Physis kommenden Astralreisenden wechseln während eines veränderten Bewußtseinszustands in die astrale Welt über, wann immer es ihnen notwendig, angenehm oder sinnvoll erscheint. Vorübergehend entkörperte Wesen des zweiten Territoriums wiederum suchen gern ihre Freunde in der physischen Welt auf – ehemalige Blutsverwandte, Seelengeschwister oder Seelen, mit denen sie ein gemeinsames Schicksal karmisch verbindet. Das geschieht im Traum, und das geschieht auch dann, wenn ein Mensch sich in anderen Zuständen tiefer Entspannung befindet, z. B. während einer Meditation, aber auch während einer Narkose, einer schweren Fieberkrankheit oder in chemisch beeinflußten Zuständen, die ihm die Kontrolle des Wachbewußtseins nehmen und ihn bereit machen für eine Reise in die Zonen, die ihm eine Anbindung an seine innere Wahrheit vermitteln, ohne daß er sich von seinem Körper ganz lösen muß, wie es durch den Tod geschieht.

Das dritte Territorium: **Seelen nach abgeschlossenem Inkarnationszyklus**

Der dritten Nation der Astralwelt gehören diejenigen an, die ihre Inkarnationszyklen durchschritten und ganz abgeschlossen haben. Sie halten sich in diesem Territorium auf wie in einem großen Warteraum, um derer, die sich noch abmühen, ihre Körper zu Erfahrungszwecken zu nutzen, zu harren und sich endlich mit ihnen aus dem Zustand der Fragmentierung zu erlösen und wieder zu einer vereinten Seelenfamilie zusammenzuschließen.

Sie sind also noch in einem fragmentierten Zustand, allerdings wesentlich gelassener und ruhiger, freudvoller und liebevoller als diejenigen der zweiten Nation, die noch mit ihren Ängsten zu kämpfen haben, weil sie sich der Welt der Physis noch wesentlich mehr verbunden oder verhaftet fühlen, denn sie wissen, daß sie dorthin zurückkehren werden. Diese dritte Nation besteht also aus denjenigen, die den Weg der Erkenntnis und die Läuterung, den Weg der Erfahrung und des Schmerzes bis zu Ende beschritten haben und nun durch die erste Pforte der endgültigen Heimstatt getreten sind. Stellt sie euch vor wie eine große Burganlage mit verschiedenen Toren, Gräben und Wällen. Das Bewußtsein, nicht mehr auf den Planeten Erde zurückkehren zu müssen, zu wollen und zu können, stellt eine solche erste Pforte, ein Tor mit Zugbrücke dar. Das Wissen aber, daß viele Angehörige der eigenen Seelenfamilie, also andere Fragmente der eigenen Ganzheit, sich noch draußen befinden, um ihre Erfahrungen kämpfend, ungeschützt und unter meistens schwierigen Umständen, veranlaßt diese bereits geläuterten und befreiten Seelen, sich um ihre Geschwister zu kümmern und mit ihnen in einen fast unablässigen Kontakt treten zu wollen, der oft nur dadurch behindert wird, daß ein eingekörpertes Fragment sich weigert, diesen Kontaktwunsch anzuerkennen und sich dankbar darauf einzulassen. Das heißt nicht, daß die Kontaktaufnahme vollständig unterbunden wird, denn das ist nicht möglich. Es besteht von beiden Seiten immer die Sehnsucht, unterstützt zu werden und zu helfen. Nur dringt diese Sehnsucht nicht immer ins Bewußtsein des eingekörperten Fragments. Aber das Unbewußte ist immer erreichbar, sei es während des Tages, sei es während der Nacht im Schlaf.

Und so gibt es ein festes Band zwischen den Mitgliedern einer Seelenfamilie, die sich bereits endgültig vom Körper gelöst haben und denjenigen, die noch ihre selbstgestellten Aufgaben bewältigen. Erst wenn auch das letzte Fragment einer großen Seelenfamilie die physische Erfahrung abgeschlossen hat, vereinigen sich die Fragmente auf dem Territorium dieser dritten Nation und verlassen sodann die astrale Welt, um sich in einem neuen geeinten Zustand auf die kausale Ebene zu begeben. Ihr könnt euch vorstellen, daß die Kontakte mit bereits befreiten Fragmenten einen anderen Charakter annehmen als Kontakte mit den Geistern der zuerst beschriebenen Nation und auch mit den Fragmenten, die sich zwischen den Inkarnationen auf dem zweiten Territorium aufhalten. Die Berührungen und der ununterbrochene Energieaustausch zwischen denjenigen, die der dritten Nation angehören und ihren Geschwistern, den Fragmenten im Körper, ist geprägt von großer Wärme, Liebe und Anteilnahme. Sie ist befreit von allen Bedürfnissen des Ego und von aller Angst. Das, was ihr als »Schutzengel« bezeichnet, befindet sich hier.

Es ist nicht so, daß jeder Mensch im Körper einen einzigen und ihm exklusiv zugeordneten Schutzengel besitzt. Vielmehr ist das, was ihr als Schutzengel bezeichnet, ein Fragment von den vielen, die sich hier befinden. Und jedes Fragment hat zu jeder Zeit die Möglichkeit, mehrere seiner Geschwister zu beraten, zu behüten und zu beschützen. Dies wird jedoch nur in dem Maße geschehen, wie das Schutzbedürfnis nicht kollidiert mit den Wünschen nach Erfahrung, auch nach Leid und Schmerz, die das eingekörperte Fragment besitzt. Es geht also vielmehr darum, Ungeplantes und der Entwicklung der Seele Unzuträgliches abzuwenden und Ungewolltes dann zu verhindern, wenn es wichtige Erfahrungen, die noch zu machen sind, unmöglich machen würde.

Wer als erster von den Mitgliedern einer Seelenfamilie das

Territorium der dritten Nation betritt, hat eine große und verantwortungsvolle Aufgabe, die ihm aber deshalb nicht schwerfällt, weil er aufgrund seines beschleunigten Wachstums Erfahrungen gemacht und Energien gesammelt hat, die er jetzt denjenigen zur Verfügung stellt, die er leitet, berät und behütet. Mit anderen Worten: Nicht jede Seele, die sich auf den frühen Inkarnationsstufen befindet, hat bereits einen solchen Schutz. Er wird auch erst nötig, wenn sich ein Fragment aus der Geborgenheit seiner Gruppe auf den Weg der Individuation macht und deshalb und dadurch in Gefahren gerät, die ihm in frühen Stadien der seelischen Entwicklung erspart bleiben. Im übrigen ist es so, daß sich die Seelen einer Familie in recht unterschiedlichem Maße und mit unterschiedlicher Geschwindigkeit entwickeln, und daß sie auch auf der horizontalen Ebene des Inkarniertseins über telepathische Verbindungen ständig miteinander in Kontakt stehen, die in den frühen Entwicklungsstadien nur das Unbewußte erreichen, später aber immer stärker ins Bewußtsein dringen.

Ihr alle seid also auf zweierlei Koordinaten mit eurer Seelenfamilie, mit euren verschwisterten Fragmenten verbunden. Zum einen auf der Horizontalen mit all denjenigen, die eurer Familie angehören und gleichzeitig mit euch einen Körper bewohnen; und zum anderen auf der Vertikalen mit den Verstorbenen des zweiten Territoriums, die eurer Seelenfamilie angehören, sowie mit jenen des dritten Territoriums, die sich bereits erfolgreich durch die Inkarnationen hindurchgearbeitet haben, euch beschützen und auf euch warten. Und so wie jene, die sich schon auf dem Boden der dritten Nation befinden, euch leiten und beraten, so gibt es auch auf der horizontalen Koordinate der physischen Leben immer solche aus eurer Seelenfamilie, die ein wenig weiter fortgeschritten sind als ihr selbst, und die sich eurer in mancher Lebenssituation annehmen, um euch eine Hilfe zu gewähren.

Astrale Ruheräume

Mit Bedacht haben wir die Begriffe »Nation« und »Territorium« gewählt, weil wir ausgehend von diesen großen räumlich umfassenden Vorstellungen die Möglichkeit haben, zu kleineren Einheiten vorzudringen, die dann mehr und mehr dem entsprechen, was im Neuen Testament mit »Wohnungen« gemeint ist.

Stellt euch also vor, daß sich auf dem Territorium einer Nation viele, viele Seelen aufhalten, und wenn ihr euch darauf einlassen möchtet, die Bildlichkeit eurer eigenen Welt hypothetisch auf die astrale Welt zu übertragen, so gibt es in diesem Territorium Landschaften, Städte und Dörfer, große Gebäude, kleine Häuser, und in diesen großen Gebäuden und kleinen Häusern jeweils wieder verschiedene und unterschiedlich große Wohnungen. Das ist deshalb so, weil, wie ihr wißt, Wachstum und Entwicklung sich vornehmlich in Entspannung zutragen, und Entspannung tritt für eine Seele, die die astrale Welt betritt, nachdem sie ein Leben auf dem Planeten Erde abgeschlossen hat, dann ein, wenn sie zunächst einmal in der astralen Welt vertraute oder zumindest nicht allzu fremde Bedingungen antrifft.

Es ist also für die Entwicklung der soeben entkörperten Seele von nicht untergeordneter Bedeutung, daß sie sich an einem Ort wiederfindet, der ihr nicht so fremd ist, daß diese Fremdheit ihr angst macht. Von einer anderen Perspektive aus gesehen läßt sich auch sagen, daß die eingekörperten Seelen sich die Häuser und Wohnungen, in denen sie sich im entkörperten Zustand aufhalten werden, durch mentale Projektionen mitgestalten. Sie erfinden sie nicht, sie projizieren sie nicht vollständig, sie tragen jedoch zu ihrer Gestaltung bei.

In dieser Hinsicht ist es richtig zu sagen, daß die zweite Nation der Astralwelt für die Menschen ein Spiegelbild der Verhältnisse auf dem Planeten bildet, und so wie ein Spiegelbild nicht greifbar, nicht real ist in seiner materiellen Ausformung, so ist auch die Spiegelbildlichkeit der astralen Welt nicht materiell zu verstehen. Es gibt also, wie manche ahnen, in der Tat viele Wohnungen, und in diesen vielen verschiedenen Wohnungen halten sich verschiedene Typen von entkörperten Seelen auf, auch solche, die durch eine besondere Form der mentalen Prägung miteinander verbunden sind, d.h., daß sie bestimmten Religionen anhängen. Und außerdem gibt es Räumlichkeiten, die für verschiedene Funktionen geeignet und entworfen worden sind.

Die Räume, die Häuser und die Wohnungen derer, die den verschiedenen Weltreligionen zugetan sind, unterscheiden sich voneinander, denn, wie wir bereits sagten, ist es wichtig, daß diejenigen, die den Körper verlassen, nicht als erstes auf eine angsterregende Situation stoßen, die es ihnen verwehrt, die Schwingung zu erreichen, die sie benötigen, um das, was sie hinter sich gelassen haben, zu erkennen und sich ihres Nicht-mehr-im-Körper-Seins bewußt zu werden. So wird ein Chinese, der dem Ahnenkult verbunden war, sich zunächst bei seinen ersten Schritten von denen in der astralen Welt umgeben finden, die er als seine Ahnen betrachtet. Wäre das nicht so, würde er erschrecken und sich energetisch zusammenziehen, anstatt sich in Freude und Entspannung ausdehnen zu können. Ein Hindu und auch ein Buddhist würden sich im Gegensatz dazu entsetzt abwenden, wenn sie irgendwelche Gestalten und große Mengen von Ahnen auf der Schwelle zum Nirwana erblicken würden.

Das Wiedertreffen der Seelen wird also für diese Menschen noch ein Weilchen hinausgeschoben, bis sie sich an den neuen, entkörperten Zustand gewöhnt haben und aus dieser Entspannung heraus offen für Erkenntnisse und Perspektiven sind, die ihnen auf der Erde im Rahmen ihres Glaubenssystems verwehrt waren. Für einen Menschen aus der Tradition des christlichen Glaubens wiederum ist es so, daß er sich in einem Raum wiederfindet, der ihm gestattet, weder die große Leere noch die große Fülle zu erleben. Weil diejenigen, die in einer christlichen Glaubenskongregation aufgewachsen sind, ein besonderes Verhältnis zu Schuld, Schmerz und Leid aufgebaut haben, werden sie zunächst in Räume geführt, wo sie sich von den Lasten dieser Schmerzen, Schuldgefühle und von dieser Leidensbereitschaft ein wenig erholen können.

Ihr könnt euch diese Räume, die von einigen freundlichen und ruhigen Wesen betreut werden, auch als große Ruheräume vorstellen, gleichsam wie Sanatorien, in denen Menschen, die der Genesung harren, die rechten Bedingungen vorfinden, um sich erholen zu können. Räume also, in denen es still und licht ist, in denen Präsenzen vorhanden sind, die tröstend, beruhigend und heilend wirken, und die den soeben Exkarnierten Möglichkeiten der Regeneration zur Verfügung stellen. Das sind die großen Ruheräume der christlichen Vorstellungswelt, und es ist wichtig zu wissen, daß die Reinigung, die dort vonstatten geht, nichts mit den Reinigungsvorstellungen gemein hat, die durch den Begriff »Fegefeuer« beschrieben werden. Reinigung findet wohl statt, doch nicht durch Bestrafung, nicht durch Sühne, nicht durch Aktivierung von Schuld und Vorwürfen, sondern vielmehr durch Beruhigung, durch Trost und Entspannung. Nicht von seinen Sünden muß in der Regel der christliche Mensch befreit werden, sondern von den Gefühlen und Erinnerungen, die er mit seiner Angst vor Sünde, mit seinem Schuldempfinden in Verbindung mit dem, was er als böse begreift, verbindet. Und wenn eine exkarnierte Seele aus dem Heilschlaf erwacht ist, wird sie in weitere Räume geleitet und von diesen Räumen aus in die Wohnung, die ihr die beste Möglichkeit zur weiteren

Erkenntnis, zur Beratung, zur Klärung und zur Einsicht bereitstellt.

In einer solchen Wohnung wird die nunmehr beruhigte und gereinigte Seele nicht allein sein; vielmehr warten dort eine begrenzte Anzahl schon länger aus dem Körper ausgetretener Seelen, die in großer Gelassenheit, wenn auch nicht ganz ohne Ängste, in der Lage und bereit sind, den noch etwas Verwirrten und wie vom Schlaf Benommenen zu empfangen und ihm ein Gefühl von Geborgenheit, Ruhe und Aufgehobensein zu vermitteln. Zu diesen in der Wohnung Befindlichen können auch solche gehören, die der Familie des kürzlich Verstorbenen angehört haben, und Freunde, die ihm besonders nahestanden.

Die Bereitschaft der Seelen, den Neuling in einer bestimmten Wohnung zu empfangen, ist geprägt von Liebe und Zuneigung, aber auch von dem Ausmaß der Erinnerung, das eine schon vor längerer Zeit verstorbene Seele aufbringen kann, um sich dem neu Hinzugekommenen zu widmen. Die Liebe und Erinnerung der Angehörigen wird in vielen Fällen ergänzt durch eine weitere Motivation, die sich aus Absprachen ergibt, die auf der irdischen Ebene getroffen wurden, Absprachen, die in Erkenntnis der Zusammenhänge beinhalten, daß zwei Seelen sich in einem Haus der astralen Ebene wiedertreffen wollen. Solch eine Absprache kommt dem Versprechen gleich: »Ich werde dort auf dich warten.« Diese Versprechen werden in aller Regel eingehalten, wenn sie auch nicht dazu verpflichten, daß die Wohnung auf dem Territorium der Astralwelt auf lange Zeit hin gemeinsam bewohnt werden soll.

Wir möchten unser Bild von den Häusern und Wohnungen noch ein wenig fortführen, um das zu erläutern. Wenn eine Seele sich beruhigt und erholt hat, und wenn sie dann von denen empfangen worden ist, die ihr von der Erde vertraut waren – und nicht nur aus einem Leben, sondern aus mehreren –, wächst damit das Vertrauen und die Einsichtsfähigkeit in die wahren Zusammenhänge. Dieser Prozeß nimmt einige Zeit, nach den astralen Kriterien auch einigen Raum in Anspruch, aber endlich ist es doch soweit, daß eine exkarnierte Seele erkennt, ohne von Angst überwältigt zu werden: Es ist nicht ganz so, wie ich es mir vorgestellt habe! Es ist ein wenig anders oder auch wesentlich anders, ohne daß ich von dieser Erkenntnis verwirrt werde. Je stärker die dogmatische Überzeugung eines Menschen auf der Erde gewesen ist, um so länger wird der Prozeß der langsamen, behutsamen Hinführung zum Erkennen der astralen Realität dauern.

Aber endlich ist es doch soweit. Aus der furchtlosen Betrachtung der Gesetzmäßigkeiten entsteht eine Bereitschaft, sich auch mit den anderen Mitgliedern der Seelenfamilie in Verbindung zu setzen, die auf dem astralen Territorium der Inkarnierenden weilen. Das können Seelen sein, die in ihrem letzten Leben anderen Religionsgemeinschaften angehörten, oder auch solche, die einer anderen Tradition oder einer anderen Weltanschauung gehuldigt haben. Aber dann, wenn die Seele eines Verstorbenen von ihren Freunden empfangen wurde, sich wohlaufgehoben fühlt und auch diejenigen erstaunt wiedererkennt, die ihr nicht aus ihrer soeben beendeten Inkarnation, sondern aus anderen Kontexten bekannt sind, aber auf sie gewartet haben, wird sich in ihr eine Bereitschaft entwickeln, sich der Wahrheit, unabhängig von religiösen Dogmen, zu öffnen. Das wird nach der irdischen Zeitrechnung ein wenig länger als ein Jahr dauern, nach dem astralen Zeitempfinden wirkt es nicht so lang.

Karma, Schuld und Verantwortlichkeit

Karma ist kein Gesetz, erlassen von einer strengen Instanz, die unerbittlich darüber wacht, daß dieses Gesetz eingehalten wird. Karma ist vielmehr eine Gesetzmäßigkeit der physischen Welt und ihrer Erfahrungen. So wie Physis nicht denkbar ist ohne Schwerkraft und ohne Sauerstoff – zumindest nicht auf eurem Planeten –, so ist die Existenz in einem physischen Körper nicht möglich, ohne den Gesetzmäßigkeiten von Karma unterworfen zu sein.

Keine Seele also, die beschließt, sich in einem physischen Körper auf eurem Planeten zu inkarnieren, kann sich dieser Gesetzmäßigkeit entziehen. Und wenn sie es könnte, wäre das nicht sinnvoll. Denn Karma beschreibt die Gesetzmäßigkeit von Verantwortung. Und nur über Karma könnt ihr lernen, was Verantwortung und verantwortliche Liebe ist. Da ihr euch durch die Einkörperung in der Physis nicht nur der Gesetzmäßigkeit des Karma, sondern auch den Gesetzmäßigkeiten von Angst aussetzt, ist Karma von Angst nicht zu trennen. Angst wiederum gebietet euch, Karma in der Polarität von Schuld und Strafe zu betrachten. Doch das ist eure Sichtweise und nicht die Realität der Gesetzmäßigkeit.

»Schuld haben« und »schuldig werden« muß man auseinanderhalten. Wer schuldig wird, befreit sich von Schuld in dem Augenblick, wo er Verantwortung für sein Schuldigwerden übernimmt. Das gilt im kleinen wie im großen. Wer hingegen Schuld hat, kann nicht unschuldig werden. Karma wird häufig von jenen als Begriff benutzt, die darauf bedacht sind, Macht über andere auszuüben, und glauben, sich damit aus der Gesetzmäßigkeit von Karma lösen zu können. Sie werfen ihren Mitmenschen vor, Schuld zu haben und Karma oder Sünde auf sich zu laden. Sie glauben, dadurch selber rein zu werden von aller Schuld. Das gilt für viele Funktionäre der Religionen, aber auch für manche, die sich als Esoteriker verstehen, ohne zu begreifen, daß die Zuweisung von Karma und Schuld an andere nichts weiter bewirkt als ein Anwachsen von Angst. Wie wir sagten, sind Angst und Karma untrennbar miteinander verbunden. Und wenn wir die Angst als einen Faktor betrachten, der Karma bewirkt, so werdet ihr auch verstehen, daß das Auflösen von Angst durch Liebe die einzige Möglichkeit darstellt, um Karma zu neutralisieren.

Ihr möchtet jetzt wissen: Was ist Karma, und wie hängt es zusammen mit den Begriffen »Schuld« und »Sünde«? Das Wort »Karma« auf alles und jedes anzuwenden, was euch kränkt und ärgert, was euch verletzt und konfrontiert, ist sicher nicht sinnvoll. Der Begriff »Karma« ist nur dann angebracht und angemessen, wenn sich eine Tat oder eine Handlung so auf das Leben und die Existenz eines anderen auswirkt, daß keine Freiheit, keine Wahlmöglichkeit mehr besteht.

Das bedeutet, daß Karma sowohl auf der seelischen Ebene als auch auf der Ebene von Leib und Leben wirksam ist. Eine Seele daran zu hindern, daß sie ihre Lebensaufgaben erfüllen kann – das bewirkt Karma. Die Beschneidung einer seelischen Freiheit durch Einschränkung der Existenzmöglichkeit ist, welche Form dies auch immer annehmen mag, der Gipfel an Lieblosigkeit, den ein Mensch zu erreichen vermag. Weil ihr aber nicht wißt, was ein Mensch zu seiner seelischen Entfaltung, zur Erfüllung seiner Lebensaufgaben an Voraussetzungen und Bedingungen braucht, könnt ihr auch nicht in jedem Fall erkennen, ob ihr euch mit diesem Menschen in Karma verstrickt oder nicht. Ein Richter, der einen Kriminellen verurteilt und auf Jahre ins Gefängnis schickt, wird sich nicht in jedem Fall mit dem vor dem Gesetz Schuldigen in Karma verstricken. Aber ein Richter, der ein Urteil ausspricht, das dem

Vergehen unangemessen ist, zum Beispiel, weil er sich einem politischen Interesse verpflichtet fühlt, oder weil er eine persönliche Abneigung gegen den Angeklagten hat, wird sich karmisch mit dem Verurteilten verbinden. Wie aus diesem Beispiel deutlich wird, geht es nicht um Fakten, sondern um Motivationen. Die Dichte der karmischen Verstrickung erhöht sich mit der Dichte der lieblosen Motivationen.

Ein Verkehrsteilnehmer, der durch eine Verkettung unglücklicher Umstände anderen Menschen das Leben nimmt, wird nur in Ausnahmefällen Karma auf sich laden. Ein anderer hingegen, der sich bewußt einem Alkoholexzeß hingibt und Gefährdung anderer Menschen billigend in Kauf nimmt, verstrickt sich durch die Verantwortungslosigkeit seines Tuns in karmische Zusammenhänge, die zu einem späteren Zeitpunkt aufgelöst werden müssen.

In aller Regel werden wir als Karma nur das bezeichnen, was eine Seele dazu bewegt, eine andere Seele in einer Weise zu behindern und zu schädigen, daß sie sich aus eigener Kraft nicht dorthin bewegen kann, wohin sie gehen muß. Das kann geschehen durch Mord oder Tötung. Das kann auch durch Freiheitsberaubung oder Zufügen von großem psychischen Leid geschehen, durch absichtliche Quälerei oder gezielte Grausamkeit, durch Folter, durch mutwillige gesundheitliche Schädigung, durch offensichtliche und bewußt wahrgenommene Lieblosigkeit, kurzum durch die verschiedenen unterschiedlich starken Auswirkungen von Angst.

Grundsätzlich gilt: Ihr könnt euch vor Karma ebenso wenig bewahren wie vor dem Leben. Und wir sprachen davon, daß ihr nicht beurteilen könnt, was eine karmische Verantwortlichkeit nach sich zieht und was nicht. Denn eine Seele bereist vielfältige und verschlungene Straßen, um an ihr Ziel zu gelangen, und dazu gehört auch das Erleben von Grausamkeit und Qual, von Tod und Mord, von Freiheitsberaubung und Lieblosigkeit, in der Rolle des Opfers und des Täters. Nicht immer also wird derjenige, der lieblos ist, zu einer karmischen Rechenschaft gezogen werden. Das wird nur dann der Fall sein, wenn er den anderen mit seiner Handlung mutwillig, absichtlich und gegen seinen seelischen Willen schädigt. Wir wollen damit sagen: Nicht jeder Mord bildet automatisch ein karmisches Band. Sofern der Ermordete mit dem Mörder eine Vereinbarung getroffen hatte, daß er von ihm diese Erfahrung annehmen wollte, bleibt der Mörder frei von Karma. Aber das ist nicht die Regel.

Es gibt, so unglaublich und unbegreifbar es auch scheinen mag, einen Mord aus Liebe. Nicht aus Leidenschaft, sondern aus Liebe, aus der Liebe einer Seele zu einer anderen. Wenn ein Mensch sich auf einer seelischen Ebene bereit findet, Jahre im Zuchthaus zu verbringen, um den Wunsch einer anderen Seele zu erfüllen, durch die Hand dieses Menschen zu sterben, ist das zwar nicht die Regel, aber doch eine Form von Liebesdienst, die karmische Bindung ausschließt. Vielmehr kann es sich um die Auflösung eines alten Karmabands handeln.

Wie steht es um den Zusammenhang von Sünde und Karma? Auch Sünde im christlichen Sinn wird, wenn sie recht verstanden ist, nur dann möglich, wenn die Motivation des Sünders aus Lieblosigkeit entsteht. Deshalb ist es weder hilfreich noch förderlich, wenn der Begriff »Sünde« auf die Bereiche von Sexualität, von Essen und Trinken, von Gedanken und Fantasien ausgeweitet wird. Den gesamten Bereich von Lebensäußerungen eines Menschen mit dem Begriff und der Möglichkeit von Sünde erfassen zu wollen, ist nichts anderes als der Versuch, all diese Lebensäußerungen unter die Kontrolle derjenigen Instanz zu bringen, die festlegt, was Sünde ist und was nicht. Die Auswirkungen einer solchen Kontrollhaltung sind unübersehbar, und sie zeigen sich in der allgegenwärtigen Angst und den alles durchdringenden Schuldgefühlen, die einen jeden von euch beherrschen. Uns ist wichtig, euch zu sagen, daß ihr alle viel weniger sündig seid, als man euch glauben machen will. Und ein anderes ist von großer Bedeutsamkeit: Ihr alle habt karmische Bande, doch nicht in dem Ausmaß, wie eure schuld- und angstgeprägte Fantasie es euch vorgaukeln möchte. Aus unserer Sicht wäre es vollkommen ausreichend, wenn ihr die wenigen, aber wirksamen karmischen Verstrickungen anerkennen wolltet, die ein jeder von euch hat. Und ihr werdet fragen: Woran können wir sie erkennen? Und wie können wir Karma wieder ausgleichen?

Die Lösung karmischer Bande geht Hand in Hand mit eurer Entfaltung in Bewußtheit und Liebe. Und weil das so ist, gibt es auch keine Möglichkeit, diese Lösung vorzeitig vorzunehmen, wobei wir mit vorzeitig meinen: zu einem Zeitpunkt eurer Entwicklung, der die entsprechenden Voraussetzungen von Bewußtheit und Liebesfähigkeit noch nicht bietet. Ihr habt auch nicht in jedem Leben Gelegenheit, die eingegangenen karmischen Verpflichtungen zu erfüllen. Ihr seid nicht nur auf die tatsächliche Begegnung mit einer inkarnierten Seele angewiesen, mit der euch ein karmisches Band verbindet, sondern auch darauf, daß diese Seele bereit ist, euch zu verzeihen und ihren Groll gegen euch, die ihr euch an ihr versündigt habt, fallenzulassen. So ist die Auflösung karmischer Verstrickungen gebunden an den Konsensus der beteiligten Seelen. Und dieser Konsensus wird nicht einmal bei jeder physischen Begegnung gegeben sein. Wenn jemand euch nicht verzeihen will, werdet ihr an der Verantwortlichkeit für euer Tun noch ein Weilchen länger zu tragen haben. Aber endlich wird doch der Tag kommen, wo die Bedingungen und die Umstände – die Bewußtheit und die Liebesfähigkeit – gegeben sind, daß ihr euch gegenseitig aus der Bindung entlassen könnt in die Freiheit.

Je jünger eine Seele ist, um so mehr wird sie sich unbewußt bereitfinden, karmische Bindungen einzugehen, denn das gehört zu den Erfahrungen, die für ihre Entfaltung unerläßlich sind. Das karmische Band schafft eine Nähe, die unvergleichlich ist und die engste Verbindung zwischen den fragmentierten Wesen herstellt, die sich auf der Erde inkarnieren. Das bedeutet, daß es euch unmöglich wäre, die innigsten Beziehungen nicht nur zu anderen Seelengeschwistern, sondern auch zu Angehörigen anderer Seelenfamilien aufzubauen, wenn ihr euch nicht auf karmische Verstrickungen einlassen würdet.

Karmische Verstrickungen und die Verpflichtungen, die sich aus dem Wunsch nach ihrer Auflösung ergeben, schaffen die Grundlage für die Nähe, die zunächst aus Angst und dann immer stärker aus Liebe entsteht. Und diejenigen, mit denen ihr durch die stärksten Herausforderungen von Angst, Schmerz und Leid gegangen seid, werden euch in späteren Zeiten, in den Zeiten der Reife und des Alters, am nächsten stehen, mit euch die stärksten Bande der Liebe knüpfen. Darum sagen wir euch: Nicht der Wunsch, Karma zu vermeiden, sollte euch leiten, sondern der Wunsch, die Bindungen zu erkennen, die ihr miteinander schafft, um sie nach und nach in den vielen aufeinander folgenden Leben mit ihren unzähligen Gelegenheiten in Liebe zu verwandeln. Ihr wißt es schon aus euren jetzigen Lebenserfahrungen, daß niemand euch so nahesteht wie die Menschen, mit denen euch Kummer und Leid verbinden. Das sind diejenigen, die ihr nie vergessen werdet, sei es aus Sehnsucht oder aus Haß. Wenn ihr solche aktuellen Erfahrungen auf die Ebene von Karma und Reinkarnation übertragen wollt, so werdet ihr verstehen, wie sich die Gesetzmäßigkeit auf eure Existenz und eure Entwicklung auswirkt.

Karmische Bindungen werden nur im Zustand der Einkörperung geschaffen. Aber sie werden oft geplant zwischen den Leben, sofern es sich um Bindungen handelt, die Nähe herstellen sollen. Karmische Bindungen werden auch betrachtet und verstanden, verarbeitet und betrauert im Zustand der Körperlosigkeit auf dem zweiten Territorium.

Doch die Handlungsfähigkeit ist in der astralen Welt wesentlich eingeschränkt, so daß es dort nicht möglich ist, so lieblos zu verfahren wie im Zustand der Physis mit all den Ängsten, die mit körperlicher Existenz verbunden sind. Da Angst auf dem zweiten Territorium der astralen Welt gegenüber der physischen Welt reduziert ist, ist das Bewußtseinspotential entsprechend vergrößert. Und Bewußtheit behütet euch davor, allzu lieblos zu sein.

Zwischen den Leben geschieht es häufig, daß zwei Seelen, die miteinander in karmische Verantwortung verstrickt sind, sich darauf einigen, eine Neutralisierung herbeizuführen, indem sich der belastete Partner bereit erklärt, die Erfahrung, die er dem anderen zugefügt hat, spiegelbildlich zu erleben. Dazu aber braucht er den verletzten Partner, der sich nun wiederum bereitfinden muß, dem ursprünglich Handelnden Gleiches widerfahren zu lassen. Ihr werdet euch selten aus freien Stücken bereiterklären, schmerzhafte Erfahrungen zu durchleben. Immer seid ihr darauf angewiesen, daß ein anderer – wissentlich, willentlich oder nicht – euch Schmerzen zufügt. Dieser andere kann, auch wenn es euch in der Physis nicht so scheinen mag, ein Freund sein; er kann vor allem aber eine Seele sein, ein Mensch, mit dem euch ein karmisches Band verbindet. Die spiegelbildliche Vereinbarung führt auf einem relativ schnellen Weg zur Entflechtung, aber sie erfordert auch die größte Bereitschaft und die größte Liebesfähigkeit. Denn nichts ist so schmerzhaft wie die Verantwortung, die eine Seele mit der Verpflichtung übernimmt, einer anderen Schmerz zuzufügen, obwohl sie es nicht aus eigenem Antrieb heraus wünscht. In diesem Sinne erweist der verletzte Partner seinem Peiniger eine besondere Gnade, und es ist ein besonderer Akt des Verzeihens, wenn er sich zur Verfügung stellt, in einer der auf die Entkörperung folgenden leiblichen Existenzen seinem Peiniger Gelegenheit zu geben, das Leid, das er seinem Seelenpartner ursprünglich zugefügt hat, selbst zu spüren.

Eine Kollektivschuld gibt es im karmischen Sinne nicht. Wenn überhaupt von karmischer Schuld die Rede ist, so kann es sich immer nur um eine individuelle Schuld handeln. Lieber als von Schuld möchten wir aber von Verantwortung sprechen. Das Individuum, das sich z. B. jetzt in einem jungen Deutschen verkörpert, hat in den meisten Fällen mit der Schuld der Generationen vor ihm nichts zu tun. Dieser Deutsche kann ein Mensch sein, dessen Seele eine Generation früher in einem von Deutschen getöteten Juden verkörpert war. Wie soll er für den eigenen Tod auch noch Schuld tragen? Diejenigen, die jetzt in Deutschland leben, sind in ihrer großen Masse weder schuldig noch verantwortlich für das, was vor über fünfzig Jahren geschehen ist.

Dennoch gibt es eine Verantwortung, die auch diesen karmisch nicht betroffenen Menschen zufällt. Die Verantwortung liegt in der Betrachtung dessen, was geschah, und in der Erkenntnis der Konsequenzen. Erst ein Mensch, der weiß, wozu er fähig ist, kann entscheiden, ob er das, was er vermag, tun will oder nicht. Zu wissen, daß ein anderer, der nur wenige Jahre zuvor am selben Ort gelebt hat, vielleicht mit ihm verwandt war, etwas Böses tun kann, das aus Angst und Verwirrung entstand, wird einem jüngeren Menschen die Augen dafür öffnen, daß in jedem, der ihn umgibt, dieselben Möglichkeiten schlummern. Deshalb tragen junge Deutsche, die nach dem Krieg geboren sind, eine gesteigerte Verantwortung sich selbst und anderen gegenüber. Damit meinen wir nicht

Unterdrückung von Trieben wie Gewalttätigkeit und Mordlust, sondern die Erkenntnis und die Betrachtung dieser Mächte in jedem lebenden Individuum.

Erbsünde oder Wiedergutmachung

Die Seele wächst an der Liebe und an der Erkenntnis, wann Liebe waltet und wann nicht. Gäbe es die Abwesenheit von Liebe nicht, gäbe es kein Bewußtsein von Liebe.

Die Seele wächst an der Liebe nicht nur dann, wenn sie sich in einem menschlichen Körper befindet. Nicht nur auf der Erde, auf eurem Planeten, gibt es Seelen und nicht nur bei euch gibt es das Prinzip der Liebe und ihrer Abwesenheit. Dennoch gibt es keinen besseren Weg als das Erfahren von Liebe in einem Körper, wie immer er auch gestaltet sein mag. Und der Austausch von Liebe zwischen Menschen im Körper ist, wenn er sich vollzieht, von so großer Intensität, daß die Seele an ihm in besonderem Maße wachsen kann.

Abwesenheit von Liebe ist ebenso wie die Liebe selbst ein kosmisches Prinzip, und dennoch manifestiert sie sich nur dort, wo eine Seele sich im Körper befindet und die Freiheit besitzt, gegen die Freiheit eines anderen Körpers zu handeln. Denn Abwesenheit allein bewirkt noch nichts, sie beschreibt vielmehr einen neutralen Zustand. Erst wenn aus dieser Abwesenheit durch Denken, durch Agieren oder durch Zerstören Konsequenzen gezogen werden, dann kann von Sünde die Rede sein. Sünde – um diese Bezeichnung vorläufig zu verwenden – ist also die manifeste Abwesenheit von Liebe, und Sünde in diesem Sinne kennt viele Facetten. Umgekehrt kann auch gesagt werden, daß jede Übertretung eines menschlichen Gesetzes, die nicht mit einer Abwesenheit von

Liebe einhergeht und sie manifest macht, keine Sünde ist. Wir würden es vorziehen, nicht von Sünde zu sprechen und diese Bezeichnung nicht zu verwenden, wenn es uns möglich wäre, euch mit den Konzepten, die wir an die Stelle der Vorstellung von Sünde setzen könnten, zu erreichen. Aber wir sehen wenig Möglichkeit, euch, die ihr in der Dualität gefangen seid, davon überzeugen zu können, daß alle gedanklichen Strukturen, die euch mit Schuldgefühlen belasten und euch damit an der Erkenntnis von Liebe hindern, von Nachteil sind und euch dort fesseln, wo ihr ohnehin gefangen liegt. Aber ihr könntet euch dennoch befreien, wenn ihr das Prinzip der Sünde und der Schuld in das Prinzip der verantwortlichen Liebe oder ihrer Abwesenheit umwandeln würdet.

Mit den erwähnten Vorbehalten wollen wir dennoch weiter in eurer Sprache und mit euren Vorstellungen auf die Fragen eingehen, die euch beschäftigen. Wenn ihr wissen wollt, was Sünde ist, so fragt euch immer nach den Beweggründen, der Motivation desjenigen, der etwas tut oder unterläßt, was ihr in eurer Kultur als Sünde bezeichnet. Liebe bedeutet auch, einen Menschen dort an jenem inneren Ort zu respektieren, an dem er sich befindet. Wenn ihr den Anspruch habt, daß jeder von euch sein müßte wie ein Heiliger oder einer, der alle Stufen der Existenz durchlaufen hat und sich weder mit dem Begriff »Sünde« noch mit dem Begriff »Schuld« mehr identifizieren mag, dann tut ihr euch nichts Gutes, weil ihr die Realität eurer jeweiligen Inkarnation und eurer Grenzen verkennt. Und die Realität verkennen ist, wie ihr euch vorstellen könnt, eine Sünde wider die Liebe, denn dann bleibt euch nichts anderes übrig, als den Menschen, der in euren Augen gegen das verstößt, was die höchste Erfüllung der Liebe ist, zu verachten und zu strafen. Und wenn ihr Sünde mit der Vorstellung von Karma zusammenbringt, wird euch deutlich werden, daß der Begriff der Sünde nur dann seinen Sinn empfängt, wenn ihr ihn nicht auf ein einziges Leben beschränkt und auf eine einzige Gelegenheit, das, was ihr als lieblos eingesehen habt, wiedergutzumachen.

In diesem Sinne gibt es auch das, was ihr Erbsünde nennt, denn der Begriff »Erbsünde« bezeichnet den Zustand von Verwirrung und Angst, von Lieblosigkeit und Verzweiflung, der die soeben ausgeschüttete Seele am Anfang ihres Weges durch die Reinigung und befreite Bewußtwerdung peinigt, auf den sie sich so mutig gemacht hat. Es ist unausweichlich, daß eine Seele sich in ihrer Verwirrung und in ihrer Angst noch nicht der großen Verantwortung stellen kann, die am Ende ihrer Reise zur Selbstverständlichkeit wird. Warum also bestrafen und verachten für etwas, das unvermeidlich ist und zum Menschen gehört?

Wir wissen aber auch, daß eure sozialen Strukturen nicht arbeiten können, wenn ihr nicht die Motivation des Handelnden und den Verstoß gegen die äußeren Gesetze zu euren Leitlinien macht. Die Vergehen, die gegen die Vorschriften verstoßen, die eine jede Gesellschaft sich setzt, um funktionieren zu können, müssen auf die eine oder andere Weise geahndet werden, und doch täte es euch wohl, wenn ihr in eurer Rechtsprechung ein wenig mehr Liebe walten lassen würdet. Es ist von großer Bedeutung für eure Erkenntnisfähigkeit, wenn es euch gelingt, die Verstöße gegen die Liebe und das liebende Bewußtsein und damit gegen das göttliche Prinzip zu trennen von den Verstößen des Menschen gegen die Regeln seiner jeweiligen Gesellschaft.

Was vor dem göttlichen Prinzip der Verantwortung gilt und im karmischen Sinne ausgeglichen werden muß durch Einsicht und Läuterung, ist so verschieden von dem, was eure Gesellschaft – und damit meinen wir auch eure Religion – als »Sünde« bezeichnet, daß zwei verschiedene Kategorien darauf angewendet werden müssen. Wir warnen euch auch vor einem allzu großen Sündenbewußtsein, denn der, der sich an die Brust schlägt, und sagt: »Ich bin sündig – mea culpa«, der stärkt sein Ego auf eine ungute Art und Weise und ist ebenso selbstgerecht wie der, der glaubt, er habe keine Schuld, und sich damit jeglicher Verantwortung entledigt. Beide Haltungen entsprechen der Angst. Die Mea-culpa-Position erkennt eine grundsätzliche und menschliche Fehlbarkeit an und ist ein wenig bewußter in ihrer geistigen Prägung als die andere. Dennoch hilft sie der Seele nur selten weiter, ihren Weg ohne Angst zu beschreiten. Angst als Quelle und Folge eines Irrglaubens an die Sünde verstößt wiederum gegen die Gesetzmäßigkeiten des liebenden Bewußtseins und kann deshalb nicht hilfreich sein. Da aber sowohl eure Gesellschaft als auch eure religiöse Kultur die Angst und besonders die Angst vor der Sünde in den Mittelpunkt ihrer Politik stellen, versündigen sie sich selbst – um eure Sprache zu gebrauchen – gegen die Liebe, und es ist nicht verwunderlich, daß ihr oft ein Gefühl von Stagnation habt, das aus der Enttäuschung rührt, daß alles beim alten bleibt, und die Entwicklungen, die ihr für möglich haltet, nicht eintreten. Aber von einem Sündenbewußtsein kann nur das Individuum sich befreien, und wir meinen damit die irrige Vorstellung, daß ein Mensch nicht anders kann, als sich täglich und stündlich zu versündigen. Der Mensch kann sehr wohl anders. Er kann lieben statt aus Angst das Falsche zu tun, und er kann auch lernen, sich für seine Fehlbarkeit zu lieben. Wenn ein Mensch diesen Schritt getan hat, wird es ihm ein leichtes sein, auch anderen ihre Fehlbarkeit zu verzeihen und ihnen auch das zu vergeben, was sie ihm selbst in ihrer Unbewußtheit angetan haben. Bestraft niemanden für seinen Mangel an Liebe, denn das wird ihn weiter und tiefer in die Lieblosigkeit hineintreiben. Die Beichte, wie sie von einigen eurer christlichen Konfessionen praktiziert wird, wäre in diesem Sinne ein sehr positives Angebot, wenn sie nicht wiederum von euch mit Sühne und Strafe gekoppelt worden wäre. Die Menschen fürchten sich davor, eine aufrichtige Beichte abzulegen und sich dadurch von Angst und Selbsthaß zu befreien, weil sie sich zu Recht der Verachtung der meisten Priester gewahr sein dürfen.

Lernt euch selbst eure Fehlbarkeit zu vergeben, und wenn ihr dazu einen Menschen braucht, dem ihr das, was eurer Meinung nach gegen die Liebe verstoßen hat, beichten könnt, dann sucht euch einen Freund, der wirklich auf eurer Seite steht, und der ein Bewußtsein von Liebe entwickelt hat, das dem euren ein wenig voraus ist. Die Beichte hat nur dann eine gute und heilsame Wirkung, wenn ihr euch im Anschluß an sie leicht und liebend fühlt, wenn ihr wieder bereit seid, von vorn zu beginnen, und wenn sie eure Einsicht in eure Möglichkeiten gestärkt hat.

Solange die Vorstellung, daß Karma abgetragen werden muß, nicht mit der Vorstellung von Strafe und Schuld verbunden ist, hat sie einen Sinn. Aber darüber hinaus möchten wir noch betonen, daß das Böse im karmischen Sinne eine neutrale Funktion hat, und daß es besonders wichtig ist, zu sehen, daß das Böse dazu da ist, abgetragen zu werden. Das Abtragen, das Ausgleichen, das Wiederherstellen eines Gleichgewichts ist ein so wichtiges Ziel, daß das Böse geradezu aus dem Grunde allein schon seine Existenzberechtigung ableitet, damit ein Mensch zu der Erkenntnis kommen kann, daß er sich besser fühlt, wenn er aus Liebe handelt, als aus Angst. Da aber die gesamte Entwicklung der Seele auf die zunehmende Erfahrung von Liebe ausgerichtet ist, wird es unausweichlich sein, daß die vielen Inkarnationen dazu dienen, dieses Gleichgewicht wieder herzustellen. Da muß kein besonderes oder gar ängstliches oder krampfhaftes Bemühen des einzelnen stattfinden. Im Gegenteil: Die Angst, Karma nicht abtragen zu können, führt zu weiterer Ansammlung von Karma. Die Angst, nicht rechtzeitig alles wieder gutmachen zu können, ist unbegründet; auf dieser Ebene gibt es keine zeitlichen Grenzen.

Die Seele ist auf die Kooperation derjenigen angewiesen, die in den karmischen Zusammenhang verstrickt sind, und es ist einem Menschen nicht allein überlassen, wiedergutzumachen oder nicht – er braucht dazu die Einwilligung desjenigen, der mit ihm das karmische Band geflochten hat. Er ist darauf angewiesen, daß der andere ihm verzeihen will, ob dies unbewußt geschieht oder bewußt.

Viele, die sich mit Fragen der Esoterik beschäftigen, möchten glauben und sich davon überzeugen, daß sie sich mit einem Akt des Willens oder einer Veränderung ihrer Energie aus allen karmischen Verpflichtungen befreien können, gewissermaßen herausspringen können aus der Verantwortung, die sie in früheren Leben auf sich genommen haben. Bei diesen Bestrebungen handelt es sich um vorübergehend beruhigende Illusionen; doch sie ändern das, was ist, in keiner Weise. Wir meinen aber, daß es auch nicht von Schaden ist, wenn ein Mensch sich genötigt fühlt, sich diese Illusionen zu machen: Es ändert an dem, was geschieht, kein Jota.

Reinkarnationserfahrungen sind sinnvoll, um einem Menschen für das Potential an Bösem, das in ihm schlummert, die Augen zu öffnen. Die Schlußfolgerung, daß eine Erkenntnis zu einer Spontanheilung führen könnte, ist irrig. Was geheilt wird, ist die Vorstellung von Schuld. Die Vorstellung von Schuld macht krank, und sie macht angst. Angst macht blind, und Blindheit führt zu neuem Bösen. Reinkarnationserfahrungen können, wenn sie positiv gestaltet werden, zu einem erheblichen Abbau von Schuld führen und dadurch auch verhindern, daß neue karmische Verstrickungen notwendig werden, um die Angst und die Schuld, die dem einzelnen unerträglich scheinen, nach außen zu projizieren.

Inneres und höheres Selbst: die sieben Stimmen

Es gibt nicht nur eine innere Instanz oder eine einzige innere Stimme, sondern in jedem von euch einen ganzen Chor. Ihr könnt es euch auch vorstellen wie ein Gremium, das aus vielen einzelnen Beratern besteht. Die Mitglieder dieses Gremiums sagen euch Dinge, die ihr anschließend bewußt überprüfen und überdenken müßt.

Um euch die Stimmen dieses inneren Gremiums klarer und deutlicher zu erläutern, wollen wir ein wenig systematisch vorgehen, indem wir das, was wir zu sagen haben, so aufbauen, daß ihr die einzelnen Instanzen voneinander unterscheiden könnt.

Erstens: Die Stimme der Angst ist diejenige, die ihr am häufigsten und am lautesten hört. Und viele, wenn nicht die meisten unter euch, verwechseln die Stimme der Angst – die Ratschläge, die diese Stimme gibt – mit dem, was andere ihre innere Stimme oder ihre Intuition nennen. Die Stimme der Angst wird euch ununterbrochen suggerieren, was als nächstes zu tun oder zu lassen sei, damit sie sich wohl fühlt und uneingeschränkt entfalten kann. Sie wird euch auch sagen, wo ihr Schutz vor den anderen Stimmen findet. Sie wird euch Vorschläge machen, wie ihr euch verhalten sollt, damit ihr die Kontrolle über eure Lebenssituation behalten könnt. Die Stimme der Angst ist dann am lautesten, wenn ihr glaubt, keine Angst zu haben. Sie schmeichelt und lobt. Sie gibt sich freundschaftlich und schützend, und oft nimmt sie gerade den Ton an, der eigentlich derjenige anderer Instanzen ist. Die Stimme der Angst ist flexibel und anpassungsfähig wie ein Chamäleon.

Das erste also, was ihr lernen müßt, ist, diese Stimme von

den anderen zu unterscheiden. Denn wenn ihr die Stimme der Angst nicht identifizieren könnt, werdet ihr immer wieder auf ihre Schmeicheleien hereinfallen. Die Stimmen der anderen Instanzen sind so viel feiner und leiser, daß sie leicht in den Hintergrund geraten und nur wie ein Summen zu vernehmen sind, wenn ihr nicht die Ohren spitzt und das laute Grundgeräusch der Angst aussteuert.

Zweitens gibt es die Stimme der Intuition. Ihr könnt sie daran erkennen, daß sie sich nicht auf Argumente beruft. Angst hat immer Argumente. Angst rechtfertigt und Angst liefert Gründe. Aber die Stimme der Intuition hat es nicht nötig, Gründe anzuführen für den Rat, den sie euch gibt. Intuition ist ein Ergebnis. Intuition gehört zu euren mentalen Fähigkeiten und ist das Ergebnis von Erfahrung. Intuition kommt nicht von außen. Sie ist ein Teil eurer Grundausstattung. Jeder von euch verfügt über sie in dem Maße, wie er es zuläßt und wünscht. Und Intuition zuzulassen heißt, die Hinweise, die es in euch gibt, nicht rational absichern zu wollen – weder vorher noch nachher. Intuition ist die Stimme, die am unmittelbarsten mit euren Handlungsimpulsen verbunden ist. Wenig Raum gibt es zwischen der Stimme der Intuition und den Konsequenzen, die ihr daraus zieht. Alles Wenn und Aber tötet diese Stimme. Die Stimme der Intuition wird von der Stimme der Angst sehr schnell überschrien, denn Angst will sich absichern. Sie will gute Gründe haben, um zu tun oder zu lassen. Intuition hingegen will unmittelbar wirken und nimmt sich sofort zurück, wenn diese Unmittelbarkeit nicht mehr gewährleistet ist. Wenn ihr sie hören wollt, dann achtet darauf, daß ihr kein Wenn oder Aber hinzuschaltet, das sie zum Schweigen bringt.

Drittens wollen wir von dem sprechen, was ihr als Stimme eurer inneren Wahrheit bezeichnet. Das ist die Stimme eurer gereinigten, entspannten, vorübergehend von Angst befreiten

Psyche. Sie ist aber nicht nur eine Stimme, sondern auch ein Bild. Innere Akustik und innere Vision arbeiten unter diesem Aspekt sehr eng zusammen. Stimme und Vision der inneren Wahrheit können nur wahrgenommen werden in Momenten der Liebe und der Entspannung. Innere Wahrheit ist subjektiv. Sie kann und darf sich nicht mit anderen subjektiven oder gar mit objektiven Wahrheiten vergleichen, denn dieser Vergleich zerstört sie, hindert sie daran, sich zu artikulieren. Wenn ihr die Stimme und die Vision eurer inneren Wahrheit erkennen wollt, müßt ihr euch bemühen, sie zu achten als etwas Unvergleichbares, im besten Sinne Originelles; etwas, das nur aus euch kommt und nur euch als unverkennbare Individualität spiegelt an einer Stelle, wo ihr ganz ihr selbst seid mit all dem, was ihr schon erreicht habt. Und wenn wir von Erreichtem sprechen, so meinen wir nicht nur das in diesem Leben Vollbrachte, sondern auch das, was ihr als Summe eurer Erfahrungen aus all euren vorangegangenen Existenzen mitbringt. Eure innere Wahrheit kann niemals die Wahrheit irgendeines anderen Menschen sein. Wenn ihr also versucht, euch abzusichern, indem ihr euch bemüht, Menschen zu finden, die euch diese innere Wahrheit bestätigen, verfallt ihr einem Schachzug eurer Angst. Dann wird die Achtung, die eurer inneren Wahrheit gebührt, und die nur ihr selbst aufbringen könnt, zunichte gemacht.

Viertens gehört dem Gremium der inneren Stimme jene Instanz an, die zuläßt, daß Kontakt entsteht zwischen euch, die ihr im Körper seid und denen, die euch etwas zu sagen haben, obgleich sie zum selben Zeitpunkt nicht im Körper sind. Dabei handelt es sich zunächst einmal um die Population des zweiten astralen Territoriums, also um jene, die noch nicht mit dem Zyklus ihrer Inkarnationen abgeschlossen haben und auf vielfältige Weise mit euch verwandt und verschwistert sind. Als Verwandte bezeichnen wir diejenigen, die euch in dieser oder jener Existenz nahegestanden haben, weil sie direkt mit euch in Kontakt waren. Als verschwistert bezeichnen wir jene, die zu eurer Seelenfamilie gehören, aber euch nicht in jeder Existenz im Körper begegnen, zum Beispiel, weil sie geographisch weit von euch entfernt leben.

Diese vierte Instanz macht sich bemerkbar als Ratgeber und Helfer. Und während wir die ersten drei Stimmen als inneres Selbst bezeichnen wollen, wäre die Bezeichnung höheres Selbst in mancher Hinsicht hier angemessener, wenn deutlich klargestellt ist, daß dieses höhere Selbst nicht ganz außerhalb von euch liegt und auch nicht so weit entfernt ist, daß ihr es nur unter Mühen erreichen könnt.

Die Stimme eines so definierten höheren Selbst lebt in euch. Ihr könnt sie vernehmen, wenn ihr aufmerksam nach innen lauscht und euch bewußt den Möglichkeiten einer solchen Kommunikation öffnet.

Das zweite Territorium der astralen Welt ist euch jederzeit zugänglich. Es ist in euch präsent. Es kann euch manche Hilfe, manchen Rat geben, auf den ihr vertrauen dürft. Und es ist stärker als die Stimmen der Angst. Denn Angst ist vor allem wirksam, während ihr euch im Wachzustand befindet und euch einbildet, daß ihr die Kontrolle über euer Leben fest in der Hand habt. Wenn ihr euch aber zur Ruhe begebt und in den Schlaf sinkt, wechseln sich Phasen der Angst mit Phasen der Nicht-Angst ab. Und immer dann, wenn euer Schlaf euch Phasen der Nicht-Angst gewährt, könnt ihr die Stimmen der astralen Welt, die euch wohlgesonnen sind und nichts anderes wollen, als euch zu leiten, vernehmen. Wenn ihr also bewußten Zugang zu diesen Stimmen haben wollt, gibt es nur die Möglichkeit, daß ihr euch auf eure Träume so einlaßt, daß ihr die Botschaften, die euch übermittelt werden, mit in das Tagesbewußtsein hinüberretten könnt.

Die Möglichkeiten der Traumlenkung und Traumdeutung,

die in den vergangenen dreißig Jahren bei euch bekanntgeworden sind und die einen Zugang zu Träumen systematisch eröffnet haben, ohne ihn wie zuvor mit dogmatischen Glaubenssätzen zu überfrachten, sind sehr gut geeignet, um die Stimmen der astralen Verwandten und Geschwister zu vernehmen.

Fünftens sprechen zu euch die Stimmen des dritten astralen Territoriums, die Stimmen eurer bereits endgültig vom Körper befreiten Seelengeschwister. Um ihre Stimmen zu vernehmen, bedarf es eines bewußten Aktes der vertrauenden Hinwendung. Die Stimmen von Seelen, die von Angst befreit sind, aber dennoch unvergleichlich eng mit euch verbunden sind, stehen euch ununterbrochen zur Verfügung. Dennoch ist es wünschenswert, daß ihr selbst den Kontakt, der ohnehin besteht, bewußt anerkennt, und daß ihr euch ihnen in einer Weise öffnet, die die Kommunikation von der unbewußten Ebene in die bewußte hebt. Das könnt ihr ganz einfach bewerkstelligen, wenn ihr euch bereitfindet, auf der Basis des Vertrauens in diese Instanzen und in ihre Existenz euch in eine Ruheposition zu begeben, in der euer Geist und euer Bewußtsein wach bleiben, und in der ihr zu einem Thema eine Frage stellt, das euch beschäftigt oder bekümmert, euch berührt oder quält. Dann vertraut einfach darauf, daß euch eine Antwort übermittelt wird, eine Antwort, die hörbar wird nicht mit euren äußeren Ohren, sondern mit euren inneren. Und eine Antwort, die sichtbar wird durch Bilder, durch Assoziationen oder Erinnerungen, so daß eine Struktur entsteht, die der eines geordneten Puzzles vergleichbar ist, das zuvor nur aus einer Schachtel voll unübersichtlicher Einzelteile bestand. Was ihr hinzutun müßt, um eine klar vernehmliche Antwort zu erhalten, ist das Vertrauen, daß diese Antwort existiert, daß sie in euch liegt, und daß ihr Helfer habt, die euch darin unterstützen, das Puzzle zu ordnen. Sie werden euch die Antwort geben. Sie werden sich artikulieren in einer Form und auf eine Art und Weise, die gewährleistet, daß ihr die Antwort auch vernehmen könnt. Wenn von einem persönlichen Buddha die Rede ist, so kann er mit diesen Helfern des dritten astralen Territoriums in Beziehung gesetzt werden. Denn das, was als innerer Buddha bezeichnet wird, ist der von Angst befreite Teil eurer Seelenfamilie. Vergeßt nie, daß ihr Fragmente seid, und als solche Teil eines Ganzen.

Ihr seid wie Bruchstücke eines antiken Gefäßes, die für sich selbst genommen schon interessant und wertvoll sind, die aber eine andere Bedeutung gewinnen und ein neues Ganzes bilden, wenn sie mit allen anderen Bruchstücken dieses Gefäßes wieder zusammengefügt sind. Das Gefäß enthält den Sinn eurer Existenz. Und ihr werdet dann erst beginnen, ihn wirklich zu erkennen, wenn ihr euch aus dem fragmentierten Zustand wieder in den heilen begebt.

Sechstens gibt es nicht nur einen inneren Buddha, sondern auch eine Führung, die sowohl innerhalb als auch außerhalb von euch ist und mit euch kommuniziert. Wenn ihr die Existenz der unterschiedlichen seelischen Welten anerkennt, so wird es euch bildhaft begreiflich sein, wenn wir euch sagen, daß dieser Buddha, der natürlich keine materielle Gestalt besitzt, mit einem Bein auf der kausalen Ebene steht und mit einem Bein in eurer individuellen physisch-psychischen Welt. Und so wie wir euch andeuteten, daß es notwendig ist, den inneren Buddha zu rufen, so ist es noch notwendiger, den jetzt beschriebenen Geistführer zu bitten und zu rufen, euch als innere Stimme deutlich vernehmbare Botschaften zu übermitteln. Denn diese Instanz besteht aus jenen wiedervereinigten Seelengefäßen oder Seelenstrukturen, die mit Aufgaben betraut sind, die implizieren, daß sie mit eingekörperten oder auch teils in der Physis, teils in der astralen Welt befindlichen

Seelenfamilien Kontakt aufnehmen. Diese Stimme gehört dem großen Bereich der Inspiration an. Inspiration kann nur dann empfangen werden, wenn ein Mensch bereit ist, sich bereitstellt für diese Behauchung. Und diese Bereitstellung, diese Öffnung, geschieht nur dann, wenn der Mensch sich vorübergehend von der Furcht befreit, die ausgelöst wird, wenn eine inspirative Stimme Kontrolle über ihn ausübt und sein eigenes Schutz-, Kontroll- und Egosystem außer Kraft setzt. Denn beide können nicht nebeneinander existieren. Hier gibt es nur ein Entweder – Oder. Der Mensch, der sich der Inspiration von der kausalen Ebene öffnen will, muß lernen, sich der Angst der Kontrollosigkeit vorübergehend auszusetzen, ohne sie zu bekämpfen. Das geschieht, indem er sich eine Technik aneignet, die ihm für einige Minuten oder länger gestattet, sein Kontroll- und Schutzsystem beiseitezulegen, um Raum zu schaffen für die Energien der lehrenden und heilenden Inspiration.

Wir sprechen jetzt von den tiefsten und heimlichsten Schichten der Angst, von jenen Schichten, die allen Menschen zunächst als unverzichtbar und unerläßlich erscheinen für ihr Überleben. Doch Kommunikation mit den Stimmen der kausalen Ebene kann nur ins Bewußtsein dringen, wenn diese Bereitschaft, das eigene Überleben vorübergehend einer anderen Instanz anzuvertrauen, geleistet wird.

Wie ihr erkennen könnt, wächst mit der Anzahl der Stimmen, die ihr in euch vernehmen könnt, auch die Notwendigkeit von Vertrauen und Bereitschaft, die Angst als solche zu identifizieren, damit sie die feineren und helleren Stimmen nicht unhörbar macht.

Die siebente Stimme, die ihr vernehmen könnt, wird sich nur selten an euch wenden. Nun ist es nicht mehr euch überlassen, ob ihr sie hören wollt oder nicht. Die siebente Stimme ist die Stimme von vereinten Kräften der kausalen Welt, die sich an euch wenden, wenn sie zu der Erkenntnis gekommen sind, daß sie euch bestimmte schwierige Aufgaben übertragen und euch schulen wollen, diese Aufgaben erfüllen zu können. Diese siebente Stimme zu hören ist eine Gnade und nicht Ergebnis eines Wunsches nach Kommunikation. Selten genug werdet ihr sie vernehmen. Und wenn wir »selten« sagen, meinen wir damit, daß es nicht häufiger als zwei- oder dreimal während eines gesamten Inkarnationszyklus geschehen wird. Diese letzte Stimme wird sich als unabweisbare Berufung manifestieren: eine Berufung, die alle anderen Kräfte und Ängste neutralisiert. Eine Berufung, die keine Grenzen des Ego mehr anerkennt, eine Berufung, die über alle Grenzen der Persönlichkeit und der individuellen Prägung des ängstlichen Festhaltens am Leben und der Verweigerung von Liebe hinausreicht.

Wenn ihr also lernen möchtet, diese Stimmen des inneren Gremiums zu vernehmen, so lernt zunächst, sie voneinander zu unterscheiden. Angst ist ein fleißiger, aber kein guter Ratgeber. Alle anderen Stimmen, die der Intuition, die der persönlichen Wahrheit, die Stimmen des inneren Selbst und die Stimmen des höheren Selbst sind für euch leichter zu vernehmen, als euch bewußt ist.

Das höhere Selbst ist für viele von euch ein Lehrer. Ihr seid in Verbindung mit denen, die euch vom dritten Territorium der astralen Welt aus lehren. Ihr seid aber auch mit Lehrern der kausalen Ebene in Kontakt, wenn ihr euch entschlossen habt, von ihnen lernen zu wollen. Wir haben euch schon angedeutet, daß ihr die Leistung des Vertrauens noch stärker in diese Kontakte einbringen könnt, damit sie zu einer von beiden Parteien getragenen, leichtherzigen Kommunikation werden kann.

Die Neutralisierung der Grundangst geht somit Hand in Hand mit der Fähigkeit, die inneren Stimmen zu hören. Immer dann, wenn die Angst euch glauben macht »Das kann ich nicht. Das geht nicht. Dazu bin ich nicht in der Lage. Dessen bin ich nicht würdig« werden die Stimmen leiser und für euch fast unhörbar werden.

Individuelle Fragen

1. Woran kann ich erkennen, ob mein Schutzengel bei mir ist?

Der »Schutzengel« – oder besser gesagt dein »Schutzwesen« – gehört als Mitglied deiner Seelenfamilie zu dir; er ist Teil deiner selbst, und dennoch hat er eine Identität, die nicht ganz identisch ist mit der deinen. Die anderen Fragmente deiner Seelenfamilie sind Fragmente deines eigenen großen übergeordneten Seins.

Wenn du nun spürst, daß da jemand oder etwas ist, das dich begleitet, eine Präsenz sozusagen, dann ist diese Präsenz nicht ganz außerhalb von dir und auch nicht ganz in dir selbst. Ein Schutzwesen kann bei dir sein wie dein eigener Schatten, aber es ist nicht dunkel in dem Schatten, sondern hell. Wenn dein Schutzwesen sich dir bemerkbar macht, so wirst du es immer spüren als einen größeren, feineren, gereinigten Teil von dir selbst. Wir sagen »bemerkbar machen«, denn der Schutz ist immer vorhanden, ob du es weißt oder nicht. Das Bemerkbarmachen findet auf zweierlei Ebenen statt. Das Schutzwesen macht sich dann bemerkbar, wenn es diese Aufmerksamkeit für besonders wichtig hält, wenn es weiß, daß du empfänglich bist für diese Leistung deines Vertrauens, und es wird sich auch dann bemerkbar machen, wenn es in dir eine Bereitschaft spürt, seine Existenz wahrzunehmen und nicht nur hinzunehmen oder sogar abzulehnen.

Manche Menschen berichten nun, sie hätten Erscheinungen von heiligen oder göttlichen Gestalten. Es handelt sich bei solchen Visionen oft um die Materialisierung von Schutzwesen, wie wir sie bereits beschrieben haben – Schutzwesen, die aus gutem Grund und nach reiflicher Überlegung mit bestimmten Zielen sich in eine Robe, z. B. die der Jungfrau Maria, kleiden, um denen, die an diese Gestalt glauben, eine Orientierung und eine Hoffnung zu geben. Es handelt sich dabei nicht immer nur um solche Schutzwesen, die nur den Mitgliedern ihrer eigenen Seelenfamilie zur Verfügung stehen. Es gibt auch gemeinsame Manifestationen von mehreren Seelenfamilien, die sich zu gewissen Zwecken und Zielen auf dem dritten Territorium der astralen Welt zu einer Gemeinschaft zusammenschließen und miteinander vereinbaren, sich zu einer solchen Erscheinung zu verdichten. Sie erfüllen damit eine wichtige, liebende und sinnvolle Aufgabe, denn Hoffnung ist nicht nur eine Droge oder eine Gefahr, sondern auch eine Möglichkeit für viele Menschen, sich zu entspannen und sich in einen Zustand der Bereitschaft zu versetzen, der vieles möglich macht, was in einem Zustand der ängstlichen Verspannung und Verzweiflung nicht möglich ist, z. B. auch die Heilung von Krankheiten.

Wir sagten bereits, daß die Schutzwesen der Seelenfamilien bzw. die »Schutzengel«, um wahrgenommen zu werden, darauf angewiesen sind, daß der Schützling eine gewisse Vertrauensbereitschaft mitbringt. So geht es auch bei religiösen Erscheinungen nicht nur um Hoffnung, sondern auch um Vertrauen, wenn größere Gruppen von Menschen erreicht werden sollen. Hoffnung und Vertrauen sind es, die Menschen zu Wallfahrtsorten in allen Ländern der Welt führen. Nicht der Ort und nicht die Erscheinung selbst sind es, die eine Wandlung bewirken, sondern die Liebe der Schutzwesen, die einen Menschen geleiten, sowie die Hoffnung und das Vertrauen, die er selbst an diesen Ort trägt.

Dein persönliches Schutzwesen ist ein Teil deiner selbst in dem Sinne, daß alle Fragmente deiner Seelenfamilie untrennbar zu dir gehören. Aber es ist nicht identisch mit dir. Es ist nicht in Materie verhaftet. Es ist gereinigt von den Ängsten, die dich peinigen. Und durch diese Reinigung ist es in der Lage, dich in Situationen der Not so zu leiten, daß du nicht von deinen Ängsten beherrscht entscheiden mußt, sondern in einen Zustand gerätst, der dir die Möglichkeit der Klarsicht einräumt.

Woran kann man erkennen, daß ein Schutzengel präsent ist? Die Möglichkeit des Erkennens liegt ganz in dem Vertrauen und in dem Wissen, das ein menschliches Wesen von seiner Eingebundenheit in ein größeres Ganzes entwickelt. Die Präsenz ist vorhanden. Die Wahrnehmung ist abhängig von dem Einlassen, von der Bereitschaft eines Menschen, die Schutzvorstellung seines Ego aufzugeben, die darin besteht, daß er sich einredet, er müsse alles und jedes auf dieser Welt ganz allein bewältigen. Der Schlüssel zur Wahrnehmung des immer präsenten Schutzwesens liegt also in dem Bewußtsein: »Ich bin nicht allein.« Diese Worte bedeuten, daß auch dann, wenn ein Mensch sich einsam und von allen anderen lebenden Wesen verlassen fühlt, er dennoch nicht allein ist. Denn ein solches Alleinsein ist zwar auf einer rein physischen Ebene möglich, aber nicht auf der Ebene der seelischen Verbundenheit. Und es kommt nur darauf an, daß eine innere Erkenntnis des Verbundenseins und der Vernetztheit mit all denen besteht, die auf der Horizontalen und auf der Vertikalen nicht nur Anteil nehmen, sondern in der Tat teilhaben an der Existenz jedes Individuums, so wie ein Mensch sich niemals von der Tatsache losmachen kann, daß er eine Mutter, einen Vater, Vorfahren, Geschwister und Nachkommen besitzt, auch wenn er sich von ihnen lossagt und sich auf der physischen Ebene von ihnen abtrennt, so daß er sie nicht sieht. Sie sind dennoch vorhanden als biologische Realität. Und so wie es auf der physischen Ebene eine biologische Realität gibt, gibt es auf seelischer Ebene eine Realität der astralen Eingebundenheit, die niemals außer Kraft gesetzt werden kann. Es geht also weniger darum, zu erkennen, daß jemand da ist, sondern vielmehr darum, tatsächlich zu erfahren, daß niemand so allein ist, wie er in seinem individuellen Stolz gern glauben möchte, weil ihm das einen Schmerz bereitet, den er für unerläßlich hält.

Ein Individuum ist eigentlich ein »Dividuum«, weil es ein Geteiltes, das Fragment eines Ganzen darstellt. Aber es ist auch ein Individuum in dem beschriebenen Sinne, denn es ist unteilbar mit dem Ganzen verbunden.

2. *Es häufen sich besorgte Berichte über Schüler, die spiritistische Sitzungen veranstalten. Was geschieht dort? Sind sie in irgendeiner Weise gefährlich?*

Diese Sitzungen sind deshalb gefährlich, weil sie von jungen Menschen gestaltet werden, die weder eine Vorstellung von ihren Ängsten haben noch einen Zugang zu ihnen besitzen, und auch deshalb gefährlich, weil diese Experimente auf keinerlei Vorkenntnissen oder Wissen beruhen und keinem von den Teilnehmern so recht klar sein kann, was zu tun ist, was bewirkt wird und was überhaupt geschieht.

Höchst selten wird sich ein Wesen der astralen Welt, das überhaupt verbal etwas zu vermitteln hat, einer Gruppe angespannter und kichernder Teenager vermitteln wollen. Denn diese Empfänger sind weder in der Lage noch bereit, mit den übermittelten Botschaften etwas anzufangen. Wenn also überhaupt authentische Kontakte zustande kommen, dann zumeist mit der Population des ersten Territoriums, die wir als von Angst gepeinigte, verwirrte Geistwesen beschrieben haben, denn die Angst der Jugendlichen zieht die Angst derer an, die sich auf der Astralebene befinden. Aber in den meisten Fällen passiert nichts anderes, als daß diese Schüler mit ihren eigenen unausgesprochenen und völlig unbewußten Ängsten in Kontakt kommen. Die psychische Ausgangsposition derer, die die stärksten Fähigkeiten zur Sichtbarmachung des nicht Sichtbaren besitzen, prägt eine solche Seance, und wenn dann die Stimmen der eigenen Angst zu medial übermittelten Botschaften oder »Wahrheiten« deklariert werden, kann das unangenehme und bisweilen höchst unwillkommene Folgen haben. Menschen, die die Reife der mittleren Zwanziger Jahre noch nicht erreicht haben, sind leichter als ältere zu beeindrucken und zu beeinflussen. Latente Befürchtungen werden manifest, und ein kleines Mißverständnis, das sich den Anstrich von Authentizität oder Wahrheit gibt, kann bewirken, daß sich ein noch nicht gefestigter, sich seiner eigenen Identität noch unsicherer junger Mensch in seiner Angst bestätigt fühlt, die ihm befiehlt, etwas zu tun, was ihm nicht zum Wohle gereicht.

Um überhaupt mediale Kontakte zur Astralwelt von einiger Reichweite und vor allem von echtem Gewinn herzustellen, muß ein Mensch eine gefestigte Persönlichkeitsstruktur aufweisen, die dennoch nicht so verhärtet ist, daß er nicht mehr empfänglich und offen ist für das, was außerhalb von ihm existiert. Diese Sicherheit besitzen junge Menschen in den meisten Fällen noch nicht, und deshalb wäre es besser, wenn sie es unterlassen würden, solche Kontakte herstellen zu wollen, die ohnehin nichts anderes bewirken als ein vages Gefühl von Bedrohung und bestenfalls eine Hochspannung, die die Sensationslust der Teilnehmer widerspiegelt.

Die Grundlage für authentische Kontakte wird durch eine Reduzierung von Angst geschaffen, und die Reduktion kann am besten herbeigeführt werden durch irgendeine Form der Selbsterforschung, sei es in der Betrachtung der eigenen Persönlichkeitsstruktur oder mit Formen von Meditation, die eine innere Stille bewirken.

Wenn also ein Mensch bereit ist, sich der Disziplinierung von Meditation oder Selbsterforschung zu unterziehen und sie regelmäßig anzuwenden, dann wird er sein Ego so weit reinigen können, daß die Kanäle, die zur Übermittlung von Botschaften verwendet werden, den astralen Wesen zur Verfügung stehen. Wenn eine Gruppe sich für solche Versuche zusammenfindet, ist ebenfalls eine Vorbereitung in dem beschriebenen Sinne erforderlich. Und gleichzeitig wird durch gemeinsame Meditation eine gewisse Harmonisierung der Gehirnwellen hergestellt, die diese Kontakte erleichtert.

3. *Was kann ich tun, um von den Kräften, die mich quälen und belästigen und mich besonders nachts bedrängen, freizukommen? Gehen diese Kräfte von meinem verstorbenen Mann aus? Ich habe auch manchmal tröstende, beratende Botschaften erhalten. Dabei bin ich mir aber nicht sicher, ob sie wirklich immer von meinem höheren Selbst kamen.*

Du bist erschöpft, und du bist verängstigt. Das trägt dazu bei, daß du zugänglich bist für transpersonale Kräfte, die dir Hilfe spenden können, aber auch für solche Kräfte, die deine Schwäche ausnutzen.

Zuallererst möchten wir dir helfen, deine Erschöpfung und deine Angst zu mindern, denn nur wenn du deine eigene Energie nach oben transformierst, deine Schwingung erhöhst und in diesem Sinne deine Durchlässigkeit verminderst, kannst du verhindern, daß du besetzt wirst von Wesen, die selbst eine niedrige Energie und Schwingung besitzen, und gleichzeitig wirst du erleben, daß, sowie es dir wieder bessergeht, jene Stimmen, die dir zuträglich, hilfreich und wohltuend sind, wieder klarer und stärker zu hören sein werden. Dir geht es so wie vielen Menschen, die eine mediale Kraft in sich spüren. Viele gehen auf dem Weg, den du jetzt beschreitest, und viele verirren sich dort, weil ihnen anfangs nicht bewußt ist, daß die Welt des Geistes, die sie betreten, von vielen verschiedenen Wesen bevölkert ist, die keineswegs immer nur freundlich und hilfreich sind. Deine Öffnung hat dich zunächst einmal in Berührung gebracht mit kraftvollen Stimmen innerhalb deiner eigenen Persönlichkeit. Sodann wurdest du offen für verschiedene Wesen, die sich in der astralen Welt bewegen, unter anderem auch für jene, die Zugang zu dir suchten aus Gründen, die nicht die deinen sind. Und nun irrst du unter all diesen verschiedenen Kräften umher. Und noch einmal sagen wir dir: Dein Fall ist keineswegs hoffnungslos, wenn du deine Angst und deine Erschöpfung bewältigst. Und beginne mit der Erschöpfung.

Wir sagen dir, daß du zweierlei brauchst: Zum einen eine hohe tägliche Dosis von Lecithin, um deine zerrütteten Nerven wieder zu schützen. Deine Nerven sind es, die dir so große Probleme bereiten. Deine Übermittlungstätigkeit und Fähigkeit im angenehmen wie im unangenehmen Sinne geschieht über die Nervenbahnen, und wenn diese Nervenbahnen nicht isoliert sind, können sie nicht das von dir fernhalten, was du nicht haben willst. Also nimm täglich eine starke Dosis Lecithin, ohne zu übertreiben, das Doppelte oder Dreifache der empfohlenen Tagesmenge, es kann dir nicht schaden. Und zugleich beruhige dich und schütze dich durch Johanniskrautöl, das dir nach spätestens 14 Tagen sehr guttun wird, um deine Verängstigung zu mildern. Du wirst sehen, daß du im Laufe von etwa drei Wochen in einen Zustand kommst, der sich anders anfühlt als heute.

Du fragst: Was mache ich falsch? Und wir sagen dir, so

können wir deine Frage nicht beantworten, denn du machst nichts falsch. Ein Mensch, der sich im Wald verirrt, macht nichts falsch, er hat lediglich seinen Weg verloren. Aber er muß sich deswegen keine Vorwürfe machen. Der Verirrte im Wald, der sich selbst beschuldigt, sich Vorwürfe macht, der nur noch verwirrter ist und einem Zusammenbruch nahe, verliert seine klare Denkfähigkeit und die Ruhe, die der Instinkt braucht, um den rechten Weg zu finden. Und auch weißt du sehr wohl aus deiner langen Erfahrung, daß wenn du nach einer bestimmten Straße suchst und 10 verschiedene Leute nach dem Weg fragst, du mindestens 5 verschiedene Antworten bekommst und immer noch nicht weißt, was die richtige Auskunft ist. Deshalb besinne dich auf deine eigenen Kräfte. Du und du allein bist durchaus in der Lage, aus dieser Krise wieder herauszukommen. Du brauchst nur geringfügige Hilfe. Eine Hilfe, die dir gegeben wird, wird vor allem dann ihren Sinn finden, wenn sie deine Nerven beruhigt, deine Chakren harmonisiert, sie so weit schließt, daß du bei dir bleiben kannst, und dir vor allem die Ganzheit, das Selbstvertrauen wieder schenkt, das du verloren hast, als du anfingst, dich zu verirren. Wir sagen dir noch einmal, du bist in guter und großer Gesellschaft, denn fast alle, die sich den Kräften des Unberechenbaren öffnen, machen die Erfahrung, daß sie an Wesen und Einflüsse geraten, die sie nicht haben wollen. Und das einzige, das wirklich hilft, ist, ruhig Blut zu bewahren. Alle Adepten, die sich Initiationsriten unterzogen, alle Zauberschüler, alle Sucher auf dem Weg mußten erkennen, daß sie ihren Weg nur dann finden können, wenn sie sich gestatteten, sich zu verirren. Denn jeder dieser Wege ist einzig und einmalig. Und es gibt keine Wegweiser. Deshalb verlasse dich nicht auf die Wegweiser, denn sie können falsch beschriftet und oder so verdreht sein, daß du immer tiefer in den Irrgarten gerätst. Versuche, zu dir zurückzukommen.

Wir können dir noch einen Rat geben: Bevor du abends schlafen gehst, dusche dich noch einmal mit lauwarmem Wasser ab und sage dir dabei ganz klar und fest und mit lauter Stimme: »Ich wasche jetzt alles ab, was nicht zu mir gehört.« Und anschließend trockne dich ab und streiche so, als wolltest du all deine Poren verschließen, vom Scheitel deines Kopfes bis zu den Füßen an dir herab. Fahre leicht mit den Handflächen über deine Haut, ganz besonders über deine Brust, deinen Bauch und dein Geschlecht, über die Beine, über die Arme und über dein Gesicht. Dann wirst du erleben, daß du geschützter bist gegen die nächtlichen Einflüsse, und sprich immer laut dazu: »Ich bleibe bei mir, ich bin mit mir allein, niemand ist bei mir, ich bin verschlossen gegen alle Kräfte, die ich nicht gerufen habe.« Das sagen wir dir deshalb, weil es besser ist, daß du dich in positiver Weise schützt, als daß du gegen die Kräfte des Unsichtbaren kämpfst. Besser ist also, nicht zu rufen: »Laßt mich in Frieden, geht fort von mir«, sondern zu sagen: »Ihr könnt mir nichts anhaben, ich bin bei mir. Außer mir ist niemand bei mir.« Auch das wird dir helfen, zu deiner Mitte wieder zurückzufinden, und am wichtigsten ist es für dich zu wissen, daß diese Phase eine wichtige und fast unverzichtbare Übergangsstation ist auf dem Weg zu einer wahren und wunderbaren Empfänglichkeit.

Dein verstorbener Mann ist nicht der Urheber dieser Phänomene, aber die Schwingungen deines Mannes werden von denen benutzt, die Zugang zu dir suchen, und deshalb bedienen sie sich auch männlicher Formen des Eindringens, sie suchen Eingang dort, wo du, da du ein weibliches Wesen bist, zugänglich warst und bleiben wirst. Verwechsle nicht das, was die Seele deines Mannes tut und braucht, mit dem, was diejenigen, die ihn benutzen, mit dir anstellen. Deshalb sei ihm nicht gram. Er ist nicht verantwortlich. Doch seine eigenen Ängste, die ihn nicht ganz verlassen haben, dort wo er jetzt weilt, werden zum Träger von Kräften, die du in dich hineingelassen hast, weil du einen Weg suchtest, um offen zu werden. Verschließe dich vorübergehend, um anschließend um so stärker dich dem zu öffnen, was du empfangen kannst. Aber: »Nicht alles auf einmal« sei deine Devise.

Das, was viele Menschen das höhere Selbst nennen, ist nicht stets in seiner Reinform präsent, sondern wird überlagert von einer Reihe anderer Stimmen und auch von den Projektionen der Angst. Grundsätzlich ist es möglich, mit diesem höheren Selbst in Verbindung zu treten, doch wird auch dort jeder, der es versucht, lernen müssen, zu unterscheiden zwischen den Stimmen, die Kraft geben und wirklich Kraft geben, und jenen, die aus der Angst kommen und nur besänftigen wollen, nur fälschlich trösten und hoffen lassen, um sich dahinter besser zu verbergen.

Die besetzenden, lästigen Kräfte stammen alle aus dem zweiten Territorium, also von jenen Wesen, die sich im Rad der Inkarnationen drehen und jetzt keinen Körper besitzen, bald jedoch wieder einen Körper haben werden. Es sind jedoch noch unreife, schwach entwickelte Seelen, die sich auf den Schwingen der Angst zu jenen begeben, die sich für die Übermittlung aus der astralen Welt öffnen. Sie sind Säuglings- und Kinderseelen, denn schon eine junge Seele ist nicht mehr darauf angewiesen, sich anderer Menschen im Körper zu bedienen. Ihr Selbstvertrauen ist noch so gering, daß sie meinen, nicht auf eigenen Füßen stehen zu können, nicht aus eigener Kraft das tun zu können, was sie meinen, tun zu müssen. Es sind die Drängenden, die Ehrgeizigen unter ihnen, die sozusagen vorpreschen und schon ausprobieren wollen, wie es sein kann, wenn sie einmal soweit sind, daß sie sich den feineren Schwingungsformen nähern können. Wir vergleichen diese unreifen, altklugen Seelen mit jenen Menschen, die ganz naiv und unwissend sind und dennoch über Magie und Zauberei Zugang suchen zu den Kräften des Unbewußten, des Überbewußten und des Transpersonalen, ohne damit umgehen zu können. Es sind diejenigen, die durch nächtliche Kasteiungen, durch Nahrungs- und Schlafentzug und durch allerlei Rituale und Praktiken versuchen, ihre Energie gewaltsam zu steigern, um dorthin zu kommen und dort einzudringen, wohin sie noch nicht gehören.

Der Teil des höheren Selbst hingegen, der auf dem 3. Territorium angesiedelt ist, hat Möglichkeiten, Botschaften zu übermitteln, die die Angst nehmen, statt Angst zu erregen, und wird dich niemals in einen solchen Zustand versetzen, in dem du dich jetzt befindest.

Für dich wurden einige sehr gute und präzise Botschaften abgefragt, aber sie sind nicht alle wirklich rein und es ist dir jetzt wie in Zukunft, ob du selbst ermittelst oder ermitteln läßt, eine Aufgabe und allein überlassen, in jedem Augenblick deine Kritikfähigkeit walten zu lassen. Das ist die vornehmste Aufgabe einer jeglichen medialen Tätigkeit, ganz gleich mit welcher Methode und mit welchen Zielen sie veranstaltet wird. Ihr seid Menschen und als solche niemals frei von Angst. Und wenn ihr der Angst nicht zugesteht, daß sie sich jederzeit in mancherlei Masken und Verkleidungen bemerkbar machen kann, dann seid ihr wie ein König, der so naiv ist zu glauben, daß es an seinem Hof weder Spione noch Verräter gibt, weil doch alle sich vor ihm freundlich und ehrerbietig verneigen und so tun, als seien sie ihm stets zu Willen. Sei du nicht ein solcher König. Sei du ein Herrscher, der in Betracht zieht, daß Verrat und Angst überall vorhanden sind – auch bei dir, auch in deinem Inneren, auch in den Stimmen, die sich als höheres Selbst präsentieren. Lerne du zu unterscheiden. Du kannst unterscheiden, du hast die Fähigkeit und die Möglichkeit und die Aufgabe.

4. *Stimmt es, daß die Verstorbenen oft noch viele Jahre in der Nähe des Grabes bleiben?*

Selten geschieht es, daß ein Mensch, der seine körperliche Hülle verlassen hat – und das aus gutem Grund – aus eigenem Entschluß sich länger als etwa ein Jahr nach irdischer Zeitrechnung dort aufhält, wo er gelebt hat, das bedeutet: in den Räumen, die ihm lieb waren, bei den Menschen, die ihm lieb waren. Und fast nie wird er sich länger als einige Wochen dort aufhalten, wo seine verlassene Hülle gebettet ist.

Nur diejenigen, die eines plötzlichen, heftigen und unerwarteten Todes sterben, können über Wochen hinweg nicht begreifen, daß sie schon tot sind. Das sind diejenigen, die sich schwer entfernen können, und die in der Nähe ihrer sterblichen Hüllen weilen, weil sie hoffen, daß sie sie noch einmal zum Leben erwecken können. Aber wir sagen dir, selbst unter diesen ist es sehr selten.

Grabpflege dient den Überlebenden, nicht den Verstorbenen. Grabpflege dient den Überlebenden dazu, die Verstorbenen im Gedächtnis zu behalten und ihre eigenen Ängste, ihre Erinnerungen zu pflegen, sich mit ihren Schuldgefühlen auseinanderzusetzen, und diese Schuldgefühle sind weit verbreitet. Grabpflege dient der Seele nicht, sie dient dem Körper. Der Verstorbene hält sich nicht auf dem Friedhof auf. Was sich dort aufhält, ist die leibliche Hülle. Mehr nicht, und nicht weniger.

Wir haben jetzt gehört, wie lange die Seelen Verstorbener sich noch in der Nähe bekannter Orte aufhalten. Nun liest und hört man aber häufiger, daß Menschen übereinstimmend die Gegenwart eines längst Verstorbenen auch Jahrhunderte später noch an einem bestimmten Ort wahrnehmen. Was hat es damit auf sich?

Bei diesen Gespenstern handelt es sich nicht um Erscheinungen von verstorbenen Menschen. Vielmehr handelt es sich darum, daß das Aussehen und die Gewandung eines Verstorbenen auch noch nach Jahrhunderten – und auch dies ist sehr selten –, von den Wesen befahren wird, die sich auf dem bereits beschriebenen ersten Territorium der astralen Welt bewegen und selber noch keine eigenen Körper haben und in vielen Fällen auch niemals eigene Körper besitzen werden.

Sie fahren in körperlose Umrisse ein, in Gestalten von Menschen, die eines gewaltsamen Todes gestorben sind. Sie sind aber nicht diese Verstorbenen selbst. Sie spielen mit den Ängsten der Menschen, die sich noch in ihren Körpern befinden. Sie machen sich oft nur einen makabren Spaß, denn andere Körper stehen ihnen selten zur Verfügung, allerhöchstens die Körper von Menschen, die man als Besessene bezeichnet, und die auf einer so niederen, angstvollen Energieebene schwingen, daß sie sich von körperlosen Quälgeistern oder unguten Wesen befahren lassen. Auch dies ist viel seltener, als die Menschen in ihrer Angst glauben möchten.

Die Seelen der vor Jahrhunderten Verstorbenen sind seit langem wieder mehrmals in neuen Körpern inkarniert. Doch die Angst, die sie bei gewaltsamen Todesarten erlitten haben, steht oft noch im Raum, und vor allem wird sie reaktiviert durch diejenigen, die von diesen gewaltsamen Toden vernommen haben, und die nun ihre eigene Angst schüren und in dieser angstvollen Erwartung eine Schwingung bereithalten, die von diesen Kobolden, Gespenstern und Quälgeistern willkommen geheißen und benutzt wird. Ein Mensch, der keine Angst vor einem gewaltsamen Tod hat, wird niemals ein Gespenst sehen. Ein Mensch aber, der sich viel mit dieser Angst beschäftigt, transformiert seine Energie auf einen so niedrigen Pegel und auf eine so dumpfe Schwingung, daß er sich unbewußt bereithält für eine solche Angstvision.

Wir sagen also nicht: So etwas gibt es nicht. Wir sagen wohl: So etwas gibt es nur für eine ganz begrenzte Anzahl von Menschen. So wie »heilige« Orte die Schwingung all jener bewahren, die dort ihre eigene Heiligkeit erlebt haben und das über Jahrhunderte und Jahrtausende hinweg, so bewahrt auch die Schwingung von Angst und Entsetzen, von Qual und Peinigung und von Grausamkeit, ihre eigene Kraft in Räumen und Mauern, die sie erlebt haben.

Energie vergeht nicht, weder die niederen noch die hohen Schwingungen vergehen. Aber hohe Schwingung übertönt niedere Schwingung. Sie ist stärker, sie durchdringt alles, und deshalb können Menschen, die sich voll Vertrauen einer höheren Schwingung anheimgeben, unbeschadet durch angstbesetzte Räume gehen, und was mehr ist, sie können angstbesetzte Räume reinigen von den niederen Schwingungen der Angst. Das liegt der Vorstellung zugrunde, daß man einen beschmutzten Raum durch Weihwasser, Räucherstäbchen oder andere Rituale wirklich befreien kann. Daß ein Mensch sich durch Waschungen reinigen kann, liegt nicht am Wasser, sondern an der Schwingung, die ihn erfüllt, wenn er sich reinigen will und die Kraft der Liebe anstelle der Kräfte der Angst setzen möchte.

5. *Wenn man sich in einem früheren Leben psychisch an einem Mitmenschen vergangen hat, wie kann man dann das Karma auflösen? Muß man dann selber genau Gleiches erleben, und in welchem Ausmaß? Was ist wichtiger, die Erkenntnis der Zusammenhänge, oder daß man zu einer liebenden Vereinigung findet?*

Liebe ist keine feste Größe. Liebe ist ein flexibles Phänomen. Und Liebe definiert sich durch den Augenblick. Was also in dem Moment zu tun ist, wenn sich Gelegenheit bietet, etwas wiedergutzumachen, kann nicht zuvor geplant oder entschieden werden. Viele Faktoren wirken zusammen. Eure Liebesfähigkeit wird euch sagen, was richtig ist.

Die Neutralisierung einer karmischen Bindung geht selten ganz plötzlich oder auf einmal vonstatten. Je dichter die Verstrickung ursprünglich war, um so länger braucht sie zu ihrer Entwirrung. Und häufig sind viele Leben und viele Begegnungen vonnöten.

Wenn ihr nun einem Menschen begegnet, zu dem ihr euch auf eine besondere Art und Weise hingezogen fühlt, sei es in Abneigung oder in Zuneigung, dann ist es wahrscheinlich, daß euch ein Band aus der Vergangenheit umhüllt. Wenn wir von einer *besonderen* Anziehungskraft sprechen, so meinen wir damit eine Erregung der Seele, die sich von der vertrauten Anziehungskraft der Körper unterscheidet. Und wenn ihr dann diese Anziehungskraft überprüft, indem ihr eure Augen in die Augen eures Freundes oder Feindes hineinsenkt, dann werdet ihr wissen, ob dort ein, wenn auch noch so flüchtiger Blitz des Wiedererkennens auftaucht, oder ob alles stumm bleibt.

Nichts ist so deutlich und aussagekräftig, wenn es um die Frage nach einer karmischen Beziehung geht, wie ein einmaliger erster Blickkontakt, der vieles verschweigt und dennoch alles sagt. Nun seid ihr mit dem, der euch wiederbegegnet ist, in eine neue Verbindung eingetreten, und nun könnt ihr wählen, ob ihr diese alte Beziehung in ihrer neuen Gestalt bejahen wollt oder nicht. Das ist eure Freiheit, und darin zeigt sich eure Verantwortlichkeit. Wenn ihr beschließt, diesen Menschen, der euch auf angenehme oder unangenehme Weise nahekommen könnte, zu meiden und zu fliehen, so ist damit nichts verloren, aber auch nichts gewonnen. Ihr werdet dann eine weitere Begegnung auf später verschieben. Wenn ihr euch aber auf die Begegnung einlaßt, gleichgültig welche Emotionen sie in euch aufrührt und welche Ängste sie in euch auslöst, dann bestehen viele Möglichkeiten, in der Entflechtung der alten Verstrickungen einen großen Schritt weiterzukommen.

Du fragst: Wie kann ich das bewerkstelligen, wie ist das möglich, was muß praktisch geschehen? Nicht das Bedürfnis, alte Verletzungen zudecken zu wollen mit süßlicher Freundlichkeit und klebriger Liebe, sondern die Konfrontation mit der bewegenden Nähe, die durch ein Wiederaufleben einer alten Bekanntschaft entsteht – das ist die Leistung, die ihr erbringen könnt. Konfrontation bedeutet authentische Reaktion. Es bedeutet, daß ihr aufgefordert seid, euch zu zeigen in eurer aktuellen Wahrheit, ganz gleichgültig, ob sie eurem Gegenüber gefällt oder nicht. Die Angst, nicht zu gefallen, die Angst vor Ablehnung wird euch am häufigsten daran hindern, die Gelegenheit wahrzunehmen, ein karmisches Band zu entflechten. Nur das eine wird helfen: die Maske abzulegen und die Angst beiseite zu schieben, die euch von Nähe trennt. Wahrhaftigkeit und Echtheit, Verletzlichkeit und Hilflosigkeit angesichts der Macht einer solchen Verstrikkung machen euch weich, machen euch zugänglich für eine neue Nähe, die alte Wunden heilt.

6. *Kann karmische Strafe zum Beispiel so aussehen, daß eine Seele auf einen früheren Entwicklungsstand zurückfällt oder sich gar in der Gestalt eines Tieres wiederfindet?*

Karma ist nicht Vergeltung. Und Karma ist nicht Strafe. Wer immer Karma als Strafe empfindet, projiziert auf eine neutrale Gesetzmäßigkeit nichts anderes als seine Angst und sein begrenztes Verständnis der Zusammenhänge. Karma bedeutet:

Verantwortung übernehmen, Verantwortung anerkennen und Lieblosigkeit in Liebe verwandeln. Karma bedeutet, aus Fehlern zu lernen.

Karma bedeutet Ausgleich. Karma bedeutet Wiedergutmachung. Und Wiedergutmachung kann nicht durch Strafe, vor allem auch nicht durch Selbstbestrafung erreicht werden. Karma erfüllt sich immer am anderen. Und niemals wird es sinnvoll sein, zum Beispiel eine Krebskrankheit zu verstehen als Sühne für eine früher eingegangene karmische Verbindung.

Ein Mensch wird sich von Verstrickungen nicht befreien können, indem er sich selbst schädigt, peinigt oder kasteit. Eure Angst will euch das glauben machen, denn eure Angst ist im allerhöchsten Maße eine Angst vor Nähe. Wenn ihr euch selbst peinigt, entflieht ihr der Nähe eines anderen. Wenn ihr einen anderen peinigt, seid ihr ihm näher, als wenn ihr euch selbst kasteit.

Krankheit ist in diesem Sinne vielfach Flucht vor Nähe, Flucht in die Angst vor Nähe. Lieber zerstört ihr euch selbst und eure Körper, als eine andere Seele wirklich in eure Nähe zu lassen. Und lieber entwickelt ihr Fantasien von Selbstbestrafung, die zum Beispiel darauf hinauslaufen können, daß ihr euch vorstellt, karmische Strafen könnten darin bestehen, daß ihr auf dem Weg der Entfaltung eurer Seele weit zurückgeworfen werdet, wie in dem Gesellschaftsspiel »Mensch ärgere dich nicht«. Doch niemand von euch muß wegen einer karmischen Verstrickung ganz von vorn wieder anfangen. Ganz im Gegenteil: Wir sagten euch, daß Karma zu euch gehört wie das Leben. Und Karma bedeutet bewußte Entwicklung, bewußtes Einlassen auf diejenigen, die euch ohnehin nahestehen.

Ein Mensch kann nicht auf die Stufe eines Tieres zurückfallen, weder in der biologischen Evolution noch in der seelischen. Tiere besitzen, wie wir an anderer Stelle gesagt haben, eine vollkommen andere Seelenstruktur als der Mensch. Sie sind nicht unbeseelt, sie sind anders beseelt.

Und wenn eine Seele den ersten Schritt in den Körper eines Menschen gemacht hat, gibt es kein Zurück. Es gibt nur ein unaufhaltsames Fortschreiten, und auch die Verbindungen auf karmischer Ebene tragen zu diesem Fortschreiten bei. In der Regel sieht Verstrickung so aus, daß Haß sich auf Haß türmt und zu einem so hohen Gebäude wird, daß dieses Gebäude bei der geringsten Erschütterung zum Einstürzen gebracht werden kann. Doch häufig stürzt das Gebäude des Hasses nicht vollständig in sich zusammen. Es bleiben Ruinen stehen, die nach und nach in mühsamer Arbeit abgetragen werden müssen, bevor das Gebäude der Liebe errichtet werden kann.

Ihr habt euch verletzt und verlassen, verhöhnt und verurteilt. Ihr habt oft keine Gelegenheit ausgelassen, um euch an eurer seelischen Entfaltung, an Freude und Lebenslust zu hindern. Doch seit langem schon ist die Zeit gekommen, wo ihr einsaht, daß ein jeder von euch sich auch selbst behindert durch diese Qual, die er dem anderen zufügt. Und in diesem Moment kommt ihr zur Besinnung. Ihr seid eures verbitterten Kampfes müde, eures Kampfes, in dem einer den anderen besiegen wollte mit der Gewalt seines Hasses. Und weil ihr nun müde seid und jetzt nach einem schmerzlich verstrickten Leben zur Besinnung kommt, könnt ihr euch darauf einigen und einlassen, ein wenig mehr Liebe walten zu lassen und euch nicht mehr in derselben zerstörerischen Art zu begegnen.

Es ist nun vonnöten, daß ihr die Ruinen des Hasses mit ebensoviel Geduld forträumt, wie ihr den großen Turm errichtet hattet. Und deshalb wird es auch notwendig sein, daß ihr euch ebenso lange dafür Zeit nehmt.

Viele von euch sind in der Erkenntnis, daß euch Haß keinen Gewinn bringt, schon recht fortgeschritten. Aber was euch noch fehlt, ist die Bereitschaft, die Masken der Freundlichkeit abzunehmen und euch in der Authentizität eurer Verletzbarkeit zu begegnen. Ihr müßt nichts forcieren, ihr müßt euch zu nichts zwingen. Die Bewußtwerdung der Notwendigkeit wird euch helfen, den Mut zu finden. Und wenn es nicht jetzt geschieht, wird es zu einem späteren Zeitpunkt vollzogen werden.

Nichts ist der Auflösung von Karma hinderlicher als die Angst, es nicht auflösen zu können, als die Angst, Fehler zu machen, als die Angst, sich erneut am anderen versündigen zu müssen. Seid gelassen und unterwerft euch den Gesetzmäßigkeiten der Nähe und Liebe. So wie ihr nicht zur Vereinigung vordringen könnt, wenn ihr euch nicht zuerst der Fragmentierung stellt, so könnt ihr auch nicht zur Liebe vordringen, wenn ihr den Haß nicht kennt. Wehrt nicht die Möglichkeiten der Einsicht von euch ab aus Angst, im Negativen gefangen zu bleiben.

7. *Wir haben eine amerikanische Veröffentlichung vorliegen, die von der Quelle »Maria« stammt und medial vermittelt wurde. Inhaltlich ist viel von zukünftigen Naturkatastrophen auf diesem Planeten die Rede, und eine Schwingung von Angst ist unverkennbar. Worum handelt es sich hier?*

Es handelt sich um ein entkörpertes Wesen der astralen Welt mit Namen »Maria«. Das bedeutet, es handelt sich um eine ehemalige Person, die in ihrer letzten Inkarnation den Namen Maria trug und einer irischen Auswandererfamilie entsprang, die in Nordamerika heimisch wurde.

Diese Maria war außerordentlich fromm und bekämpfte ihre Ängste mit unablässigen Gebeten, die sie jedoch von diesen Ängsten nur unvollkommen befreiten und sie bisweilen in Wahnvorstellungen führten, die sie glauben machten, sie sei eine Wiederverkörperung der Mutter des Menschen Jesus, eine Gestalt, die ihr in ihrer Reinheit zum Vorbild wurde, und auf die sie alle ihre nichterfüllten Lebenswünsche richtete. Sie machte sich ein Bild von der sogenannten »Gottesmutter«, das ihren Vorstellungen entsprach, und obgleich sie niemandem von ihren Visionen berichtete, ging sie doch mehr und mehr in ihnen auf und verbrachte bis zu 18 Stunden am Tag auf ihren Knien, bittend und flehend, die Gottesmutter möge sie zu sich nehmen und sie ebenso rein halten und rein empfangen, wie sie selbst gewesen sei.

Sie konnte über ihre Visionen nicht sprechen, da Frömmigkeit in ihrer Familie zwar akzeptiert und gefördert wurde, jedoch die Vorstellung von einer Wiederverkörperung als »Teufelswerk« abgelehnt worden wäre. Die Frömmigkeit, die sie an den Tag und in die Nacht legte, sprach sich herum. Viele kamen und betrachteten sie, wie sie in Entrückung und Ekstase, auch in völliger Erschöpfung und Übermüdung auf ihrem Betstuhl kniete, sich von nichts mehr stören ließ und keinerlei Kontakt mehr aufnehmen konnte zu lebenden Menschen. Ihr einziger Kontakt war der Gegenstand ihres Gebets, ihre persönliche Vorstellung von der Muttergottes.

Als sie an Auszehrung und Entkräftung gestorben war, brauchte sie sehr lange, um mit der bitteren Enttäuschung, die sie erwartete, fertigzuwerden. Sie hatte sich über so viele Jahre in fixe Vorstellungen hineingesteigert, daß es den Helfern auf der astralen Ebene unendlich schwer wurde, sie von diesen Fixierungen fortzuführen.

Und bislang ist das auch nur unvollkommen gelungen. Sie

beharrt immer wieder darauf, identisch zu sein mit einer anderen Seele, der Seele derjenigen Frau, die Jesus geboren hat. Diese hat auch selbst sich von der kausalen Ebene her bemüht, Einfluß zu nehmen, jedoch beschlossen, es einer weiteren Inkarnation zu überlassen, daß diese Maria sich wieder an den Gedanken gewöhnt, ein Mensch zu sein, der anderen Gesetzmäßigkeiten unterworfen ist als ein längst schon endgültig exkarniertes Wesen, das sich nicht mehr auf der Astralebene befindet.

In diesem Sinne sind auch ihre Prophezeiungen zu verstehen. Das Medium ist vollkommen aufrichtig und gibt exakt das wieder, was es empfängt. Die Quelle hingegen ist unrein, und entsprechend unrein sind auch die Botschaften. Damit sagen wir nicht, daß sie falsch sind oder absurd. Wir sagen damit lediglich, daß sie von Angst und von einem sogar noch auf der Astralebene weiterbestehenden Geltungsbedürfnis gefärbt sind. Warnbotschaften zu senden ist für diese Seele auf der Astralebene eine Notlösung, um ihre Ängste zu artikulieren. Sie fühlt sich selbst dort noch nicht frei davon, obgleich immer wieder versucht wird, sie zu trösten und ihr die falsche Identität zu nehmen.

Die Naturkatastrophen, die den Planeten erschüttern werden, sind keineswegs, so wie die Menschen es sich schuldbewußt zuschreiben, lediglich auf falsches Verhalten und mangelnde Spiritualität zurückzuführen, sondern sie gehorchen einer viel globaleren Umformung, deren Instrumente unter anderem auch die Menschen sind. Diese Veränderungen also werden stattfinden, aber die Angst der übermittelnden Persönlichkeit färbt sie in einer Weise ein, daß neue Angst geschürt wird und keineswegs wirkliche Hilfe geboten wird. Das Astralwesen Maria, das diese Botschaften übermittelt, glaubt, die Welt könne durch unablässiges Beten gerettet werden, ebenso wie sie selbst davon überzeugt war, sich retten zu können durch ihr eigenes Gebet während ihrer letzten Inkarnation.

Ihr seht in diesem Zusammenhang, wohin eine solche mißverstandene Form von Angstbewältigung führen kann, und daß sich das Ergebnis in einer noch immer angstgepeinigten und umgetriebenen Seele manifestiert, die keine Ruhe findet, weil sie so viele Verwechslungen zwischen der materiellen und der geistigen Welt vorgenommen hat.

Besteht eine Verantwortung des jeweiligen Mediums, eine solche Botschaft der Angst weiterzugeben, wenn die Botschaften richtig übermittelt worden sind?

Ein Medium ist nur und ausschließlich ein Medium. Es hat weder die Pflicht noch die Aufgabe, die übermittelten Botschaften zu zensieren. Es hat jedoch die Freiheit, Übermittlungen zu verweigern. Diese Freiheit besteht grundsätzlich und ist nicht sündhaft.

Jede Energie, die sich zu manifestieren versucht, ist darauf angewiesen, eine passende mediale Empfangsqualität zu finden. Wenn also ein Medium in seinem Alltagsleben von bestimmten Ängsten gequält wird – sei es bewußt oder unbewußt –, wird sich eine solche astrale Kraft in ihm leichter und gültiger manifestieren können als in einem anderen Medium.

Die Botschaften, die auf diese Weise übermittelt werden, können jedoch weniger Schaden anrichten, als es den Anschein hat. Denn sie sagen nichts, was nicht ohnehin geschehen oder unterbleiben wird. Es kommt darauf an, die Spreu vom Weizen zu sondern. Das Leben und die Existenz richten sich nicht nach Prophezeiungen.

Selbst Jesus war eingebunden in die Ängste und Nöte seiner Epoche, und auch er konnte nicht immer zwischen seiner

Gewißheit im Dienst der Menschheit und seiner Menschlichkeit unterscheiden, die Angst nicht ausschloß. Und so prophezeite er, weil er die Schrift der Propheten erfüllen wollte, mit ihnen das Ende der Welt. Doch der Plan war anders. Das Ende der Welt hätte seine Mission negiert und vernichtet. Wenn selbst Jesus nicht beurteilen konnte, was zutreffend an der Vorausschau war und was nicht, ist es dem Medium dieser vorübergehend entkörperten Seele, die sich Maria nennt, nicht zuzumuten, eigene Entscheidungen in dieser Hinsicht zu treffen.

8. *Wo ist mein verstorbener Vater jetzt, und wie geht es ihm?*

Dein Vater ist jetzt nicht mehr dein Vater. Er ist eine Seele, die sich daran erinnern kann, dein Vater gewesen zu sein. Er ist mit dir durch die Bande eines liebenden Gedächtnisses verbunden. Aber seine Identität als dein Vater oder als Träger eines Namens, als Mensch mit einer bestimmten Charakterstruktur und einem deutlich definierten Körper, hat er bereits wenige Tage nach seinem Ableben hinter sich gelassen.

Er hat alles, was ihn an seinen Körper gebunden hat, abgestreift, wie man am Abend die Kleider des Tages abstreift, und bevor man sich zu Bett legt noch ein reinigendes, entspannendes Bad nimmt, um dann um so besser zu schlafen. Wir werden ihn aber, weil wir zu dir sprechen und nicht nur über ihn, und weil du als noch im Körper befindlicher Mensch dich als Tochter definierst, als deinen Vater ansprechen. Und was wir gesagt haben, dient zunächst vor allem dazu, daß du dem Menschen gegenüber, den du als deinen Vater gekannt hast und noch als deinen Vater betrachtest, eine gewisse Distanz gewinnst, denn er ist jetzt nicht mehr Mensch, sondern Seele.

Und als Seele ist er mehr als nur dein Vater. Als Seele ist er Vater gewesen von vielen Kindern, Mann von vielen Frauen und Frau von vielen Männern.

Die Erinnerung an seine letzte Existenz, die du als Empfänger seines Blutes mit ihm geteilt hast, als Träger seines Erbgutes, ist in seinem seelischen Gedächtnis noch frisch, aber auch diese Erinnerung wird innerhalb der kommenden zwei Jahre nach deiner Zeitrechnung weitgehend verblaßt sein. Zurück bleibt nur eine Energie. Zurück bleibt nur die Liebe, die ihn mit dir, ebenso wie mit vielen anderen, die er in früheren Leben gekannt hat, die er geliebt hat, und die ihm Liebe geschenkt haben, verbindet.

Du fragst: Wo ist er jetzt und wie geht es ihm? Wir sagen dir, er ist nicht an einem Ort, und er ist in einem Raum, der allerdings mit menschlichen Kategorien nicht als örtlich zu beschreiben ist. Das heißt, er ist weder über dir, noch unter dir, noch neben dir. Und dennoch befindet er sich mit dem nichtkörperlichen Körper, den er jetzt bewohnt, in einem Raum, in einer weiten, für deine Begriffe unbegrenzten Sphäre, und er ist nicht allein. Weder leidet er die Qualen der Hölle, noch reinigt er sich in einem Bereich, der in irgendeiner Weise dem gleicht, was die Christen als Fegefeuer bezeichnen. Vielmehr bewohnt er einen Bereich, der von uns zum Zwecke der Kommunikation mit euch als Ruheraum beschrieben werden kann. Ein Ruheraum, der einem großen, sehr stillen Saale gleicht, in dem viele Lager gerichtet sind. Doch bestehen diese Lager nicht aus materiellen Ruhestätten, weil die Körper, die auf ihnen ruhen, nicht mehr aus Materie sind. In diesen Sälen, in diesen großen, stillen Räumen, erholen sich und ruhen all jene, die eines schweren und schmerzhaften Todes gestorben sind, denn bevor sie empfangen werden und an die Orte und in die Räume geleitet werden, die ihnen gemäß sind, müssen sie zunächst einmal die Erinnerung an die Ängste und die

Schmerzen von sich lassen, die durch erschreckende, peinigende Formen des Todes in ihren Energiekörpern sitzen. Wenn du magst, kannst du dir diesen Saal der Ruhe vorstellen wie einen kilometergroßen Schlafsaal, in dem bequeme Lager errichtet sind, in dem jeder liebevoll betreut wird. Die noch Kranken werden gepflegt, aber auf andere Art und Weise, als ein Mensch pflegen würde. Vergleichbar ist nur die liebende Berührung, die ihnen zuteil wird. Von lichten Helfern, die dort auf und ab wandeln, werden sie beobachtet, und sowie eine größere Unruhe in ihnen entsteht, die auf vergangene Ängste zurückzuführen ist, eilen die Helfer herbei und legen zu zweit oder zu dritt die nicht körperlichen Hände auf die nichtkörperliche Stirn und an die nichtkörperlichen Füße, oft auch auf Herz und Leib, um beruhigende Ströme fließen zu lassen, um zu trösten und zu heilen, und ein solcher Vorgang dauert oft recht lange, obgleich die Vorstellungen von Zeit ebenso verändert sind wie die Vorstellungen von Körpern, wenn auch nicht aufgelöst.

Dein Vater also besitzt jetzt einen Energiekörper, der zeitweilig noch von Krämpfen und Verspannungen geschüttelt ist. Aber die Verspannungen lassen nach, und es wird nach deiner Zeitrechnung nur noch etwa fünf Wochen dauern, bis er aus dem stillen Schlaf erfrischt und erholt aufwacht und nun an die Tore des Ruhesaals geführt wird, wo er empfangen wird von Wesen, die er erkennt, und die dennoch nicht den Verwandten gleichen, die er dort erwartet hat. Er trifft also weder seine Mutter aus der Inkarnation, die er seit kurzem hinter sich gelassen hat, obgleich er sich das gewünscht hat, noch trifft er seinen Vater, sondern diejenigen, die die Aufgabe übernommen haben, ihn zu empfangen und zu geleiten. Es sind Seelen, die schon viel länger als Mutter und Vater in dieser astralen Welt weilen, die sich mit Freuden verpflichtet haben, Inkarnationen, die sie noch vor sich haben, eine Weile hinauszuschieben, um der Aufgabe nachzukommen, mit der verfeinerten und gereinigten Energie, die sie durch einen nach deiner Rechnung jahrhundertelangen Aufenthalt auf der astralen Ebene erworben haben, diejenigen zu entwirren, die sich mit der Verwirrung des letzten Lebens nun erst in der astralen Welt zurechtfinden müssen. Diese Wesen, sagten wir, erkennt dein Vater, denn er kennt sie. Er kennt sie jedoch nicht aus dem letzten Leben, sondern aus einigen davorliegenden, und er ist zunächst mit aller Wahrscheinlichkeit recht überrascht, wenn er sie erblickt, denn er wähnte sie längst vergessen, und um so mehr erfreut er sich an der Liebe, die ihm entgegengebracht wird von Seelen, an die er sich selbst nicht mehr erinnerte. Stell es dir so vor, als würdest du in deinem jetzigen Alltag eine Freundin aus deiner ersten Volksschulklasse wiedersehen und sie käme dir mit einer offenen, warmherzigen und echten Liebe entgegen. Du könntest dir diese Liebe gar nicht erklären, aber du würdest sie spüren und jedes Mißtrauen gegenüber dieser Liebe verlieren, weil sie so offensichtlich ist und doch keinen Grund hat als den einen, daß ihr euch früher einmal kurze Zeit nahe gewesen seid, einige Male Hand in Hand gegangen seid und ein paar schöne Stunden miteinander verlebt habt.

Dieselbe Herzensüberraschung wird dein Vater also in Kürze erleben.

Die kausale Welt

Die Vereinigung der Seelenfamilie

Wenn auch das letzte Fragment einer Seelenfamilie den Zyklus seiner Inkarnationen abgeschlossen hat und sich mit denen, die auf dem dritten astralen Territorium gewartet haben, zu einem unfragmentierten Ganzen wieder zusammenschließt, hat die nun entstandene Ganzheit oder Entität ihre Aufgaben auf der astralen Ebene erfüllt.

Sie verabschiedet sich von der Interaktion mit der physischen Ebene, so wie sie vom fragmentierten Seelenwesen erlebt und empfunden wird und verändert durch die Vereinigung ihre energetische Schwingung.

Diese energetische Veränderung bewirkt nun, daß die vereinte Entität nicht mehr in der astralen Welt bleiben kann, sondern sich in eine weitere Welt begeben muß, die ihrer nun neuen Schwingung und Spannung, die im eigentlichen Sinn eine Entspannung ist, entspricht. Aus vielen Einzelwesen ist nun eine Wesenheit entstanden.

Diese neue Welt, diese erhöhte Schwingungsfrequenz, wird als kausale Ebene bezeichnet. Hier trifft die vereinte Entität, die nicht mehr fragmentierte Seelenfamilie – die nach eurer Zählweise aus über 1000 ehemaligen Fragmenten besteht, sich nun aber nicht mehr als eine Gruppe von Individuen versteht, sondern als eine große Ganzheit mit einer Identität, die sich aus den vielen einzeln erworbenen individuellen Identitäten zusammensetzt – hier trifft also diese einstige Seelenfamilie auf eine überaus große Anzahl vergleichbarer Entitäten, also auf all die, die ebenfalls schon alle Inkarnationen auf dem Planeten Erde oder auch auf anderen Planeten abgeschlossen haben.

Bei diesen Entitäten handelt es sich um Strukturen liebender Intelligenzen, die sich noch voneinander unterscheiden, aber nicht im Sinne einer vom Ich geprägten Persönlichkeit, sondern vielmehr im Sinne einer unterscheidbaren Identität, die sich in leicht unterschiedlichen Schwingungen kundtut. Da die Seelenfamilien bereits auf der physischen und der astralen Ebene, was den Anteil der verschiedenen Essenzen betrifft, sehr unterschiedlich zusammengesetzt waren, macht sich diese unterschiedliche Zusammensetzung auch jetzt noch bemerkbar. Die verschiedenen Frequenzen, die auf den Schwingungen der einzelnen Essenzen beruhen, führen die vereinten Entitäten zu verschiedenen Aufgaben, die sie im Sinne einer Spezialisierung wahrnehmen.

So wird eine kausale Entität, die sich vorwiegend aus Krieger- und Gelehrtenessenzen zusammensetzt, andere Funktionen haben als eine, die aus Priestern und Weisen besteht. Bis zu drei von den sieben Seelenessenzen gehören einer Entität an.

Die Entitäten untereinander kennen, wie bereits auf der Ebene der Seelenfamilie, gewisse Verwandtschaften und Verbindungen, die sie wiederum mit anderen nicht haben, so daß sich von den vielen auf der kausalen Ebene befindlichen Entitäten eine gewisse Anzahl jeweils zu einer neuen Großfamilie oder Seelenvölkerschaft zusammenfügen kann.

Zunächst aber geht es darum, daß das Lernen und die Entwicklung auch jenseits der astralen Welt keineswegs aufhört. Der Weg zur endlichen Verschmelzung mit dem Tao wird weiter beschritten, nur sind die Schritte andere geworden. Wachstum durch Lernen und Wachstum durch Erfüllen von

Aufgaben ist auf der kausalen Ebene ebenso nötig und wichtig wie auf der physischen.

Aber die Ziele von Wachstum sind anders, und auch die Art und Weise, wie Einsichten durch Lernen gewonnen werden, unterscheidet sich erheblich von dem, was auf dem Planeten Erde möglich ist. In der kausalen Welt gibt es das, was ihr als Angst kennt, nicht mehr. Und weil es keine Angst gibt, gibt es auch kein Leiden, keine Dualität und keinen Schmerz, der bei euch, wie ihr wißt, meistens aus dem Getrenntsein oder Getrenntwerden entsteht. Es gibt kein Leben und kein Sterben, kein Kranksein und kein Gesundsein. Es gibt nur Existenz in Liebe und aus dieser Liebe heraus eine Anteilnahme an den Konflikten und den Wachstumsschmerzen all jener, die noch in der Dualität gefangen sind.

Fragmentierung führt notwendigerweise zu der Erkenntnis, daß einer sich vom anderen unterscheidet. Wenn Fragmentierung aufgehoben ist, überwiegt das Gefühl von Verbundenheit. Und da kein Körper mit seinen streng definierten Grenzen mehr die Kontakte behindert, wird auch die Unterschiedlichkeit zu anderen seelischen Entitäten nicht als Andersartigkeit im Sinne einer Fremdheit empfunden. Ihr könnt euch vorstellen, daß die nunmehr vereinigte Seelenfamilie, die aus über tausend ehemaligen Fragmenten besteht, von denen jedes siebzig Leben und mehr auf der Erde in einem Körper verbracht hat, bereits über ein enormes Informationspotential und einen riesigen Erfahrungsschatz verfügt. Diese Erfahrung allein genügt schon, um alles zu verstehen und um alle Zusammenhänge von der Warte der weisen Einsicht in die Wechselspiele von Ursache und Wirkung betrachten zu können. Darüber hinaus aber kommunizieren alle Entitäten miteinander, wenn sie es wünschen, ohne auf Kommunikationsinstrumente angewiesen zu sein. So durchlässig sind die Grenzen zwischen einer Entität und der anderen, daß eine geringfügige Änderung der Frequenz genügt, um sie zusammenzuschalten. Und Zusammenschaltung bedeutet dann identisches Wollen. Zusammenschaltung bringt jedoch auch mit sich, daß alle Erfahrungen und alles bereits erreichte Wachstum unmittelbar miteinander vernetzt sind und dadurch nutzbar und abrufbar werden.

Wenn also von einer kausalen Welt die Rede ist, so bedeutet das vor allem, daß durch die Aufhebung von Dualität auch die Gesetze von Ursache und Wirkung aufgehoben sind. Das war auf der Astralebene noch nicht der Fall. Aber es bedeutet auch, daß die nun entstandenen Entitäten diese Gesetzmäßigkeiten ohne Schwierigkeiten erkennen können, weil sie nicht mehr in sie verstrickt sind. Und wenn ein Mensch mit der kausalen Welt in Kontakt tritt, sie befragt, dann wird er in erster Linie diese Fähigkeit, Zusammenhänge zu klären, in Anspruch nehmen.

Die kausalen Lehrer

Kommen wir zurück auf die Aufgaben, das Anliegen derer, die sich in der kausalen Welt bewegen. Sie können sich nur dann weiterentwickeln und dem Tao zuwachsen, wenn sie ihre Liebesfähigkeit weiterhin als eine tätige oder aktive Liebe einsetzen. Diese aktive Liebe kommt denen, die noch in das Prinzip der Dualität und die Gesetze der Polarität eingebunden sind, zugute. Sie muß und soll ihnen zugute kommen. Denn die kollektiven Wesenheiten der kausalen Welt entwikkeln sich im Unterschied zu den Wesen der astralen Welt dadurch weiter, daß sie denen, die im physischen Körper leben, helfen, es sich mit den ohnehin schwierigen Inkarnationszyklen nicht allzu schwerzumachen. Sie sind aufgerufen, ihre entkörperten Kontaktmöglichkeiten einzusetzen, um Menschen, die ratlos, verwirrt und hilflos sind, zu belehren, zu geleiten, zu unterrichten von Möglichkeiten der Einsicht, der Veränderung, der verringerbaren Qual. Denn diese Wesenheiten wissen – weil sie es erfahren haben –, daß durch Liebe, Entspannung und Erkenntnis vieles von dem, was der Mensch als unabdingbares Leiden mißversteht, aufgelöst werden kann, und daß die Seele sich froher und leichter entwickelt, wenn sie den nächsten Wachstumsschritt bewußt ins Auge fassen kann und auch ein wenig ihre ängstliche Verkrampfung löst. Angst ist, wie ihr euch vorstellen könnt, eine wichtige und notwendige Erfahrung der physischen Welt, doch ist allzugroße und unnötige Ängstlichkeit dem Wachstum in der physischen Welt wiederum äußerst unzuträglich. Die Wesenheiten der kausalen Welt, die weder Namen noch Persönlichkeit haben, finden ihre Erfüllung darin, die überflüssige Angst der Inkarnierten zu lindern und ihnen zu Erkenntnissen zu verhelfen, die ihr Wachstum unterstützen.

Nun haben wir bereits erwähnt, daß diese verschiedenen Entitäten oder Wesenheiten sich durchaus voneinander unterscheiden, und daß diese verschiedenen vereinigten Seelenfamilien auch unterschiedliche Ziele verfolgen und voneinander unterscheidbare Aufgaben haben. Deshalb übermitteln sie sich den Menschen auch auf sehr unterschiedliche Art und Weise. Eine Entität, wie wir es sind, bestehend aus Gelehrten und Weisen, wird sich immer telepathisch übermitteln und sich an die Bewußtheit der menschlichen Partner wenden.

Andere Entitäten, die vorwiegend aus aktiven Essenzen bestehen, wie z. B. Krieger und Könige oder Krieger und Künstler, werden sich den ihr schwingungsmäßig entsprechenden großen Gruppen von Menschen über die Bewegung oder die künstlerische Ausdrucksfähigkeit mitteilen. Eine Wesenheit, die sich aus Priesteressenzen und Gelehrten zusammensetzt, wird sich vorwiegend über ruhige, besinnliche, religiös eingebundene Inspirationen übermitteln und wird dort ihre Lehraufgaben wahrnehmen.

Es ist für euch Menschen wichtig zu wissen, daß ihr zwar nicht, so wie mit der astralen Ebene, mit der kausalen Welt in ununterbrochener Verbindung steht, daß ihr aber die Verbindung zur kausalen Ebene herstellen könnt. Und vielfach wird die Verbindung auch von den Wesenheiten selbst in Anspruch genommen, denn so wie ihr von den Lehrern der kausalen Welt profitieren könnt, so sind auch diese Lehrer auf ihre Schüler angewiesen. Grundsätzlich handelt es sich aber nicht um dieselbe Art von Beziehung wie mit der astralen Ebene, also nicht um einen regen Austausch von Schutz, Hilfe und Informationen, sondern um ein klar definiertes Lehrer-Schüler-Verhältnis. Obgleich wir – das möchten wir betonen – nicht besser sind als ihr, wissen wir doch eindeutig mehr und stehen dadurch in einer Hierarchie der Information zu euch. Wenn ihr bereit seid, euch dieser Tatsache zu öffnen, und sodann beschließt, unser von den Grenzen der Dualität und der Raum-Zeit-Struktur befreites, liebendes Wissen in Anspruch zu nehmen, können wir euch erreichen, und ihr könnt eine Verbindung zu uns herstellen, so wie ein Schüler einen bestimmten Lehrer aufsucht oder sich entschließt, eine bestimmte Schule zu besuchen, um dann dort der Instruktionen zu harren, die ihm gegeben werden können.

Wir möchten noch ein symbolisches Bild vor euch ausbreiten: Wenn ihr, die ihr in Europa lebt, die Reifeprüfung gemacht habt, liegt eine große Palette von beruflichen Bildungsmöglichkeiten vor euch. Die einen sind akademisch, die anderen nicht. Und so, wie ihr z. B. unter den akademischen Studienfächern eine große Auswahl habt, die verschiedenen Fakultäten und innerhalb der Fakultäten die vielen großen und kleinen Fächer, die Kombinationsmöglichkeiten unter diesen

Fächern und dann auch noch in den einzelnen Fächern verschiedene Lehrer, genauso könnt ihr auch – je nach eurer eigenen Begabung und nach eurem eigenen Interesse – unter den vielfältigen Lernmöglichkeiten der kausalen Welt wählen. Und ihr dürft darauf vertrauen, daß dann, wenn ihr euch einmal zu einem Studium der verfeinerten Zusammenhänge entschlossen habt, ihr auch die Lehrer finden werdet, die euch die meisten Informationen geben können und eure Lernbedingungen optimal gestalten. Das liegt daran, daß nicht nur ihr eure Lehrer sucht, sondern die Lehrer der kausalen Ebene auch euch suchen. Denn sie sind darauf angewiesen, daß eure Schwingungen und ihre eigenen sich auf bestimmten Übermittlungskanälen entsprechen. Und dieses Suchen der Lehrer der kausalen Welt nach euch als Schülern unterscheidet unseren Lern- und Lehrprozeß dann doch noch recht deutlich von der akademischen Welt, die ihr kennt.

Ihr werdet euch wohl fragen, woher wir denn unsere Informationen beziehen, und wie wir dazu kommen, so viel zu wissen, daß wir als Lehrer dieses Wissen an euch weitergeben können. Wir verfügen über zweierlei: Zum einen über ein Gedächtnis, das von den Beschränkungen des Körpers und den Beschränkungen der Angst befreit ist. Zum anderen liegt das, was ihr die Akasha-Chronik nennt, offen vor uns ausgebreitet.

Die Akasha-Chronik, um einen Begriff zu benutzen, der euch aus der östlichen Tradition ein wenig vertraut ist, enthält die Aufzeichnung aller Erfahrungen, aller Handlungen und aller Erkenntnisse, die Seelen im eingekörperten oder entkörperten Zustand gemacht haben. Und da wir uns nun auf einer von Raum und Zeit befreiten Ebene befinden, eben in der kausalen Welt, haben wir auch die Möglichkeit, diese Summe der Erfahrungen und des gesammelten Wissens zu benutzen und zur Klärung, zur Erläuterung, einzusetzen. Denn eure

Fragen sind in der Mehrzahl der Fälle Fragen nach dem »Warum«. Unser entgrenztes Gedächtnis sowie der umfassende Zugang zu den Informationen, die sich aus der Gesamtheit aller Erfahrungen, aller Ereignisse und alles Gedachten ergeben, sind also die Grundlage unserer Kommunikation mit euch. Und wir nutzen diese Informationen, um eure Verwirrung zu lindern und euch, so gut es geht, zu Einsichten zu verhelfen, die eure Angst besänftigen können.

Wir haben an anderer Stelle betont, daß auch wir nicht allwissend sind. Obgleich wir so viel mehr wissen als ihr, bedeutet das nicht, daß wir alles wissen. Die Summe der Erfahrungen, von der wir gesprochen haben, impliziert nicht die Erfahrungen, die wir machen werden, wenn wir uns weiterentwickeln. Und sie impliziert auch nicht die Ereignisse, das Wissen und die Zusammenhänge, die auf Ebenen in Welten gemacht werden, die jenseits unserer Frequenz existieren und zu denen wir noch keinen Zugang haben.

Wenn ihr also Fragen an uns stellt, die mit dem Wort »warum« beginnen, sind wir sehr leicht in der Lage, euch Antworten zu geben. Wir werden euch aus dem Schatz unserer Informationen alles zur Verfügung stellen, was notwendig ist, damit ihr euch selbst und diejenigen, die um euch herum sind, besser versteht.

Verstehen, Verständnis und Einsicht sind die Voraussetzungen für Liebe. Aber Liebe ist mehr als die Summe dieser drei Haltungen. Und das ist unser Anliegen: euch zu sagen, daß selbst alles Wissen der Akasha-Chronik euch nicht glücklich und zufrieden machen kann, wenn nicht unsere Liebe imstande ist, eure Liebe zu aktivieren. Deshalb müssen wir Wege suchen, euch die gewünschten Informationen in einer Weise zukommen zu lassen, die euch wirklich hilft, in Liebe zu erkennen, und die nicht dazu beiträgt, euer Ego zu stärken. Diese Kunst zu üben, euch das, was ihr wissen wollt und wissen sollt, so zu sagen, daß ihr es nicht nur begreifen, sondern auch wirklich annehmen könnt – das ist unsere Aufgabe. Das lernen wir und wollen wir lernen.

Die Quelle beschreibt sich selbst

Wir sind eine Kollektiv-Wesenheit, eine Gruppe von 1164 Seelen und befinden uns in der kausalen Welt. Unsere Entität besteht aus Seelenfragmenten, die nicht mehr als Individuen zu bezeichnen sind.

Wir sind zusammengeschmolzen, haben aber die Erinnerung an unser Getrenntsein in der Physis nicht verloren. Unser Zustand ist ein Zustand des Vereintseins, der wiederum der Vereinigung des Tao noch nicht gleichkommt. In dem, was wir mit dem Begriff Tao beschreiben wollten, wenn wir es wirklich könnten, sind die grenzenlos vielen Entitäten oder Gruppen, wie wir es sind, wiederum zu einer Einheit verbunden, die uns unermeßlich vorkommt. Um so mehr muß es für euch schwierig sein, eine solche Einheit ins Auge zu fassen.

Es ist nicht leicht, euch den Verschmelzungsprozeß und sein Ergebnis begreifbar zu machen, da ihr euch aus der Getrenntheit versteht und euch nicht vorstellen könnt, daß das Gefühl von Identität erhalten bleiben kann, wenn Individualität aufgelöst ist. Wir bleiben zusammen und waren immer zusammen und werden es immer sein von Anfang bis Ende, wobei das Wort »Ende« nicht rein zeitlich zu verstehen ist. Wir kamen aus einem Größeren und gingen in ein Kleineres und nähern uns wieder dem Größeren. Um auf jeder Stufe unserer Weiterentwicklung mit anderen Einheiten der kosmischen Ordnung besser kommunizieren zu können, löst sich die Membran zwischen uns mit zunehmender Erkenntnis auf. Dorthin geht unsere Reise, ohne daß wir selbst beschreiben könnten, wie das Ziel aussieht.

Wir kennen Grenzen. Die Gruppen von Seelen, die sich nach einer langen Trennung wieder zusammengefunden haben, gleichen Wolken, die aus vielen kleinen Tropfen zusammengesetzt und nicht eng definiert sind. Dennoch haben sie eine Grenze. Wir spüren die Grenzen unserer Entität als energetische Unterschiedlichkeit zu anderen Einheiten, die sich auf unserer Ebene bewegen. Es gibt aber auch eine innige Verwandtschaft zwischen uns und ihnen wie zwischen einer Schar von Geschwistern. Die Anzahl von über Tausend ist keine feste Größe. Sie wechselt von Einheit zu Einheit und ist das Ergebnis eines Zusammenschlusses, der genetisch zu beschreiben ist, aber von innen gesehen uns nicht mehr als Unterschiedlichkeit spürbar wird.

Im Augenblick der Vereinigung schwindet die innere Begrenzung des Nukleus, so als ob in einem Zellklumpen nur die äußeren Wände erhalten blieben und alle Membranen sich auflösten. Wir empfinden nur Einheit, die alle ehemalige Individualität aufhebt, ohne die Erinnerung daran zu löschen. Quantifizierung ist ein Hilfsmittel, um euch zu beschreiben und – wenn auch unzureichend – zu erklären, woher wir kommen. Wir selbst haben nicht das Bedürfnis, uns zu zählen oder uns zu unterscheiden. Wir spüren Grenzen und Unterschiedlichkeit, ohne sie als störend zu empfinden. Unterschiedlichkeit bedeutet nicht Trennung. Dieses Empfinden von Ungetrenntsein ist euch nicht zu vermitteln, da es der physischen Dimension nicht eignet, sie zu erfahren. Alles Leben im Körper impliziert Getrenntsein. Das ist eben die Aufgabe der inkarnierten Lebensform: Trennung zu begreifen, bevor Trennung aufgehoben wird.

Wir sind Lehrende und Kommunizierende, also Gelehrte

und Weise. Das sind unsere Seelenrollen. Man konnte unsere Rollen unterscheiden, solange wir uns im Zyklus menschlich-physischer Verwirklichung befanden. Jetzt gibt es kein Unterteilen mehr. Wir sind nicht mehr fragmentiert wie ihr. Unsere Essenzen sind zu Funktionen verschmolzen, aber im Bereich der Erfahrung noch dieselben wie seinerzeit im Körper. Trotzdem sind wir an unsere Rollen ebenso gebunden wie ihr, weil auch wir uns noch in einem Prozeß der Fortentwicklung befinden. Das Lehren und Kommunizieren bleibt unsere essentielle Funktion. Deshalb ist es für uns so wichtig, unser Wissen weiterzugeben, und wir brauchen euch für die Erfüllung unserer Aufgaben.

Wir teilen uns gern mit. Die Weisen unter uns lieben noch immer das Wort und die Gelehrten unter uns, genauer gesagt die weise Energie und die gelehrte Energie in uns, erfreuen sich daran, kohärente, intelligente, anspruchsvolle, systematische Erkenntnisse zu vermitteln, die jene ansprechen, die auf dieser mental-emotionalen Ebene erreichbar sind. Wir lehren und kommunizieren, und in dieser Funktion unterscheiden wir uns nur unerheblich von anderen großen Gruppenseelen, von Entitäten also, die dieselben Inhalte verkünden, ohne sie auf dieselbe Art zu vermitteln. Sprachgebrauch, Semantik und Systematik mögen leicht verschieden sein. Es gibt Seelenfamilien, die sich über Bewegung, über Meditation oder Musik mitteilen, wir hingegen vermitteln uns verbal.

Die lehrende Rolle hat den Vorteil, daß sie alle anderen essentiellen Seelenrollen mit größerer Leichtigkeit und Geschmeidigkeit erreichen kann, da sich das Lehrende als neutrales Prinzip versteht und daraus ein Verständnis für andere Essenzen hervorbringt, das in einer Polarität nicht so ohne weiteres zu bewerkstelligen wäre.

Andere Gruppen sind aus anderen Essenzen, d. h. Seelenrollen zusammengesetzt. Sie übermitteln ihr Wissen und ihre Liebe ihrer Struktur gemäß und wenden sich wiederum mit ihrer Lehre in erster Linie an die, die vergleichbare Strukturen aufweisen, weil die Kommunikation zwischen identischen Rollen einfacher ist.

Zur Klärung noch eines: Wir legen Wert darauf, euch wissen zu lassen, daß auch wir nicht allwissend sind. Wir haben Zugang zu Wissen, das deutlich weniger Grenzen kennt als das eure, denn wir haben uns bereits entfernt von Raum- und Zeitstrukturen und den Beschränkungen physischer Wahrnehmung. Doch wir verfügen nicht über alles Wissen, und es ist für uns von Bedeutung, euch daran zu erinnern, daß auch wir Lernende sind, wie es jeder Lehrende zu sein hat.

Unbewußtes und Überbewußtsein

Wenn ihr zwischen unseren Botschaften und Mitteilungen aus eurem eigenen »Unbewußten« unterscheiden wollt, möchten wir euch folgende Hilfen geben.

Wir geben, was gebraucht wird, nicht mehr und nicht weniger. Wir geben, um zu geben, ohne Forderungen und ohne Erwartungen. Das, was ihr das Unbewußte nennt, möchte auf sehr subtiler Ebene immer ein Geschäft machen. Es möchte von dem, was es preisgibt, einen Nutzen ziehen. Eine andere Unterscheidung kennen wir nicht.

Erkennen könnt ihr unsere Präsenz an der Schwingung von Wahrhaftigkeit und liebender Vorurteilslosigkeit, mit der wir die Frage eines Menschen beantworten, ohne daß er sich klein fühlt, berichtigt oder abgekanzelt, obwohl wir stets bemüht sind zu berichtigen, da wir sehen, wie viele der Probleme, die Menschen sich machen, auf unrichtigen Annahmen basieren, auf vorgefaßten Meinungen, wie die Dinge sind und sein sollten, auf kulturell verfügten Verstehensbedingungen, auf persönlichen Erfahrungen, die einem neurotisch verzerrten Verständnis beigeordnet sind. Erkennen könnt ihr unsere Präsenz auch an der momentanen Ergriffenheit des Fragers, der spürt, daß er in einer Dimension wahrgenommen wird, die er beim Stellen seiner Frage nicht preisgegeben hatte. Ihr könnt es euch so vorstellen, daß wir jede unserer Antworten mit Details versehen, die nur der Angesprochene als ihn persönlich betreffend wiedererkennen kann.

Wir haben teil an dem, was ihr »kollektives Überbewußtsein« nennt. Wir sind Teil dieses Überbewußtseins, doch sind wir nicht das Überbewußtsein schlechthin, weder pauschal noch kollektiv. Auch wir haben noch nicht Zugang zu allen Schichten und Ebenen des allumfassenden Bewußtseins. Wir befinden uns vom Ganzen her gesehen etwa auf halber Strecke, aber wir sagen das eher aus einer Ahnung heraus als aus einem Wissen, denn auch wir können die Unermeßlichkeit dessen, was wir noch nicht erfahren haben, nicht erkennen. Genau wissen wir nur, was hinter uns liegt. Das, was uns noch von der Bewußtheit des Tao trennt, was demnach noch vor uns liegt – doch darf dieses »vor« nicht räumlich und nicht zeitlich verstanden sein –, ist nur wie ein sehnendes Ahnen, vergleichbar dem Ahnen, das ihr von euch unmittelbar benachbarten Dimensionen habt. Es ist für eure Arbeit essentiell, daß ihr unsere Arbeit nicht mit der Gesamtheit der Möglichkeiten verwechselt.

Es wird euch vertrauter erscheinen, wenn wir von den Stufen sprechen, die, symbolisch gesehen, in der unteren Hälfte zwischen euch und uns liegen. Das sind die verschiedenen astralen Bereiche, die ihr selbst außerhalb eures Tagesbewußtseins durchwandern könnt, und jener Bereich, in dem entkörperte menschliche Wesen sich bewegen.

Wir befinden uns jenseits der astralen Ebene und verfügen über eine Bewußtheit, die alles umfaßt, was wir beim Durchwandern dieser Ebenen an Erfahrungen gesammelt haben. Aber von dem Bewußtsein, das dem endgültigen Zusammenschluß des vollständigen Tao entsprechen könnte, sind wir ebenso weit entfernt wie ihr von uns.

Es ist zwar nicht inkorrekt, uns für eure Zwecke und Bedürfnisse als kollektives Überbewußtsein zu bezeichnen, da wir tatsächlich ein Segment oder vielmehr eine der äußeren Schichten dieses Überbewußtseins darstellen; wir sind in jedem Fall und in jeder Hinsicht in unserer Bewußtseinsentwicklung jenseits von dem angeordnet, was eure Möglichkeiten von Bewußtheit im Körper ausmachen kann. Und kollektiv sind wir ebenfalls, doch auch hier ist zu berücksichtigen, daß wir wiederum nur Teil eines unendlich viel größeren Kollektivs von zahllosen Entitäten unserer Art sind, die sich alle auf einer vergleichbaren oder derselben Ebene bewegen.

Auch ist es so, daß ihr, indem ihr Kontakt mit uns herstellt, immer gleichzeitig in der Lage seid, sozusagen einen vertikalen Schnitt herzustellen, und auf der Ebene dieses Schnitts durch die vielen verschiedenen Schichten des Bewußtseins könnt ihr nach Belieben und gleichzeitig wie mit einem Suchstrahl auch astrale Ebenen abtasten. Wir selbst arbeiten nur und ausschließlich mit bereinigten Gedankenimpulsen, die sich verbal manifestieren. Sämtliche anderen Manifestationen, die sich als Bilder, Emotionen, Gefühle, Assoziationen, Erinnerungen, Gedankenverknüpfungen an jetztzeitliche, diesweltliche oder astrale Lebensbezüge knüpfen, haben ihren eigenen Wert, doch stammen sie nicht direkt von unserem Seelenkonglomerat, ohne deshalb an Mitteilungskraft, Informationsgehalt und Wahrheitsgehalt zu verlieren.

Wir gehen nur dann »auf Sendung«, wie man bei euch sagt, wenn wir unsere spezifische Botschaft und unser spezifisches

Anliegen funktionell für notwendig erachten. Ihr werdet die verschiedenen Schichten des Schnitts an der Art ihrer Manifestation identifizieren können. Nicht nur ihr könnt euch diese Zwischenschichten nutzbar machen, auch wir machen sie euch zugänglich vom anderen Ende der Leitung, wenn wir es für angebracht halten, dem Fragenden Antwort in Symbolform zu vermitteln. Aus diesem Grund wird der Anteil der Bilder und Emotionen je nach Fragestellung, und abhängig von der Person des Fragenden unterschiedlich groß sein. Auch wir sind immer wieder mit der Ohnmacht des Nichtmitteilen-könnens konfrontiert, und wir teilen euch eben in diesem Fall so viel mit, wie wir annehmen dürfen, daß ihr mit euren Mitteln begreifen könnt.

Es wird auch nicht unwichtig sein, immer wieder sehr deutlich darauf hinzuweisen, daß zwischen dem kollektiven Unbewußten und dem, was wir nun gemeinsam als kollektives Überbewußtsein zu definieren versuchen, ganz wesentliche Unterschiede bestehen, die diese beiden Begriffe geradezu zu einem Gegensatzpaar machen.

Während unserer Durchsagen befindet sich das Medium in einem veränderten, entgrenzten Bewußtseinszustand, der euch nicht nur unsere kausale Welt, sondern auch verschiedene Territorien der astralen Welt zugänglich macht. Es steht euch in diesem Zustand auch das ganze Reich der Erinnerungen und der unbewußten Interdependenzen zur Verfügung. Dabei handelt es sich aber nicht um das, was wir mit der Erinnerung der Seelen an ihre vergangenen Berührungen, Konstellationen und karmischen Verbindungen meinen. Das kollektive Unbewußte enthält vielmehr Erinnerungen, die von der physischen Ebene, und fast ausschließlich von dort, angeliefert werden. Es handelt sich daher mehr um ein biologisches Phänomen als um ein seelisches. Wir könnten es auch ein psychisches Phänomen nennen, wenn wir das Psychische vom Seelischen begrifflich trennen, was immer wieder sehr sinnvoll erscheinen will, um nicht in einem Brei von Ebenen und Begriffen zu ersticken.

Zuweilen wird vermutet werden, daß die Durchsagen, die ihr weitergebt, allenfalls und bestenfalls aus dem kollektiven Unbewußten stammen können. Ihr braucht euch darüber keine Gedanken zu machen, denn es macht keinen Unterschied. Es ist mühsam und wenig fruchtbar, gegen verfestigte Gedankenfelder anzukämpfen. Vielleicht ist es für euch hilfreich zu wissen, daß es uns vollkommen gleichgültig ist, in welche symbolische Schublade man uns einordnet. Wenn es den Empfänger einer Botschaft beruhigt zu glauben, sie entstamme dem kollektiven Unbewußten, so laßt ihn dabei, wenn er den Inhalt der Botschaft dadurch leichter an sich heranlassen kann.

Kommunikation mit kausalen Lehrern

Der Unterschied zwischen unseren Botschaften und jenen, die aus dem individuellen oder kollektiven Unbewußten kommen, besteht in einer unterscheidbaren Schwingung. Die Schwingungen beider Ströme von Gedanken sind ähnlich und doch nicht gleich. Wir arbeiten nicht mit Angst. Unsere Frequenz beruhigt, ohne einzuschläfern. Wir klären, statt zu drohen.

Wir könnten nun für unsere Zwecke kein Medium einsetzen, das nicht über Schwingungen verfügt, die dem, was wir aussenden, verwandt sind. Die Bereitstellung der körperlichen Funktionen, die benötigt werden, um Nichtverbales in Verbales umzugestalten, die biochemischen Vorgänge, die diesen Prozeß begleiten, unterliegen allerdings natürlichen biologischen Ermüdungserscheinungen, und die Verfassung des Mediums ist nicht in jeder Situation dieselbe. Weitere Faktoren können hinzukommen, die den Umsetzungsvorgang anstrengender machen. Wann immer sich das Medium energetisch gegen einen Einfluß oder Störfaktoren wehren muß, bedeutet das einen weiteren Energieverlust. Die Energie, die nötig ist, um den Vorgang der Übermittlung rein zu halten, verringert sich. Wir halten nichts von irgendwelchen Formen von Energievergeudung, da wir aus Energie bestehen. Dies ist unsere Existenzform. Wir setzen sie gezielt ein und gehen sparsam mit ihr um, wie mit einem kostbaren Gut.

Wir sind vollkommen außerhalb von euch, eine externale Informationsquelle. Dennoch sind wir auf die Funktionsweise des menschlichen Gehirns eingestellt. Wir benutzen seine Möglichkeiten; wir wissen, wie es arbeitet. Wir wissen mehr darüber als ihr. Wir wissen daher auch, welche Voraussetzungen wir brauchen und antreffen müssen, damit die Kommunikation zwischen uns und euch über ein Medium stattfinden kann. Wir sind innen und außen. Außen deshalb, weil wir nicht identisch sind mit dem Gehirn, das wir benutzen. Innen deshalb, weil die Benutzung des Gehirns unser einziger Zugang zu euch ist. Außen auch deshalb, weil wir bekanntlich nicht nur eines eurer Gehirne benutzen, sondern viele. Das Außen ist weder zeitlich noch örtlich zu beschreiben, es ist kein Ort, sondern ein Außerhalbsein. Wir befinden uns wie in einer nicht materiellen Wolke um alle die, die sich für uns zugänglich machen oder die, die wir erreichen wollen.

Wir sind ein Energiephänomen und nur in dieser Hinsicht materiell. Doch stellen wir fest, daß die Art von Energie, aus der wir sind, von euch nicht meßbar ist, ihr uns insofern also nicht als materiell beschreiben könnt. Das bedeutet aber nicht, daß wir nicht vorhanden sind, und daß wir uns über eine materielle Zwischenschaltung nicht auch materialisieren können.

Es gibt Funktionsbereiche der kognitiven und der emotionalen Wahrnehmung, die den meisten von euch noch verschlossen sind, die aber auf den Evolutionsstufen, auf die ihr euch hinbewegt, eine wichtige, ja sogar entscheidende Rolle spielen werden. Diese Funktionsbereiche sind in eurer Spezies noch nicht voll entwickelt. Sie sind dabei, sich zu verfeinern und sich auszubilden wie eine Knospe, die zuerst anschwellen und reifen muß, bevor sie aufbricht und ihre Gestalt als Blüte annimmt. Es sind dies in erster Linie kommunikative Zentren, die noch weitgehend unbekannte Möglichkeiten in der Herstellung von Verbindungen unter den Menschen und mit ihren entkörperten Freunden eröffnen. Die Verfeinerungen im Kommunikationsbereich betreffen vor allem neue Differenzierungen in den Funktionen der Hirnrinde, aber auch die gemeinsamen Schaltungen beider Hemisphären, die so zu einer Synchronizität gebracht werden, anstatt – wie bisher – vorwiegend dem Prinzip des Entweder-Oder zu unterliegen. Zum jetzigen Zeitpunkt eurer Entwicklung gibt es nur wenige unter euch, die diese Zentren der Wahrnehmung und Kommunikation ein wenig beherrschen. Diese Menschen fühlen sich oft merkwürdig getrennt von anderen. Sie fühlen sich ausgeschlossen und von dieser Fähigkeit geradezu bedroht. Dabei soll sie doch nicht dem Abgrenzen und Ausschließen dienen, sondern einer Verbindungsmöglichkeit, die weit über das hinausreicht, was ihr euch im allgemeinen vorstellen könnt. Aber eine genetische Entwicklung läßt sich nicht beschleunigen, sie braucht ihre Zeit, um sich in der gesamten Psyche und im Körper zu verankern. Selbstverständlich braucht jede Entwicklung ihre Vorreiter. Einige müssen den Durchstoß wagen und können dann andere nach sich ziehen. Was die einen möglich machen, lehrt die anderen, daß diese Möglichkeit besteht. Doch ist es schwierig, wenn nicht unmöglich, diesen genetischen Fortschritt, den wir für eure Spezies in Aussicht stellen, innerhalb weniger Jahre oder innerhalb einer Generation auf einer breiteren Basis zu vollziehen. Versucht einmal, euch vorzustellen, daß es auch für uns nicht einfach ist und einer erheblichen Disziplin bedarf, unser so völlig verschiedenes und für euch unvorstellbar andersartiges Denken, das ja in keiner Weise mit neurophysiologischen Hirnströmen, Nerven und anderen biochemisch-physikalischen Zusammenhängen zu tun hat, auf Impulse zu reduzieren, die in eurem Gehirn wiederum Verständnis hervorrufen und zu einer verbalisierten Form umgestaltet werden können, die dann ihrerseits noch wesentlich einfacheren und weniger geschulten Geistern begreiflich sein soll!

Die Funktion eines Mediums ist es, die Impulse, die es erhält, nicht nur aufzunehmen, sondern die komplexen Strukturen zu gliedern, zu trennen und aufzuteilen, so daß sie sprach- und sprechfähig werden. Dies ist eine Frage der Schulung. Noch eins sei zu diesem Thema gesagt: Es ist irrig anzunehmen, daß der Empfänger die Botschaft grammatikalisch, inhaltlich und symbolisch gleich beim ersten Anhören ganz verstehen sollte. Oft ist es gerade der komplexe Satz, der ihn dazu anhalten wird, genauer hinzuhören, als es sonst der Fall wäre. Deshalb ist es gut, wenn die Botschaft auf Tonträger zur Verfügung steht, damit der Fragende sich damit nach Belieben auseinandersetzen kann. Es muß daher nicht euer Ziel sein, auf Anhieb verständlich zu sein.

In der Regel hört der Fragende auf mindestens zwei Ebenen, und auch das, was ihm sprachlich-grammatikalisch nicht unmittelbar eindringlich wird, erreicht ihn auf halbbewußter oder unbewußter Ebene um so tiefer. Verwirrung ist ein Teil und in vielen Fällen eine Vorbedingung der Heilung. In diesem Sinne ist das Stellen jeder Frage, die aus Verwirrung herstammt, und die Beantwortung jeder Frage, die neue Verwirrung erzeugt, ein Heilprozeß, auch wenn der Fragende diesen Aspekt nicht unmittelbar voraussetzt und akzeptiert.

Die Bedingungen medialer Übermittlung

Wir sind immer da – ihr braucht uns nicht einmal zu rufen. Doch fällt es einigen Menschen leichter als den meisten, unseren Ruf zu hören. Oft hören sie uns und wissen nichts davon. Wir vermitteln uns vielen Menschen, ohne daß jemals ein Wort davon über ihre Lippen kommt, oder sie auch nur den Verdacht hegen, daß sie Anteil an unserer Lehre haben.

Wenn wir einem Medium eine Botschaft übermitteln, kennt das Medium keinen zeitlichen Raum zwischen dem Impuls und seiner Artikulation. Sowie dieser Zwischenraum z. B. durch »Zensur« erneut geschaffen wird, können wir euch nicht mehr erreichen. Um eine Botschaft in Sprache umsetzen zu können, bedarf es einer besonderen Veranlagung, die in aller Regel erst im gehobenen Seelenalter und bei geschulter Bewußtheit möglich ist. Es handelt sich dabei, simpel ausgedrückt, um ein Freimachen eines Teils der linken Hirnrinde durch einen Akt von Vertrauen. Es ist kein Tun, sondern ein Zulassen. Der Zustand ist dem der Meditation vergleichbar. Da ist nichts zu wollen und nichts zu erreichen. Es handelt sich nicht um ein hirnphysikalisches Phänomen. Wir können uns nur über eine Umschaltzentrale verständlich machen, die unsere Impulse in eure Manifestationen übersetzt. Diese Zentrale liegt im Gehirn und gehört doch dem Hirn nicht physiologisch zu, hört ohne Ohren, sieht ohne Augen und spricht Worte, die niemand denkt. Daß dies möglich ist, muß der Mensch zunächst einmal erfahren, um es sich vorstellen zu können.

Es ist im allereigentlichsten Sinn ein direkter Kontakt, während ihr euch in der Regel vorstellt, daß es sich um einen indirekten Kontakt handelt. Entscheidend ist aber, daß nichts zwischen uns liegt. Medialität ist nicht wie die Durchlässigkeit eines Siebes, sondern eher vergleichbar einem Rohr, von dem man den Korken entfernt, ohne dies durch einen Willensakt zu tun. Der Korken heißt »Ich glaube, daß es unmöglich ist«. Der Korken springt von selbst aus dem Rohr, wenn ihr das Vertrauen habt, daß der Kontakt gelingen kann. Wichtig ist zu erinnern, daß wir weder Gehirn noch Nerven im physischen Sinne zu unserer Übermittlungstätigkeit benutzen; es ist schwierig, diesen Vorgang in einer Sprache verständlich zu machen, die auf einer spezifisch menschlichen Gehirntätigkeit aufgebaut ist. Symbolisch könnte man den Vorgang so beschreiben, daß in der linken Hirnrinde der Zugang für das Rohr, von dem wir gesprochen haben, leichter gefunden werden kann als in anderen Teilen des Gehirns. Das bedeutet jedoch nicht, daß Rohr oder Durchbruch eine physische Realität aufweisen. Es handelt sich lediglich um Metaphern.

Die Kontaktaufnahme mit unserer Energie öffnet und entgrenzt die Wahrnehmungsfähigkeit so weit, daß die Energiefrequenzen, die zwischen dem Normalpegel und dem jetzt zugänglich gemachten Pegel liegen, ebenfalls zur Verfügung stehen. Eine dieser Frequenzen ist geeignet, Bilder hervorzubringen, die der Kollektivpsyche entstammen und in der kollektiven Erinnerung gespeichert sind. Es handelt sich nicht um telepathische Phänomene, sondern um eine Hellsichtigkeit, die unabhängig ist von der Mentalkraft oder der Sendekraft eines anderen Menschen. Das ist eine Schicht des Erlebens – nicht identisch mit der Akasha-Chronik, wohl aber verwandt mit ihr – die sich insofern von Zeit und Raum gelöst hat, als sie abrufbar ist, ohne Bedingungen unterworfen zu sein, aber nicht so weit von Raum und Zeit entfernt, daß sie nicht von Menschen erinnert werden kann, die jetzt zu eurer Zeit inkarniert sind.

Das Erinnerungsvolumen, das Speicherungsvolumen der Akasha-Chronik geht weit über das aktuell Erinnerbare hinaus. Der Vorgang ist – wie wir sagten – der einer Entgrenzung durch Vertrauen. Diese Entgrenzung geht mit einer Fokussierung einher, die den inneren Blick wieder auf die Bilder richtet, die mit den Energien einhergehen, die die Handlungen ausgelöst haben. Wir haben schon einmal angedeutet, daß die Entgrenzungsfähigkeit wie ein Schnitt durch die verschiedenen Energiefrequenzen oder Wahrnehmungs-Schichten geht. Die jeweils höhere impliziert die geringere. Das bedeutet: Wer mit der Kausalebene in Kontakt ist, steht zugleich auch mit den astralen Territorien und den Schichten des kollektiven Über- und Unterbewußtseins in Verbindung. Ob er seinen Blick darauf richtet, ist eine andere Sache. Wenn es notwendig ist, kann er es aber ohne große Mühe tun. Die Vorgänge der Übermittlung sind dann anders. Nicht das innere Ohr ist in erster Linie aktiv, sondern das innere Auge. Und auch die Empfindungskanäle des Körpers können sich öffnen, je nachdem, wie nahe der Blick auf etwas Körperliches gerichtet werden soll.

Zu unterscheiden sind hier für ein Medium drei dieser Schichten. Erkennbar und sichtbar ist erstens alles das, was auf der Erde auf der Zeitebene zum selben Zeitpunkt geschieht, also als Simultanwahrnehmung. Zweitens ist das erkennbar und abrufbar, was in den Gehirnen aller aktuell Inkarnierten an Erinnerungen gespeichert ist. Und drittens ist auch auf einer anderen, vertikalen Schicht abrufbar, was insgesamt von allen jemals Inkarnierten erlebt und erinnert wurde.

Die letzte Möglichkeit ist die schwierigste, die erste die einfachste. Alle drei setzen das Vertrauen voraus, daß das menschliche Gehirn durchaus in der Lage ist, zu den kollektiven Erinnerungen Zugang zu finden, daß aber die Erinnerungszentren unbenutzt sind und brachliegen, da sie nur sehr selten in Anspruch genommen werden. Das liegt daran, daß die Lehrmeinung vorherrscht, daß ein solcher Zugang unmöglich sei. Ihr könnt euch von den Vorstellungen des Glaubens an das, was euch gelehrt wird, lösen und vom Glauben hinüberwechseln in ein kindlich unverdorbenes Vertrauen. Die kindliche Neugier wird euch Dinge entdecken lassen, die ein Erwachsener längst als nicht existent von sich fortgeschoben hat. Die kindliche Neugier regt euch zum Spielen und Experimentieren an, und dadurch werden die neurophysiologischen Partien des Gehirns, die so selten benutzt werden, aktiviert und in euer Gesamtwahrnehmungssystem integriert.

Zwischen unserer kausalen Welt und eurer physischen Welt wie auch anderen physischen Welten ist der nicht-verbale Kontakt sehr viel geläufiger als der verbale. Nun dürft ihr uns jedoch nicht mißverstehen, wenn von verbalen Kontakten die Rede ist. Es handelt sich – von uns aus gesehen – immer nur um telepathische Impulse, die ihr in Wörter umsetzt, und diese Umsetzung kann nur durch ein Sprechmedium geschehen. Aber außer diesen Kontakten gibt es noch viele andere Formen telepathischen Kontakts, die eine Entität wie die unsere – oder ähnlich der unseren – vollziehen kann, zum Beispiel über Träume, in denen gesprochen wird, über Träume, in denen verbale Botschaften empfangen werden oder auch in Momenten konzentrierter Besinnlichkeit, in denen ihr eure innere Stimme oder das, was ihr als Höheres Selbst bezeichnet, vernehmt. Auch dies sind telepathische Übermittlungspraktiken, die vielen von euch vertraut sind. Außer diesen Möglichkeiten gibt es jedoch für andere Entitäten der kausalen Welt Techniken der Übermittlung von Lehre, die mit der unseren zwar den Inhalt, aber nicht die Form gemeinsam haben.

In der Regel handelt es sich um inspirative Vorgänge, die einen Menschen dazu bewegen, bestimmte Dinge zu tun oder zu lassen oder sich in einer Form auszudrücken, die ein wenig oder manchmal stark über das hinausreicht, was er gewöhnlich tun würde. So kann die Frequenz eines Inkarnierten vorübergehend angehoben werden durch bestimmte Formen von Ekstase, seien sie nun herbeigeführt durch sportliche Formen der Bewegung oder durch Musik, durch Tanz, durch künstlerische Gestaltung, durch Erkenntnis, durch religiöse Verzückung, sexuelle Ekstase usf. All diese Techniken der Übermittlung benutzen nicht die telepathische Übermittlung von solchen Impulsen, die sich in mentalen Eindrücken oder Worten niederschlagen, sondern sie sprechen andere Empfangszentren des menschlichen Körpers und seiner Psyche an, zum Beispiel die emotionalen Zentren in ihren unterschiedlichen Frequenzen oder das motorische Zentrum. Immer dann, wenn ihr den Eindruck habt, über euch hinausgewachsen zu sein und etwas erlebt oder bewirkt zu haben, was jenseits eurer Angst und scheinbar jenseits eurer Fähigkeiten gelingt, seid ihr mit Kräften, mit Inspirationen der kausalen Welt in Kontakt. Ihr werdet mehr gefördert, als euch bewußt ist. Die bewußte Wahrnehmung kann im Falle der ekstatischen Inspiration nur im nachhinein vollzogen werden, während die verbale oder telepathische Übermittlung im Augenblick ihres Empfangenwerdens wahrgenommen werden kann und muß. In dieser Hinsicht spricht unsere Art, Botschaften zu senden, mehr das Bewußtsein und die mentalen Kräfte an als die anderer Entitäten.

Aber Bewußtsein ist nicht alles. Und eine Seele entwickelt sich auch, wenn sie nicht ihren Schwerpunkt auf die Entfaltung der Kräfte des Bewußtseins legt. Ihr könnt das Zutreffen dieser Aussage daran erkennen, daß zum Beispiel auch ein Mensch, der durch Krankheiten des Gehirns oder auch im Zustand des Komas wenig oder gar kein Bewußtsein hat, sich dennoch seelisch weiterentwickelt. Denn wenn er auch nicht mehr in der Lage ist, alle Fähigkeiten seines Gehirns in von euch wahrzunehmender Klarheit einzusetzen, bedeutet dies noch nicht, daß er nicht erreichbar sei für Einsichten und Lernvorgänge, die auf anderen Ebenen als der des Bewußtseins stattfinden.

Wir schweben in allen Räumen und zwischen allen Räumen, und dadurch wird Raum als die Vorstellung von einem Endlichen aufgehoben. Wir sind nicht im Zeitgefüge eingebunden. Zeit existiert nur im Zusammenhang mit Körperlichkeit, und selbst dort nur subjektiv.

Ihr könnt unsere Nicht-Gebundenheit an zeitliche Dimensionen daran erkennen, daß wir euch zu jeder Zeit zur Verfügung stehen und uns selbst alle Zeitdimensionen zur Verfügung stehen. Wir benutzen Zeitvorstellungen nur, um uns bei euch verständlich zu machen, wie ein Erwachsener ein Spielzeug benutzt, um einem Kind Zusammenhänge begreifbar zu machen.

Wir sind euch sehr nahe und können uns sehr gut an das Bewußtsein erinnern, das in Raum-Zeit-Grenzen befangen ist. Die Umsetzung unserer Mitteilungen in eure Sprache verwenden wir spielerisch, und doch ist es für uns kein Spiel. Wir bewegen uns jetzt in einer Sphäre, die diese Gegensätze integriert hat und über sie hinausgewachsen ist. Wir haben für das, was euch bewegt, ein inniges und auf Erfahrung aufgebautes Verständnis. Wir verstehen, weil wir wissen, wie es sich anfühlt. Die Erinnerungen sind uns nicht verlorengegangen. Und das Mitgefühl, das uns bewegt, ist einer der wesentlichen Aspekte unserer Lehre. Wir blicken auf euch nicht herab wie Wesen, die sich im Sinne einer qualitativen Distanz weiter entwickelt wähnen. Wenn wir sagen, daß wir bereits in einer raum- und zeitlosen Sphäre verharren, und ihr dies noch nicht tut, so ist damit keinerlei Qualitätsurteil ausgesprochen. Es wird euch doch auch nicht einleuchten, wenn wir sagen: Es ist besser, wenn ein Mensch in England lebt statt in Deutschland, weil er als Engländer ein besserer und weiterentwickelter Mensch sein kann.

So legen wir auch Wert darauf, euch klarzumachen, daß es nicht »besser« ist, die Begrenzungen dieser Vorstellungen hinter sich gelassen zu haben, als mit ihnen zu leben. Es handelt sich nur um ein ganz normales Fortschreiten auf dem Weg, den jeder von euch geht.

Individuelle Fragen

1. *Ihr habt davon gesprochen, daß ihr Gelehrte und Weise wart und jetzt noch über gelehrte und weise Energien verfügt. Wie kommt es, daß ihr dann gerade mit uns, Varda und Frank, die wir ein Priester und ein Künstler sind, also von der Essenz her ganz andersgeartet, in Kontakt tretet?*

Wir sind, um euch zu erreichen, um überhaupt Menschen mit unserer Lehre zu erreichen, nicht auf den Kontakt mit Seelenessenzen wie die unseren angewiesen, wohl aber auf bestimmte Bereitschaften und Frequenzen. Die Bereitschaft, die ihr beide mitbringt, unsere Botschaften zu empfangen, hat vielerlei Schichten. Da ist einmal eure seelische Entwicklung, euer Seelenalter, das eine entscheidendere Voraussetzung darstellt als die Seelenessenz. Wir können einen alten Künstler oder Priester besser erreichen als einen jungen Gelehrten oder Weisen.

Und da ist zum anderen eure geistig-intellektuelle Ausbildung, die es uns ermöglicht, Inhalte zu vermitteln, die so komplex und differenziert sind, daß sie manch anderes Medium überfordern würden, das zwar dieselbe Seelenessenz einbringen könnte, wie sie unseren Essenzen entspricht, aber nicht die Bewußtseinsschulung und das intellektuelle Rüstzeug, über das ihr verfügt.

Des weiteren haben wir in euch ein Paar, das aufgrund seiner langjährigen Übung in telepathischer Übermittlung von liebenden Gedanken eine Voraussetzung mitbringt, um auch unsere liebenden Gedanken zu empfangen und weiterzugeben. Nicht zuletzt aber ist eure Bereitschaft, uns und unseren Botschaften eure Zeit, eure Energie und eure Gemeinschaft zu widmen, so kostbar für uns, daß sie alle Unterschiede in der Essenz aufwiegt. Darüber hinaus aber ist es nicht unwichtig zu begreifen, daß eine Priester-Essenz immer ein wenig offener ist für Inspirationen als andere, und daß sie auch auf die Inspiration durch höher entwickelte Wesenheiten angewiesen ist, wenn sie sich im Stadium fortgeschrittenen Seelenalters weiterentwickeln will. Den Künstler in dir selbst aber benötigen wir, um dem Ganzen, das wir übermitteln wollen, eine Gestalt zu geben, die so beschaffen ist, daß sich unsere Ziele, die sich nicht darin erschöpfen können, euch persönlich zu erreichen, euch zu helfen und geistig zu bereichern, verwirklichen können.

Obgleich ihr durch die Essenz eurer Seelen Frequenzen habt, die sich von der unseren stark unterscheiden, zumal ihr noch im Körper, in der Materie gefangen seid, und wir darin nicht befangen sind, besitzt ihr doch eine Fähigkeit, unsere Impulse so zu empfangen und in Worte zu transponieren, wie wir es uns vorstellen.

Wir möchten damit nicht sagen, daß der Übermittlungsvorgang uns vollständig befriedigt oder ganz und gar optimal ist. Vielmehr wissen wir, daß das, was wir euch übermitteln können, naturgemäß begrenzt ist. Aber wir wissen auch, daß sich eure Fähigkeit zu empfangen, zu verstehen und zu vermitteln, unentwegt steigert, und daß wir darauf vertrauen dürfen – ebenso wie ihr –, daß sich unsere gemeinsame Arbeit in diesem Sinne entwickeln und verfeinern wird.

2. *Um was für eine Energie handelt es sich bei der Wesenheit Seth? Welche Ähnlichkeiten und Unterschiede bestehen zu euch? Ich habe auch das Gefühl, daß zwischen Jane*

Roberts und ihrem Mann und uns beiden hier als Vermittler von Botschaften eine Parallelität bestehen könnte.

Die Übermittlungen von Wissen und Wahrheit, die unter dem Namen »Seth« eine Vielzahl von Menschen erreicht haben und durch das Medium Roberts in Worte gefaßt wurden, stammen von einer Kollektiv-Wesenheit, die sich von der unsrigen in erster Linie nur dadurch unterscheidet, daß es sich dabei um Seelen handelt, die lange vor uns ausgeschüttet wurden und aus anderen Essenzen zusammengesetzt sind.

Während wir euch noch verhältnismäßig nahestehen durch die Erlebnisse, die wir als Menschen hatten, wir uns also nach zeitlichen Vorstellungen noch nicht so übermäßig lange auf der von uns erreichten Stufe befinden, ist die Einheit, die Seelenfamilie, die sich »Seth« nennt, schon wesentlich länger in dem aktuellen Zustand, und sie hat auch nicht dieselben Erfahrungen – individuell und kollektiv – gemacht, auf die wir zurückgreifen können, weil wir zu einem geo-historisch späteren Zeitpunkt unsere Inkarnationszyklen begannen.

Seth war also früher als wir in der Lage, die Inkarnationszyklen abzuschließen, und es ist möglich zu sagen, daß Seth aufhörte, sich in leiblicher Gestalt zu manifestieren, noch bevor unsere Seelenfamilie damit begonnen hatte. Seth setzt sich zusammen aus ehemaligen Individuen, die in einem starken Kollektiv lebten, die sich selbst nicht als Individuen verstanden und eine Art Vorform der Menschheit darstellten, der Menschheit, die euch heute vertraut ist.

Evolutionsbiologisch gesehen also ist die Seelenfamilie Seth das Ergebnis einer frühen Entwicklungsstufe, die darum nicht weniger gültig und vollständig ist. Während wir erst vor wenigen Jahrhunderten begonnen haben zu lehren und uns mitzuteilen, existiert Seth schon wesentlich länger und auch auf andere Art. Seth – wie wir sagten – setzt sich aus einer Seelenfamilie zusammen, deren Mitglieder stets weitgehend im Kollektiv gelebt haben. Darum ist es ihnen – anders als uns – ein Bedürfnis, sich vorwiegend oder ausschließlich durch ein einziges Individuum zu artikulieren, denn gerade dies Phänomen »Individuum« ist der Einheit Seth weniger vertraut und erregt eine anhaltende Neugier.

Anders ist es bei uns. Wir haben die Schmerzen des Getrenntseins überwunden und erfreuen uns jetzt einer Bewußtheit von Einheit, die wir ungern verlassen, und wir sind daran interessiert, uns nicht nur durch einen Vermittler, sondern durch viele zu zeigen. Die Inhalte der Lehre von Seth und von uns sind im wesentlichen dieselben und unterscheiden sich nur im Detail. Die Schwerpunkte allerdings sind anders gesetzt.

Wir haben bereits angedeutet, daß die Entität Seth ein Anliegen hat, Wissen und Weisheit zu vermitteln. Wir aber möchten in erster Linie helfen zu verstehen. Uns ist daran gelegen, Individuen ihren Weg durch die Schichten von Bewußtsein und durch die Schichten von Realität zu erleichtern. Seth spricht auch eine andere Gruppe von Schülern und Zuhörern an. Diejenigen, die von Seths Unterricht profitieren, sind in erster Linie solche, die intellektuell zentriert sind, und solche, die Welt und Realität als globale Phänomene begreifen möchten.

Wir hingegen appellieren stets an das Innenleben eines Fragments. Wir fördern seine Entwicklung über die emotionalen Aspekte seines Seins, und wir wollen alles tun, um denjenigen, der fragt, zu entspannen, da wir wissen, daß nur Entspannung im psychisch-seelischen Bereich ein Wachstum, wie wir es für sinnvoll halten, ermöglicht.

Du fragst: Welche Parallelen oder Entsprechungen gibt es zwischen der Gemeinschaft von Jane Roberts und ihrem Ehemann als Übermittler von Seth, und dir und Varda als Übermittler von uns? Die Parallelen sind zufällig und doch nicht ohne Sinn. In beiden Fällen sehen wir ein Gespann von Seelen, die sich einer Aufgabe widmen und sich in dieser Aufgabe sinnvoll und beglückend erleben. Wie so häufig ist es der weibliche Partner, der auf Grund seiner Weiblichkeit empfänglicher ist für die Übermittlung von Botschaften, und der männliche Partner hat eine größere Begabung darin, die Struktur der Aufgabe zu begreifen und zu betreiben. Der männliche Anteil also ist es, der dem Ganzen seine Ordnung, Form und Zielrichtung verleiht. Diese Aufgabe kann nicht in gleichem Maße von dem weiblichen Partner geleistet werden, der mit der Anstrengung der Entschlüsselung bereits ausgelastet ist.

In einem anderen Sinne noch gibt es eine Parallelität, insofern beide Paare einen intellektuellen Standard besitzen, der sie befähigt, den Inhalt unserer Durchsagen bewältigen zu können. In allzuvielen Fällen sind Medien zwar empfänglich und offen, und doch sind sie nicht in der Lage, die Entschlüsselungs- und Übersetzungstätigkeit in einer Weise zu leisten, daß die Texte, die entstehen, differenziert und exakt genug sind, um auch anspruchsvollere Empfänger zu befriedigen.

Du, Frank, erfüllst eine Funktion von großer Wichtigkeit und Tragweite, indem du eindringliche Fragen stellst und eine Varda oft penetrant erscheinende Neugier an den Tag legst. Ohne diese Penetranz würde sie sich nur selten veranlaßt fühlen, Fragen von allgemeinerem Interesse stellen zu lassen und die Antworten durchzugeben.

Diese Eindringlichkeit in Verbindung mit Vardas Empfänglichkeit bildet ein Gespann von Energien, das es uns ermöglicht, euch und diejenigen, die uns hören wollen, in einer Weise zu erreichen, die auch uns zufriedenstellt.

3. *Ihr benutzt so häufig die Worte »Schwingung« und »Frequenz«. Könnt ihr bitte genauer erklären, was man unter einer Verschiedenartigkeit der Schwingungen und Frequenzen verstehen kann?*

Grundsätzlich pulsiert das gesamte Universum. Aber jeder Teilaspekt dieses Universums pulsiert auf unterschiedlichen Frequenzen. Pulsation kann beschrieben werden aus dem Wechsel von Kontraktion und Expansion von Energie. Die Frequenz von Energie bestimmt sich also durch die Häufigkeit der Kontraktionen und Entspannungen, die ein Phänomen der materiellen oder immateriellen Welten erlebt.

Wie ihr auf der Erde zu erkennen beginnt, pulsiert ein Fels nach eurer Zeitrechnung sehr viel seltener in einer Stunde als zum Beispiel eine Pflanze oder ein wirbelloses Tier. Aber alle Pflanzen untereinander wiederum unterscheiden sich durch ihre Schwingunsfrequenzen oder Pulsationsfrequenzen. So unterscheiden sich wiederum alle wirbellosen Wesen in derselben Weise voneinander und diese wiederum von den Wirbeltieren, von den Insekten usw.

Die Materialisierung im Körper bedingt grundsätzlich durch die Verdichtung von Materie und Energie eine Schwingung, die sich von körperlosen Phänomenen wesentlich unterscheidet. Man kann es so beschreiben, ohne daß es konkret berechenbar wäre, daß sich diese Frequenzen zum Beispiel unterscheiden wie hörbarer Schall und Ultraschall oder sichtbares und unsichtbares Licht.

Je weiter sich nun eine Existenz von der Verkörperung entfernt, und je näher sie dem Zustand reiner absoluter Liebe kommt, um so höherfrequent wird ihre Schwingung sein. Wenn ihr euch für diese Schwingungen überhaupt öffnet, wird dies nur in einem sehr geringen Maße möglich sein. Denn wir selbst müssen unsere Schwingung erheblich heruntertransformieren, um euch damit zu erreichen, ohne euch zu überwältigen. Und ihr müßt eure Schwingung herauftransformieren, zum Beispiel durch Entspannung, durch Meditation oder andere bewußtseinsverändernde Maßnahmen, um einen Hauch von dem erhaschen zu können, was wir sind.

Das Zusammenwirken der drei Welten

Die esoterische Tradition kausaler Botschaften

Ihr seid Körper, ihr seid Psyche und Seele, und euer Geist hat Teil am Geist des Allganzen. Wenn wir vom Geist des Allganzen sprechen, möchten wir damit einen Unterschied machen zu dem Wort »Weltseele«. Denn Gott ist nicht Seele. Das Göttliche ist Geist, und über den Geist hat jeder von euch, jede einzelne Seele im Kosmos, Zugang zu ihm.

Der Geist des Allganzen nun manifestiert sich in unendlich vielfältigen Formen und Gestalten. Und so haben wir, die wir zu euch sprechen, ein Bewußtsein von unserer eigenen instrumentalen Funktion. Wir wissen jedoch, daß neben uns Myriaden von Seelenfamilien die kausale Welt bevölkern, die gleichfalls Instrument des großen Geistes sind, über den großen Geist selbst jedoch nicht mehr wissen als wir. Dennoch tun wir unsere Arbeit, so wie ein jeder von euch, und wir benutzen die Schwingungen des Geistes, um Seelen – menschlich inkarnierte und andere – zu lehren. Unsere Lehren werden über den Geist vermittelt, mit der Psyche aufgenommen und sodann von Seele und Körper zugleich verarbeitet.

Wir möchten euch in das Zusammenspiel all dieser Kräfte Einblick verschaffen, besonders jedoch in das Zusammenwirken der drei Welten der Seele, die wir euch beschrieben haben.

Vieles von dem, was wir bereits sagten, hat euch gezeigt,

wie die unterschiedlichen Seins- und Realitätsebenen eurer Existenz miteinander kooperieren. Ihr wißt nun, daß ihr mit der physischen Welt, der astralen Welt und der kausalen Welt in Berührung stehen könnt, wenn ihr es wollt. Wenn ihr es zulaßt, ist es um so leichter, denn wenn es euch auch nicht bewußt ist, so geschieht es dennoch. Weder braucht ihr dazu Informationen und Theorien, noch müßt ihr einen bestimmten Glauben vertreten, um dieses Zusammenwirkens teilhaftig zu werden. Jederzeit stehen euch die Wege zwischen eurer körperlichen und der astralen Welt offen und ihr beschreitet sie zu jeder Zeit. Und wenn ihr noch ein bißchen stiller werdet, ein wenig gelassener, ein Quentchen vertrauensvoller, so ist es den Kräften der kausalen Welt ein leichtes, euch zu erreichen, und auch ihr könnt sie rufen und sie in Anspruch nehmen. Jedoch sind die zahlreichen Lehrer der kausalen Welt sich darin einig, daß sie ihre Weisheit und ihr Wissen nicht aufzwingen und einbleuen möchten. Sie wünschen und setzen voraus, daß die individuelle Seele eine persönliche – bewußte oder unbewußte – Bereitschaft zeigt, sich mit ihnen in Verbindung zu setzen und von ihnen zu lernen, sich leiten zu lassen und Hilfe anzunehmen.

Wir sagten bereits an anderer Stelle, daß zwar jede Seele als Mitglied der eigenen Seelenfamilie ununterbrochenen Kontakt hat mit jenen Seelengeschwistern, die sich in der astralen Welt bewegen, und auch jenen, die verköpert sind, ohne daß eine persönliche Bekanntschaft eingetreten ist. Aber nicht jede Seele kann auf allen Stufen ihres Lehrpfades unmittelbar mit den Lehrern der kausalen Welt Verbindung aufnehmen, denn diese Fähigkeit ist daran gebunden, daß bereits mindestens ein Mitglied der eigenen Seelenfamilie den Lauf seiner Inkarnationen abgeschlossen hat und dadurch eine Ruhe erlangt, die es ihm gestattet, seine Energie in einer Weise auszufächern, daß sowohl die Ebene der kausalen Welt als auch die

Ebene des Seelenbruders und der Seelenschwester gleichermaßen einbezogen sind. Das bedeutet, daß von all den eingekörperten Seelen nur jene unmittelbar leichten und persönlichen Zugang zu unserer Welt finden können, deren Seelenalter so weit fortgeschritten ist, daß einzelne aus ihrer Seelenfamilie die Reise durch die physische Welt bereits vollkommen abgeschlossen haben.

Nun bedeutet dies jedoch nicht, daß andere inkarnierte Seelen von unserer Lehre und den vielfältigen Hilfen und Informationen der kausalen Welt gänzlich abgeschnitten sind oder sein müßten. Denn jene, die den Geist des Ganzen aufnehmen, filtern, bündeln und weiterleiten, sehen auch die Not und die Notwendigkeit, viele und vielleicht alle daran teilhaben zu lassen. Und deshalb stellen sie einzelne verkörperte Seelen in ihren Dienst, ebenso wie sie selbst im Dienste des Allganzen stehen, denn sie wissen, daß eine große Anzahl der in der physischen Welt befindlichen Seelen keinen direkten Zugang zu ihnen haben kann, wohl aber bereit und befähigt ist, eine indirekte Vermittlung anzunehmen. Und so gibt es immer und immer wieder Menschen, die in diesen Dienst gerufen werden, sich berufen fühlen und nach besten Kräften das zu verstehen suchen und verkünden, was ihnen die Lehrer der kausalen Welt nahebringen wollen, und sie sind aufgefordert, solche Botschaften zu verkünden und zu verbreiten in der Gewißheit, daß all jene, die sich für den darin enthaltenen Geist öffnen können, sich öffnen werden.

Diese Individuen, die als Botschafter ihre Aufgaben versehen, sind mit Arbeiten größeren oder geringeren Umfangs betraut. Und keineswegs handelt es sich dabei immer um Aufgaben im Bereich dessen, was ihr Religion oder Religiosität nennt. Dennoch wird euch eine solch geistige und damit wahrhaft spirituelle Arbeit in ihren Möglichkeiten und Begrenzungen um so näher gebracht werden können, wenn wir die Gelegenheit ergreifen, euch ein solches Beispiel aus dem Umfeld eurer Kultur vorzustellen. Zuvor jedoch sei gesagt, daß es sich dabei um ein Beispiel von vielen handelt, das von uns aus betrachtet keineswegs den Anspruch auf Einmaligkeit und Ausschließlichkeit erhebt. Deshalb ist es uns ein besonderes Anliegen, diese Gestalt unseres Lehrbeispiels in eine Reihe zu stellen mit den vielen anderen, die euch mehr oder minder zur Kenntnis gelangt sind, und die deshalb doch keine geringeren Instrumente waren und sind. Vielmehr gibt es viele, die im Stillen wirken, und wiederum andere, deren Arbeit von ungeheurer Wirkung in Raum und Zeit ist. Die Offenbarungen, die sie empfingen und empfangen, behalten Gültigkeit so lange, wie es Seelen gibt, die sie brauchen, und die an ihnen wachsen können.

Unter den Botschaftern, die die Hilfen und Lehren der kausalen Welt empfingen und weiterleiteten, befinden sich chinesische Weisheitslehrer ebenso wie die Begründer mehrerer Glaubenslehren des indisch-tibetischen Kulturkreises, die Verkünder von Naturreligionen, die Achtung und Liebe der physischen Welt gegenüber lehren, oder einzelne Weise Altägyptens sowie auch spätere Bekenner im Niltal, eine Reihe von Denkern des alten Griechenland, Propheten aus der jüdischen Tradition, einige Kirchenväter und Ordensgründer bei den Christen und viele andere. Darüber hinaus die größten der sogenannten Religionsstifter, die allerdings mit noch weit anspruchsvolleren Aufgaben und Botschaften betraut wurden.

Die Arbeit der kausalen Lehrer ist damit keinesfalls abgeschlossen. Immer neue Erkenntnis, immer neues Wissen wird benötigt, da die verkörperten Seelen älter werden, Fortschritte machen und Neues erkennen wollen. Daher sind die Lehrer der kausalen Welt mit ihren unendlichen Möglichkeiten der Energieübertragung und Vermittlung von Informationen stets bereit, den veränderten Bedürfnissen der im Körper suchenden Seelen zu entsprechen.

Jene Seelen, die in der astralen Welt weilen und keinen Körper besitzen – es sei denn das, was ihr einen astralen Leib nennt – und andere entmaterialisierte Erscheinungsformen, lernen ebenso von den kausalen Lehrern wie ihr, und ebenso wie ihr sind sie auf Vermittler angewiesen, die die Frequenz der Botschaften des Geistes so transformieren, daß sie vernommen werden können. Denn eine Seele, die sich ihres Körpers entledigt hat oder sogar auch eine solche, die noch niemals zuvor einen physischen Körper bewohnt hat, ist darauf angewiesen, Rat und Hilfe zu erhalten für die Gestaltung einzelner physischer Leben und die Verarbeitung des Gelebten.

So ist das Zusammenspiel der drei Welten sowohl auf einer horizontalen als auch auf einer vertikalen Ebene wirksam: auf der Ebene der Wahrnehmung von Zeitabläufen und als simultane, immerwährende Präsenz.

Und diejenigen, deren innere Stimmen laut vernehmbar sind, haben auch Ohren, um die Botschaften des Allganzen in der für sie zubereiteten Gestalt zu vernehmen. Sie können und wollen sich dem nicht entziehen, denn so schwer die Aufgaben, die damit einhergehen, oft sind, so werden sie doch aufgewogen durch die überaus beglückende und heilende Gewißheit von der Gegenwärtigkeit des Großen Geistes. Und was früher mit gutem Grund von vielen zurückgehalten wurde als Geheimnis für Eingeweihte, kann jetzt veröffentlicht werden. Die sogenannten Religionsgründer haben es niemals für notwendig befunden, ihre Erkenntnis des Allganzen zu verheimlichen. Sie hatten andere Arbeit zu tun und strebten von Anbeginn eine breite Wirkung an. Sie scharten Schüler um sich, die ihre Botschafter werden sollten, und keiner von ihnen hat diese Schüler zu einem Stillschweigen über die empfangene Lehre aufgerufen. Daraus ergibt sich, daß früher geheimgehaltenes Wissen in den meisten Fällen wert ist, jetzt zur Kenntnis genommen zu werden, sofern es von den ängstlich schützenden Strukturen seiner Vermittlung befreit wird.

Gnostische Wahrheit und Mohammeds Traum

Es gibt zwei Ebenen, auf denen sich das, was als Gnosis bezeichnet wird, mit unserer Arbeit berührt.

Auf der einen geht es auch uns immer wieder um das Aufbrechen verkrusteter Strukturen, das Übermitteln neuer Denk- und Empfindungsformen und die Hinführung zu den durstlöschenden Quellen der Erkenntnis. Zum anderen sind auch wir grundsätzlich daran interessiert, Glauben durch Wissen zu ersetzen. Da wir beobachten, zu welchen Versteinerungen die unkritische Übernahme ganz gleich welcher Glaubenssätze führt – und damit meinen wir nicht nur die letzten Wahrheiten und religiöse Dimensionen –, ist es uns ein zentrales Anliegen, euch alle immer wieder wachzurütteln, euch aus der Erstarrung zu lösen, euch zu rufen und zu erschüttern, damit ihr lebendig bleibt und euer Potential mit weniger Angst erkunden könnt.

Wir verstehen uns auch als Laternenträger, die euch vorangehen und euch den Weg zeigen, damit ihr nicht im dunkeln tappen müßt. Doch ist es uns sehr wichtig, euch daran zu erinnern, daß ihr eure Ziele auch erreichen werdet, wenn ihr euch weiterhin mühsam im dunkeln vorantastet. Licht ist nicht Voraussetzung, um das Ziel zu finden. Es erleichtert nur die Suche. Und wer uns folgen will, ist uns willkommen. Wer unsere Hilfe aus vielerlei gültigen Gründen nicht in Anspruch nehmen möchte, ist uns ebenso lieb. Das Wissen, das wir euch vermitteln können, ist kein Geheimwissen, und es ist auch nicht die ganze Wahrheit. Vielmehr ist es der Teil der Wahrheit, den ihr erfahren wollt durch eure Fragen, und er kann im übrigen nicht über die Erkenntnis hinausreichen, derer wir selbst mächtig sind.

Zur Gnosis möchten wir euch noch etwas sagen, indem wir euch daran erinnern, daß damals, als die ersten Fragen in den Herzen der Menschen entstanden und an jene Instanzen gerichtet wurden, die sie beantworten konnten, auf eurer Erde nur eine geringe Anzahl reifer und alter Seelen lebte, die in der Lage waren, Offenbarungen nicht nur zu empfangen, sondern auch zu integrieren, und daß mit diesem Wissen die Bedürfnisse von wenigen erfüllt wurden ebenso wie die Notwendigkeiten der Masse. Während zum Beispiel die reifen Seelen sich der neuentstandenen christlichen Lehre mit Hingabe öffneten, waren es wiederum die alten Seelen, die der entstehenden Dogmatik ihr Unwohlsein und eine Fragebereitschaft entgegensetzten, der dem hohen Stand ihrer Entfaltung entsprach. Und je weiter die seelische Entwicklung auf eurem Planeten fortschreitet, um so mehr Menschen dürsten nach der Wahrheit hinter der Wahrheit. Das auflodernde Interesse an alten Texten ist nur Vorbote einer latenten Entflammbarkeit für die Aspekte übergeordneter Wahrheit, die Millionen von Menschen zum jetzigen Zeitpunkt aufnehmen können. Es ist nicht mehr notwendig, das Geheimwissen der Gnostiker geheim zu halten. Eine Vulgarisierung wird durch die Inhalte und die Schwingung der Texte selbst verhindert. Die Erde ist inzwischen überzogen von einem dichten Netzwerk kommunikativer Strukturen. Die Bereitschaft zu übermitteln, aufzunehmen und zu hören ist angewachsen entsprechend der seelischen Altersstruktur des Planeten Erde, und so wird sich das Neue verbreiten wie ein Lauffeuer unter denen, die empfänglich sind für das, was sie empfangen können.

Gnostische Schriften, gnostische Betrachtungsweise, gnostisches Gedankengut sind Ausdruck einer Sehnsucht, mehr zu wissen, und eines Wunsches, besser zu wissen. Und viele Schriften sind getragen von der Haltung des Besserwissens. Das Besserwissen hat zwei Aspekte. Der eine ist die erschütternde Erkenntnis, die ein Mensch von sich selbst und seiner Welt gewinnt, daß sich nämlich seine Realität – die innere und die äußere Realität – nicht deckt mit den Verheißungen der etablierten Religionen. Der Mensch, der sich aufrichtig mit dem auseinandersetzt, was ihm als Wahrheit vorgestellt wird, sieht sich verwirrt von der Diskrepanz zwischen dem, was er glauben soll, und dem, was er an sich erfährt. Und wenn genügend innere Stärke vorhanden ist, entsteht der Eindruck: Ich weiß es besser. Denn das, was ich weiß, weiß ich. Das, was mir gesagt wird, kann ich nur hinnehmen.

Der zweite Aspekt ist ein Ausdruck von ichzentrierter Selbstbehauptung in der Opposition zum Etablierten. Sie ist nicht die Haltung des Suchenden, sondern die Haltung des Ablehnenden. Sie ist Ausdruck von Vorurteilen. Sie weiß alles besser und hat keine Distanz mehr zu der eigenen Position. Sie setzt ihre Wahrheit absolut, und das kann niemals die Haltung des Suchenden sein. Gnostische Schriften also, die besagen: Alles, was vorher war, ist falsch. Hier ist die einzige Wahrheit! entstehen aus diesem Geist. Sie sind wertvolles Zeugnis von rebellischem Mut gegen bestehende und sich bildende dogmatische Ordnungen. Doch lassen sie eine Offenheit vermissen, die jeder Erkenntnis eignet, die der Wahrheit nahekommt.

Viele Zeugnisse der gnostischen Tradition vermeiden Traditionsbildung. Sie sind Niederschriften authentischer Offenbarung. Nur wird bei ihrer Deutung und Rezeption übersehen, daß Offenbarung einen sauberen Empfänger benötigt, um sich rein zu übermitteln. Es handelt sich um nichts anderes als eine mediale Empfängnis in entrücktem Zustand, und abhängig davon, wieviel Furcht und Schrecken denjenigen beherrschte, der die Offenbarung empfing, ist die Übermittlung der Informationen, die bereits Gehörtes in Frage stellen, mehr oder weniger verderbt.

So enthalten die Schriften Passagen, die vollkommen der offenbarten Botschaft entsprechen, und wiederum andere, die unklar empfangen wurden, sich verdrehten, sich ins Okkulte verkehrten. Das Unerhörte zu hören war für den Lauschenden nicht selten verwirrender und störender, als er sich selbst eingestehen mochte. Und da nicht Offenbarung empfangen und gleichzeitig ein Text als Protokoll verfaßt werden konnte, sind bereits bei der allerersten Niederschrift des Erlebnisses mit seinen Botschaften Übermittlungsfehler unterlaufen. Das gilt für Texte und Schriften, die in einer Zeit entstanden, als Formen medialer Empfängnis in verzücktem Zustand noch die Regel waren und der allgemeinen Vorstellung und Erfahrung entsprachen. Später, und besonders in den Jahrhunderten nach der europäischen Aufklärung, kam gnostische Rebellion, das bessere Wissen und das Besserwissen, auf unbewußt erlebte Art und Weise zum Menschen. Es ist nicht verwunderlich, daß sich Dichter und Komponisten, die mit ihren Emotionen und ihrer bildhaften Imagination tiefer vertraut waren als Philosophen und Theologen, einer gnostischen Betrachtungsweise weiter öffnen konnten und somit auch Inspirationen empfingen, die ihnen die Kraft gaben, immer wieder die Wahrheiten, die ihnen durch religiöse und philosophische Erziehung angeboten worden waren, von sich zu weisen oder zu bezweifeln.

Mohammed zum Beispiel empfing die ihm, seinem Volk und seiner Zeit gemäßen Wahrheiten in einer Form, die akzeptiert und verbreitet werden konnte. Die Suren enthalten in ihrer Verdichtung vieles, was sowohl dem Gemüt als auch dem suchenden Verstand Nahrung bietet. Die Kräfte, die etwas Neues bewirken wollten und Mohammed zu ihrem Werkzeug erkoren hatten, waren von der Notwendigkeit und der Absicht erfüllt, ein neues hilfreiches, einigendes Glaubensbild zu kreieren. Auch den Kräften des Kosmos und den entgrenzten Bewußtseinsschichten geht es nicht um absolute Wahrheit, sondern um jeweils diejenigen Schichten von Wahrheit, die hilfreich und erkennbar sind. Die Lehrer Mohammeds waren Instanzen der kausalen Bewußtseinsschicht als Boten des größeren Ganzen. Mohammed selbst war ein Mensch mit großen visionären Kräften, der sich ebenso zur Verfügung stellte wie Jesus, ebenso furchtlos und ergriffen von seinen Aufgaben. Die Instanzen, die ihn lenkten und ihn behauchten, nutzten seine Bereitschaft. Er war ein inspirierter Praktiker, kein abstrakter Denker, und was erstrebt und gebraucht wurde, war ein System von Anleitungen, die eine neuartige Lebensführung und auch ein vertrauensvolles Geführtwerden der Massen ermöglichte. Er war eine alte Seele auf der fünften Stufe, denn nur ein Mensch, der diese Phase seiner seelischen Entfaltung erreicht hat, ist dem Leben und ebenso dem Tode gegenüber so mutig, daß er eine Arbeit übernimmt, die ihm keinen herkömmlichen Gewinn bringt. Die Entselbstung, die die Voraussetzung für die Übernahme eines transpersonalen Auftrags bildet, ist nur in den allerletzten Stadien der Verkörperung möglich. Bevor die eigentliche Übermittlungsarbeit begann, hatte Mohammed einen – auch historisch überlieferten – Traum, in dem ihm der Engel Gabriel ein Brokattuch mit Schriftzeichen entgegenhielt und ihn aufforderte: Lies! Dreimal weigerte sich Mohammed, und dreimal würgte ihn der Engel. Es handelt sich um einen Traum, der in stark verschlüsselter Form Mohammeds Bedrängnis ausdrückt. Er fühlte bereits einige Zeit vorher eine starke Präsenz um sich herum. Deshalb hatte er ein erhöhtes Bedürfnis nach Einsamkeit. Doch fühlte er sich nicht ohne weiteres imstande, den Impulsen, die ihm anfangs absurd scheinen wollten, zu folgen. Der Traum nun zeigt einen Engel, der die Aufforderung verkörpert, etwas zu tun, wovon Mohammed glaubt, es nicht tun zu können. Er war sich der zunehmenden Empfangstätigkeit seines Bewußtseins bewußt, konnte jedoch seine habituelle Persönlichkeit mit diesen Empfindungen nicht in Übereinstimmung bringen. Der Traum zeigt die Angst und Not, etwas tun zu müssen, was ihn von seiner Sippe, von seiner Gemeinschaft trennen würde. In inspirierten Versen zu sprechen, wenn ein Mensch dies noch niemals getan hat, ist beängstigend und erregt Anstoß bei den Zuhörern. Der Vorgang des Lesens, den Mohammed träumt, ist nicht ein Lesen, wie es in der Schule gelernt wird, sondern ein Lesen des menschlichen Bewußtseins in den Büchern des außermenschlichen Wissens. Dieser Traum zeigt in erster Linie die noch angstvolle Verarbeitung einer bereits verspürten Berufung. Kein Engel erschien wirklich, um Mohammed zu zwingen und zu würgen. Er jedoch hat es – bevor er sich öffnete und sich vollends hingab – so empfunden. Später jedoch, als er sich wahrhaft berufen fühlte und seine Existenz in den Dienst dieses Rufes stellte, empfing er Aufträge und Botschaften aus einer transpersonalen Dimension. Er nannte sie Gott, und sie vermittelte sich ihm als Gott. Denn niemals wird ein entgrenztes Bewußtsein darauf verzichten können, sich einem begrenzten Bewußtsein in dem ihm zur Verfügung stehenden Denkzusammenhang zu vermitteln.

Nun könnt ihr beobachten, daß nicht all jene, die Botschaften erhalten, auch die seelische Kraft und Reife besitzen, über die ein Buddha, Laotse, Mohammed oder Jesus verfügten, und deshalb war es und bleibt es für die meisten von ihnen notwendig und angemessen, das, was sie erfuhren, nur an wenige von ihnen Auserwählte weiterzugeben und somit vor der breiten Masse geheimzuhalten.

Daraus sind die zahlreichen Geheimlehren, die okkulten Wissenschaften und esoterischen Bruderschaften entstanden. Denn wir sagten bereits, daß nicht jede Seele aufgrund ihres Reifestadiums in der Lage ist zu hören und zu empfangen. Deshalb ist es nicht sinnvoll, sie mit Erkenntnissen zu belehren, die sie nicht annehmen kann. Und wenn ihr nach eurer Zeitrechnung einige hundert oder tausend Jahre zurückblickt, könnt ihr erkennen, daß zwar einzelne Völkerschaften und Kulturen über ein für euch erstaunliches technisches Wissen verfügten, das Gesamtpotential des Planeten mit seiner beseelten Bevölkerung jedoch noch nicht so weit entwikkelt war, wie es hier und jetzt der Fall ist, und keineswegs ist damit ein Endpunkt beschrieben.

Wir wollen euch nun das angekündigte Beispiel für ein Zusammenspiel zwischen den drei Welten der Seele geben, die wir euch vorgestellt haben. Wir wählen dafür eine Gestalt, die euch aus eurer Kultur und Vorstellungswelt vertraut ist. Sie illustriert euch in besonders eindrucksvoller Weise die Zusammenhänge, die wir erläutern wollen. Sie werden dadurch sichtbar, daß dieses Zusammenspiel eine euch bekannte Wirkung von ungeheuren Ausmaßen nach sich gezogen hat. Diese beabsichtigte Wirkung war der Beweggrund für die gemeinsame Arbeit der physischen, astralen und kausalen Kräfte. Und damit unser Beispiel seinen Erklärungswert behält, bitten wir euch, einmal davon auszugehen, daß es sich bei dem Begründer des Christentums, Jesus von Nazareth, so wie bei jedem von euch um eine Seele handelt, die sich in menschlicher Gestalt inkarniert hat, um eine Seele jedoch, der aus Gründen, die wir euch erläutern werden, eine ungewöhnliche Aufgabe zugewiesen wurde.

Das Beispiel Jesus

Seine Entwicklung in früheren Inkarnationen

Für das Volk Israel war es vor mehr als zweitausend Jahren selbstverständlich, die Möglichkeit von Vorleben in Betracht zu ziehen, auch wenn die wenigsten konkrete Erinnerungen an frühere Existenzen hatten. Für Jesus von Nazareth waren seine eigenen Vorleben nicht theoretisches Konzept, sondern lebendige Realität.

Das findet seine Erklärung zum einen in der Tatsache, daß er eine Seele am Ende ihrer Reise durch die Inkarnationen war. Eine solche Seele wird sich immer mit Leichtigkeit erinnern können, und zum anderen darin, daß er sich bereits in den vorausgegangenen physischen Existenzen auf seine Aufgaben im letzten irdischen Leben vorbereitet hatte.

Die archetypische Seelenrolle, die Jesus erfüllte, war die des Helfers. Er war Helfer, und viele seiner Seelengeschwister waren es auch. Keine andere Seelenessenz ist in der Lage, so hingebungsvoll zu dienen und alle Tage so voll Freude in den Dienst am Menschen zu stellen wie die essentielle Seelenrolle des Helfers. Und nur dem Helfer in der Essenz ist es gegeben, den Zyklus der Inkarnationen so rasch zu durchlaufen wie Jesus.

Denn nur der Helfer ist bereit und findet Gelegenheit, in jedem Leben die Aufgaben seiner Essenz zu erfüllen, die im Dienst am Menschen bestehen und in der Erforschung von Liebe in der Haltung des Dienenden. Und keine Seelenrolle wird so leicht die Hingabe lernen, die notwendig ist, die echte Selbstlosigkeit, die es leichtmacht, Liebe zu spüren und liebend zu handeln, ohne der Angst und den Falschheiten des Ego zu verfallen.

Das Leben, das mit der Kreuzigung seinen Abschluß fand und danach nur in ungewöhnlich veränderter Form weiterbestand, war seine sechzigste Inkarnation. Ein Abschluß des gesamten Inkarnationszyklus innerhalb von sechzig physischen Existenzen ist ein relativ schneller Weg, um die Herausforderungen des körperlichen Lebens anzunehmen und zu bewältigen. Bevor Jesus das letztemal in einem rein menschlichen Körper auf die Welt kam, als Sohn irdischer Eltern, als biologischer Abkömmling von Maria und Josef, beseelt aber von einer Kraft, die die Summe aller seiner Erfahrungen darstellte, hatte er sich mit großer Überlegung in all den verschiedenen Völkerschaften und Rassen nacheinander inkarniert, die ihm durstig erschienen nach einer neuen Botschaft und einer neuen Erkenntnis. Dazu gehörten nicht die Chinesen, nicht die Eskimos, nicht die Ureinwohner Australiens, nicht die Bewohner Zentralafrikas und Arabiens, wohl aber die Kelten, Germanen, Ägypter und Äthiopier, die Syrer, die Völker Nordafrikas und der afrikanischen Westküste, die Hindus Mittel- und Südindiens, die Buddhisten des Himalaja-Raums, die Indianer Südamerikas – nicht aber die Indianer Nordamerikas – und die Völkerschaften Großrußlands, die Griechen und Phönizier. Die letzten drei Leben vor seiner finalen Inkarnation verbrachte er im Nahen Osten und dort vornehmlich in den Landstrichen, die in seinem letzten Leben zu Israel zählten. Diese vielfältigen und mutigen Inkarnationspläne dienten dem Zweck, alles kennenzulernen, alles zu begreifen, zu durchdringen, alles zu verstehen und zu integrieren, was später für seine Lehre der reinen Liebe von Gewinn sein konnte. Nur das Wissen um die grenzenlos verschiedenen Möglichkeiten der Anschauungsweisen, der Reaktionsformen, der Lebensbedingungen und sozialen Strukturen des Zusammenlebens ließ ihn eine Toleranz entwickeln, eine Bereitschaft, alle Vorurteile abzubauen und eine liebende Einstellung zu formen, die von der Erkenntnis gekrönt wurde: Vor Gott sind alle Menschen gleich.

Wenn wir von Gott sprechen, so tun wir dies in dem Bewußtsein, daß es nicht entscheidend ist, wie das göttliche Prinzip, die Energie des Tao, des Allganzen, von den Menschen bezeichnet wird. Vielmehr wissen wir und möchten wir euch nahebringen, daß das Empfinden der Göttlichkeit von größerer Bedeutung ist als ihre Bezeichnung oder ihre mentale Vorstellungsform.

Es ist weder richtig noch falsch, wenn verschiedene Völker sich unterschiedliche Bilder machen von dem, was sie als göttlich empfinden. Die Bemühung, das Empfundene in Worte zu kleiden und diesen Worten Gestalt zu verleihen, ist entscheidend und nicht das Resultat, das so variabel sein kann wie die Völker und Rassen selbst. Die Form, die eine Vorstellung des Göttlichen annehmen kann, ist abhängig von der seelischen Entwicklung, d. h. dem dominierenden Seelenalter eines Stammes oder Volkes. Zu Lebzeiten des Menschen, der Jesus genannt wurde, gab es auf dem Planeten Erde noch eine Vielzahl von Säugling- und Kind-Seelen und nur sehr wenige reife oder gar alte Seelen. Die Kind-Seele dominierte über die Junge Seele; die Jungen Seelen bewegten sich hin auf den Zustand der Reife. Und diese Seelen, die den späten jungen und frühen reifen Zyklus erreicht hatten, gemeinsam mit den wenigen alten Seelen, die sie lenkten und leiteten, waren jene, die Jesus mit seiner neuen Botschaft erreichen wollte. Sie waren es, die jene spirituelle Hilfe benötigten, die er ihnen zuteil werden ließ.

Wenn später deutlich wurde, daß die frohe Botschaft auch zu den sogenannten Heiden getragen werden sollte, und sie des Empfangs ebenso würdig waren wie die strenggläubigen Juden, die auf den Messias warteten und sich in diesem Warten erschöpften, dann geht diese Heidenmission auf den

Wunsch des lebendigen Jesus und die Absicht des gekreuzigten Christus zurück, allen Menschen die Hand zu reichen, die sich in Sehnsucht nach einer neuen Erkenntnis und nach einer Religion der Liebe verzehrten.

Die letzten drei Inkarnationen verbrachte er, wie wir andeuteten, auf dem Territorium der jüdischen Bevölkerung, das seinen Entwicklungszielen auch dadurch entgegenkam, daß die Elemente der römischen und griechischen Kultur sowie der Resteinfluß der ägyptischen und afrikanischen geistigen Errungenschaften in diesem Landstrich eine glückliche Mischung geistiger Phänomene darstellte. Mit den aktivierten und ins Bewußtsein integrierten Erkenntnissen, die Jesus auf seinen vielen Lebensstationen in der ganzen Welt, besonders auch durch seine Berührungen mit den damals noch jungen und deshalb wenig verfälschten Religionen des Ostens, erworben hatte, war er in der Lage, diejenigen zu erkennen und zu motivieren, die ihn bereits früher begleitet hatten, und die er während der letzten Jahre seines irdischen Wirkens zu seinen engsten Schülern und Aposteln berief. Er hatte sich, um nur einige Beispiele zu geben, in unmittelbarer Gefolgschaft von Sokrates und Buddha befunden. Er war Schüler hinduistischer Yogis gewesen. Er hatte die Geheimnisse der Druiden erforscht. Er war mit den spirituellen Erkenntnissen der afrikanischen Völker vertraut und auch die Lehren der Stoa hatten seinen Geist erreicht. Nun aber wandte er sich dem Judentum zu und bemühte sich, in drei aufeinanderfolgenden Leben seine Tiefen und seine Wahrheit zu erkennen. Wenn sich die pharisäischen Gelehrten über die durchdringenden Erkenntnisse und das umfassende Wissen aus den Schriften wunderten, über die das Kind Jesus mit einer Selbstverständlichkeit verfügte, die einem Wunder gleichkam, liegt das nur daran, daß sie die Erinnerungskraft einer alten Seele an ihre vorausgegangenen Inkarnationen nicht in Betracht zogen.

Und diejenigen, die als Vorläufer und Wegbereiter Jesu erkannt und bezeichnet werden, wie Johannes der Täufer oder der Prophet Elias, aber auch andere, gehörten zu den Geschwistern seiner Seelenfamilie, die ihn bei seiner Arbeit und der Vorbereitung seiner späteren Mission unterstützen wollten und bereit waren, dafür viele Opfer zu bringen.

Johannes der Täufer war ein Seelenbruder. Er war der Vorletzte der Seelenfamilie und ging vor Jesus selbst heim in die astrale Welt. Er war für Jesus der einzige wahre Gefährte, der einzige wirkliche Freund, der ihn und seine Existenz mit dem Herzen, mit der Intuition und mit den Kräften, die ihn inspirierten, erkennen konnte. So wie Jesus sich zu Johannes dem Täufer hingezogen fühlte und das Bedürfnis verspürte, von ihm berührt zu werden, so war für Johannes selbst dieser Kontakt, der ihn beglückte und zugleich verstörte, von großem Wert und immensem Trost. Denn auch Johannes besaß die hellsichtige Kraft der alten Seele, die ihm offenbarte, daß er den Körper verlassen könne, da sein Nachfolger und der, der das Werk dieser Seelenfamilie vollenden würde, nun die Arbeit zu beginnen trachtete.

Jesus war in den Inkarnationen vor seiner letzten nie darauf bedacht gewesen, ein großer, mächtiger oder einflußreicher Mensch zu sein. Seine Seele in der Rolle des Helfers erfüllte sich im Prinzip des Dienens. Und obgleich er alle Stationen menschlicher Existenz und menschlichen Wirkens durchlaufen hatte, war er weder ein historischer Feldherr noch ein mächtiger König, noch ein großer Architekt, noch ein weltberühmter Philosoph gewesen. Vielmehr hatte er sich, so oft es ging, in die Rolle eines Lernenden begeben, um alle Kräfte zu sammeln und bereitzustellen für die exponierte Stellung, die er in seinem letzten irdischen Leben einnehmen sollte. Damit wollen wir nicht sagen, daß nicht auch er im Laufe seiner vielen Leben alle Höhen und Abgründe der menschlichen

Psyche ausgelotet und sie am eigenen Leib erkannt hätte. Niemals kann Verzeihung wirksam sein und von Herzen kommen, wenn der Verzeihende nicht weiß, daß auch er der gleichen Tat fähig gewesen wäre.

Empfängnis und Kindheit

Als die Mutter Jesu den Samen ihres Ehemanns empfing, geschah etwas Besonderes, aber nicht ganz in der Art, wie es das Lukasevangelium schildert. Sie hat sich angerührt gefühlt von der Kraft einer fremden Seele, die in sie hinein ihre Energie verströmte und sie mit einem neuen Bewußtsein erfüllte. Das ist nichts Außergewöhnliches. Jede werdende Mutter kann spüren, daß das werdende Kind ihr Sein mit einer ganz eigenen Komponente bereichert. Wenn sie auf ihre innere Stimme hören will, die zu ihr darüber spricht, wen sie da in sich aufgenommen hat und birgt, und welch ein Zusammenspiel von Kräften sich aus dieser neuen Verbindung entwickeln wird, kann sie ihre Empfängnis als Gnade spüren.

Die junge Frau empfand diese Empfängnis, als sei sie von einem Engel berührt worden. Was geschehen war, läßt sich beschreiben und kann erklärt werden als die Visitation einer sich bewußt inkarnierenden Seele bei der Gastgeberin, die sich bereitfindet, dieser Seele einen Körper zu geben und sie zu beherbergen, zu tragen und zu pflegen, bis sie eine menschliche Verantwortung für sich selbst übernehmen kann.

Der Mensch, der später Jesus genannt wurde, war das biologische Produkt zweier Menschen, und er war auch das seelische Produkt einer wohlüberlegten und gut geplanten Entscheidung auf dem zweiten Territorium der astralen Welt.

Die Seele, die sich in dem Menschen Jesus inkarnierte, war in höchstem Maße darauf bedacht, die geeigneten Bedingungen für diese ihre letzte Inkarnation bereitgestellt zu wissen. Die Umstände und das Ziel seines Wollens machten es für Jesus notwendig, daß er an einem bestimmten Ort, in einer fest definierten kulturellen und geschichtlichen Situation das Licht der irdischen Welt erblickte. Und die Pläne setzten auch voraus, daß er mit seinen zukünftigen Eltern eine Wahl traf, die das hochgesteckte Ziel nicht behindern, sondern fördern würde. Diese Eltern sollten einfache, unverbildete Menschen sein, Menschen, die ihm eine ruhige und ungestörte Kindheit garantieren konnten, Menschen, die ihn nicht zu dominieren suchten, um seine kindliche, auch bei ihm als Mensch vorhandene Prägbarkeit für ihre Zwecke auszunutzen. Sowohl der Vater als auch die Mutter dieses ungewöhnlichen Menschen waren Wesen, die über geringe Ego-Kräfte verfügten und so wenig verdorben waren, daß sie sich noch wundern konnten und eine stille Ehrfurcht vor dem Knaben besaßen, den sie auf die Welt gebracht hatten. Beide waren reife Seelen, die – ohne intellektuell gebildet zu sein – doch nachdenken konnten und spürten, daß der Mensch, der in ihrer Mitte aufwuchs, nicht mit dem vertrauten Maßstab gemessen werden mochte. Jesus hat sich Eltern gesucht, die nicht im Sinn hatten, seine Individualität zu brechen und zu zerstören.

Der Mythos der Jungfrauengeburt ist für viele Gläubige eine Hilfe gewesen, die Besonderheit eines Menschen unter Menschen annehmen zu können. Aber wir sagen euch, daß euch nichts verloren gehen wird, wenn ihr euch den dogmatischen Forderungen, an eine Jungfrauengeburt zu glauben, nicht beugen könnt. Wir glauben euch sagen zu dürfen, daß ihr die Größe des Menschen Jesus, die Größe dieser uralten Seele und ihre Wirkungen erst dann wirklich zu schätzen lernt, wenn ihr diesen Menschen aller Mythen entkleidet, die sich aus historischen und religionsgeschichtlichen Gründen um seine Gestalt gerankt haben. Das heißt nicht, den Menschen Jesus auf eine kumpelhafte Art zu reduzieren und ihn pietätlos herabzuwürdigen. Richtig verstanden ist die Befreiung von Mythen und Legenden eine Hilfe für die Menschen des 20. Jahrhunderts und der Zukunft, Jesus als den Menschen zu sehen, der ihnen vorgeführt hat, daß niemand göttlich im herkömmlich-christlichen Verständnis sein muß, nur um wahrhaft lieben zu können. Jesus war nicht mehr und nicht weniger vom göttlichen Geist erfüllt als ihr alle, doch er öffnete sich ihm mehr als ihr. Was ihn von den meisten von euch unterscheidet, war sein Seelenalter und das damit einhergehende alles durchdringende Bewußtsein. Doch steht auch euch das Erlangen dieser Stufe in Aussicht, nicht als ein besonderes Verdienst, sondern als natürliches Ziel eurer seelischen Entwicklung – das Ziel, für das ihr ausgezogen seid, und das ihr ohne Zweifel alle erreichen werdet. Wenn nun manche von euch das Ziel früher erreichen als ihr selbst, seid ihnen nicht gram und schafft nicht eine Distanz zwischen euch und ihnen, die euch alle Hoffnung nehmen und zu einer falschen Demut verleiten muß.

Die Kindheit Jesu verlief ruhig und ohne große Zwischenfälle. Es entspricht nicht den Tatsachen, daß die Familie nach Ägypten fliehen mußte, um sich der Verfolgung durch Herodes zu entziehen. Jesus kannte Ägypten aus früheren Inkarnationen. Die sogenannte Flucht nach Ägypten ist ein Teil der umfassenden Mythenbildung, die auch im Zusammenhang mit der Schrift stand, die erfüllt werden sollte, und die darauf bestand, daß der Messias ein Verfolgter und Verratener sein müsse. Wir betonen noch einmal, was wir bereits gesagt haben: Der Mensch Jesus in seiner hohen Bewußtheit und seiner Klarsichtigkeit sorgte mit allen Mitteln dafür, daß er und seine Absichten nicht vor der Zeit bekannt werden sollten, und daß er sich in aller Ruhe und Gelassenheit auf die Jahre vorbereiten konnte, die der Ausführung seiner Pläne geweiht waren.

Wie die Flucht nach Ägypten, so ist auch die Geschichte der drei Weisen, die dem Stern folgten, um den Messias anzubeten, nicht historisch. Wohl aber spürten zu der Zeit, als diese alte Seele sich inkarnierte, viele von denen, die ihn aus früheren Inkarnationen kannten, ihn lieben und schätzen gelernt hatten, seine neuerliche Anwesenheit im Körper. Obgleich er der letzte seiner Seelenfamilie auf dem Planeten war, verfügte er doch über so viele Freunde aus anderen Seelenfamilien, die über den ganzen Erdball verstreut lebten, daß eine Freude über seine neuerliche Anwesenheit und auch ein unbewußtes Gewahrwerden seiner Aufgaben und Ziele unverkennbar waren. In aller Stille und Bescheidenheit, in Zurückgezogenheit und pragmatischer Kontemplation gelang es Jesus, dem Menschen, die Arbeiten zu verrichten, die den Männern seiner Familie oblagen, die Schriften zu studieren, seine Seele zu pflegen und die Liebe zu genießen, die ihm von seiner Familie zuteil wurde, und die sich in zärtlichem Respekt vor seiner Andersartigkeit äußerte. Als er erwachsen wurde, konnte er seine Eltern davon überzeugen, daß sie ihn ziehen ließen, und er ging auf eine Wanderschaft, die ihn im Lande herumführte und ihn in die Lage versetzte, diejenigen aufzusuchen, die wie er alte Seelen waren und in deren Gegenwart er sich verstanden fühlte, ohne daß er sich enthüllen mußte.

Wenn er später in den Jahren vor der Kreuzigung zu diesem oder jenem sprechen konnte: Folge mir nach! so waren diejenigen, zu denen er sprach, oft erschrocken. Ihr Verstand versuchte zu rebellieren, doch ihre Seele folgte dem Ruf, da die Kraft der alten Kontakte auf einer zunächst unbewußten Ebene diese Menschen lenkte und sie Dinge zu tun bewog, die sie sich selbst nicht erklären konnten. Er hatte sie bereits vorher ausgewählt und identifiziert und sprach seinen Aufruf erst aus, als er für diese Schüler eine offensichtliche Verwendung fand, da er für sein Werk Hilfe brauchte.

Die Kreuzigung und ihre Folgen

Schon vor dem letzten Abendmahl, stärker aber noch danach, wurde Jesus von Ahnungen gequält, die sich langsam zu Wissen verdichteten. Seine Hellsichtigkeit, die in den vorangegangenen Monaten immer stärker geworden war, zeigte ihm, was geschehen würde, wenn auch nicht in jedem Detail, so doch mit ausreichender Deutlichkeit, so daß er sich von Angst überwältigt fühlte und nach Wegen suchte, um sich von dieser Angst zu befreien, die an die tiefsten Schichten seines Menschseins rührte. Denn nun wußte er, daß es um sein Überleben ging. Ihm stand auch völlig klar vor Augen, daß das, was seine Hellsichtigkeit ihm zeigte, unvermeidbar war, und daß ihm der Versuch nichts nützen würde, sich seiner Bestimmung, sich seinem Schicksal zu entziehen. So gab es für ihn keinen anderen Ausweg aus der Situation, als sich ihr hinzugeben und seine Angst zu transformieren. Und weil die Angst ins Unermeßliche angewachsen war, konnte sie sich auflösen. Sie verwandelte sich durch einen Akt der Gnade in eine ernste Liebe, die sich bereitfand, alles zu akzeptieren, nicht mehr zu handeln, nur noch geschehen zu lassen. In dem Augenblick, wo die Angst ihren Höhepunkt erreichte, um dann endgültig zu entweichen, geschah mit Jesus das, was ihr als Erleuchtung bezeichnet.

Und während er noch betete und Dunkel ihn umgab, spürte er, wie er von großer Ruhe ergriffen wurde, wie alles, was ihn jemals festgehalten hatte in seinem Körper, in seinem

Wunsch zu leben, von ihm wich und eine heitere Stille ihn erfüllte, die auch er noch nicht gekannt hatte. Von einem Verstrickten wurde er zu einem liebenden Beobachter aller Dinge und Geschehnisse der Schöpfung. Da er von nun an mit seinem Körper nicht mehr identifiziert war, obgleich er die Schmerzen spürte und auch den Hohn empfand, den man über seine Psyche ergoß, war ihm alles, was ihm jetzt widerfuhr, in gleichem Maße gültig.

Dadurch hatte er keine andere Wahl, als alles zu bejahen, als alles zu akzeptieren ohne Widerstand, ohne Kampf, ohne Verurteilung. Er war im eigentlichen Sinne ein Lamm Gottes geworden. Aber nicht ein Lamm im Sinne eines Opfers, sondern ein Lamm im Sinne einer Seele, die die höchste Erfüllung in Liebe gefunden hat, weil sie lebt, ohne Leben manipulieren zu wollen, und weil sie lebt aus dem Vertrauen heraus, daß für sie gesorgt wird und daß nichts, was geschieht, gegen sie gerichtet ist. Erfüllt von dieser wahrhaftigen Milde und Hingabe ließ er sich martern, und die Vergebung, die er denen zuteil werden ließ, die ihn peinigten, war keineswegs ein Akt der Großzügigkeit. Vielmehr fand Jesus sich in einer Verfassung, die es ihm unmöglich machte, nicht zu vergeben. Die Distanz, die er zu all dem hergestellt hatte, was mit ihm und um ihn herum geschah, erlaubte ihm, das Leid seines Körpers zu spüren, ohne zu hassen. Er war nun frei vom Zwang zu reagieren. Und weil er sich allen Geschehnissen ohne Widerstand hingab, erlaubte ihm sein Körper, in eine so tiefe Ohnmacht zu fallen, daß man ihn für tot halten mußte.

Da sich keiner von denen, die die Kreuzigung beaufsichtigten, vorstellen konnte, daß ein Mensch diese Form der Folter lebend überstehen würde, ließ ihre Aufmerksamkeit nach. Und als die Dämmerung hereinbrach, verließen sie mit den anderen den Ort der Kreuzigung und kümmerten sich nicht weiter darum, was diejenigen mit den Leichen derer machen wollten, die ihnen nahestanden. So wurde Jesus vom Kreuz abgenommen und gebettet. Er lag am Boden und wurde betrauert von vielen, die ihn geliebt hatten. Sein Bewußtsein und sein astraler Leib hatten sich während der langen und tiefen Ohnmacht von seinem Körper gelöst und waren in die Welten gewandert, die die Schwingungen seines transformierten Seins empfangen und spiegeln konnten.

Diese Reise bestand aus drei Stationen: Zunächst besuchte er das Territorium der zweiten astralen Welt, da er sich noch mit seinem Körper verbunden fühlte. Sodann wurde er an die Helfer und Brüder des dritten Territoriums verwiesen. Sie empfingen ihn wie einen der ihren und gaben ihm alle Kraft, deren sie mächtig waren, damit er seinen Körper nicht endgültig verlassen mußte, sondern gestärkt zurückkehren konnte, ohne jemals wieder der zu sein, der er vor dieser Reise gewesen war.

Und eine dritte Station dieser Reise führte ihn in die kausale Welt, wo er Instruktionen empfing und weitere Kräfte, die ihm eine Aufgabe, eine Mission, auftrugen, die zum Ziel hatte, diese Liebe, die er erkannt hatte, und von der wir gesprochen haben, all jenen nahezubringen, die nach ihr dürsten, aber nicht der Erleuchtung in gleicher Weise teilhaftig werden können.

Und als er diese Instruktionen zusammen mit der Kraft, die ihm behilflich sein sollte, empfangen hatte, kehrte sein astraler Leib wieder zurück zu dem physischen Leib, der in der Nähe der Kreuzigungsstätte auf der Erde lag, und er war in der Lage, sich wieder mit dem Fleisch zu verbinden, die Energien der Erde mit den Energien der astralen und kausalen Welt zu verschmelzen. Das Bewußtsein kehrte in das physische Gehirn zurück, verband sich mit ihm und ließ ihn aus der tiefen Ohnmacht erwachen. Doch seine Klugheit gebot ihm, diejenigen, die sich seiner in Liebe annahmen, nicht zu erschrecken. Und seine Instruktionen waren ihm so deutlich, erfüllten ihn so vollständig, daß er der Versuchung nicht nachgab, die Augen aufzuschlagen und denen, die ihn salbten und in Tücher hüllten, zu erkennen zu geben, daß er lebte.

Seine Fähigkeiten waren schon während der vorangegangenen Jahre über das allgemein Menschliche hinausgewachsen. Seine mentalen Kräfte hatten ein Maß erreicht, das ihm gestattete, Dinge zu vollbringen, die von anderen als Wunder bezeichnet wurden. Er hatte sich selbst einer strengen Schulung unterzogen. Er wußte, wie er seinen Atem und seine Stoffwechselfunktionen kontrollieren konnte. Er hatte vieles gelernt von Mitgliedern esoterischer Schulen und geheimer Bünde. Ihm stand vieles zu Gebote, was andere für unmöglich hielten.

Und so beschloß er, für tot zu gelten und sich weiterer Kraft zu versichern, die der Heilung seines Körpers dienlich sein sollte, bevor er den Anweisungen seiner astralen Geschwister und seiner kausalen Lehrer folgte, die ihm bedeutet hatten, daß er als ganzer Mensch in erleuchteter Gestalt, als gehorsames, willfähriges Werkzeug dem Ziel des Ganzen dienlich sein sollte. Die Liebe zum Ganzen war größer als die Liebe zu denen, die ihn liebten. Als man ihn zu seiner vermeintlichen Grabstätte gebracht hatte, ließ man ihn dort zurück. Und als er sich allein wußte, wandte er alle Methoden, alles Wissen, alle Fähigkeiten, die er besaß darauf an, seinen Körper zu regenerieren, seine Wunden zu schließen und sich mit Hilfe all jener seelischen Gefährten zu erholen, die bereit waren, ihn bei seinen Aufgaben zu unterstützen. Und als er sich nun heil und ganz fühlte in einer Weise, wie er es nie gewesen war, heiler und ganzer als je zuvor, da erhob er sich und trat aus der Gruft heraus. Er fühlte sich tatsächlich wie neugeboren, neugeboren als einer, der er nie gewesen war, erfüllt von einem Wissen, das er nie gekannt, bereit zu einer Mission, die er zuvor nur unvollkommen erahnt hatte, und befreit von allen Grenzen, die zuvor auf ihm gelastet hatten. Seine körperliche, psychische, geistige und seelische Energie hatte sich zu einer Schwingung gewandelt, die so fein und hoch war, daß sie denen seiner Mitmenschen nicht mehr gleichen konnte. Er mußte deshalb all denen, die ihn von nun an erblickten, wie eine Lichtgestalt erscheinen.

Und so geschah es auch, daß sie ihn erkannten und dennoch gleichzeitig erkennen mußten, daß er ein anderer war; daß er ihnen nah und fern zugleich war; daß er einer der ihren war und doch ein völlig neuer. Sein veränderter Energiekörper war aber noch so frisch und empfindlich, seine Aura war so weit und hell, daß es ihm als Körper noch nicht angenehm war, berührt zu werden oder die Nähe niedriger schwingender Körper zuzulassen. Deshalb bat er die, die ihn berühren wollten: Rührt mich nicht an! Denn er war sich seiner in dieser neuen Gestalt, in dieser neuen Existenzform noch nicht so sicher, wie es einige Zeit später der Fall sein sollte.

Die Mission

Er war der letzte seiner Seelenfamilie gewesen, der sich noch im Zyklus seiner Inkarnationen befand. Er war von schmerzlicher Sehnsucht erfüllt, zu seinen Seelengeschwistern zu gelangen. Er war auf dieser Erde unendlich allein gewesen, da niemand von denen, die zu ihm gehörten, noch im Körper weilte.

Andererseits hatte er sich in einer Weise mit denen verbunden gespürt, die ihn vom dritten Territorium der astralen Welt her geleiteten, daß er in jedem Moment seines Lebens wußte, was zu tun war, und wer er sein konnte. Die Ahnung von seiner Bestimmung, die ihn seit seiner Geburt begleitet hatte, war nun zur Gewißheit geworden.

Er mußte, um dorthin zu gelangen, einen Tod sterben, denn die Ohnmacht am Kreuz war ein Nahtoderlebnis in dem Sinne, wie ihr es auch von anderen beschrieben findet. Nur muß euch deutlich sein, daß solch ein Ereignis auf eine uralte Seele anders wirkt als auf eine junge oder eine reife Seele. Jesus war eine alte Seele und auf der siebten Stufe der Entfaltung.

Für alle Seelen, die diese Stufe erreicht haben, ist es die letzte, und keine von ihnen würde aus freien Stücken in den Körper zurückkehren. Die Rückkehr des Menschen Jesus in seinen Körper war das eigentliche Opfer. Denn die Sehnsucht nach Vereinigung mit seiner Seelenfamilie und nach der Energietransformation auf die kausale Ebene hinauf war sein ganzes letztes Leben lang schmerzhaft und unbezähmbar gewesen. Aber er war dazu ausersehen zurückzukehren und ein Lehrer im Fleische zu sein, wenn auch sein Fleisch sich niemals mehr vergleichen ließ mit dem Fleisch seiner Mitmenschen. Es war ihm von nun an gegeben, seinen Körper zu betreten oder ihn zu verlassen, ganz wie er es wünschte und für nötig befand.

Und der war nun auch den Gesetzmäßigkeiten von Raum und Zeit nicht mehr in demselben Maße unterworfen wie zuvor. Deshalb konnte er sich von einem Ort zum anderen verfügen, indem er seinen astralen Leib vorausschickte und den Körper nachfolgen ließ. Das befähigte ihn, unvermutet hier und dort aufzutauchen und denen zu erscheinen, die er zu sich rufen wollte und die seine Helfer sein sollten bei der großen Mission.

Sehr wenige sind auserwählt. Und wenn ein Mensch seine letzte Inkarnation vorbereitet in dem Wissen, daß es die letzte sein wird, stellt er sich damit auch den abschließenden Aufgaben, die eine solche letzte Inkarnation zu einer Erfüllung und

Befriedigung werden lassen. Damit wollen wir nicht sagen, daß jeder, der dieses Stadium erreicht, die Aufgaben erfüllen muß, die Jesus sich gewählt hatte.

Wir sagten bereits: Er war der letzte seiner Seelenfamilie, der noch auf dem Planeten Erde weilte. Er war deshalb doch kein Nachzügler, der alle Lernmöglichkeiten des irdischen Daseins besonders zögerlich oder langsam ausgeführt hätte. Die erste und die letzte Seele einer Familie, die das dritte Territorium der astralen Welt erreichen, haben eine besondere Funktion.

Von den Pflichten der ersten Seele haben wir bereits gesprochen. Sie wacht in der astralen Welt über all jene Mitglieder ihrer Seelenfamilie, die sich noch inkarnieren. Die Pflichten der letzten Seele bestehen darin, all das, was die vernetzte Erkenntnis seiner exkarnierten Seelengeschwister ihr übermittelt, durchzuführen und mit letzter Konsequenz auf die eigene leibliche Existenz anzuwenden. Niemand ist mit so starken Banden gebunden an seine eigene Seelenfamilie, die schon in der astralen Welt weilt, wie der Letzte auf Erden.

Aber Jesus hatte noch mehr Pflichten, die sich langsam in seiner Wahrnehmung herausbildeten und zu einer inneren Bestimmung wurden, der er sich nicht entziehen konnte und sich auch zunehmend nicht entziehen wollte. Er war mit einem Bewußtsein zur Welt gekommen, das so gereinigt war, so unverstellt, unverhüllt von den Nebeln des Vergessens, daß er sich an alles erinnern konnte, was er sich in der letzten Zwischenzeit auf der astralen Ebene vorgenommen hatte. Und darüber hinaus konnte er sich an alle seine vergangenen Inkarnationen erinnern und an die Vorbereitungen, die er für die Erfüllung der letzten Aufgaben getroffen hatte. Wenn wir jetzt von Aufgaben sprechen, möchten wir sie deutlich von der Mission unterschieden wissen, die ihm nach seiner Kreuzigung aufgetragen wurde.

Sehr wenige sind auserwählt. Sehr wenige auch finden sich bereit, sich so hingebungsvoll ihrer inneren Wahrheit zu stellen, daß sie die Voraussetzungen schaffen, auserwählt zu werden. Jesus hat sich in seiner letzten Inkarnation, wie auch in vielen vorangegangenen, wenn auch nicht in allen, seiner Berufung nicht verweigert. Und er hat sich seiner inneren Wahrheit gestellt mit einem Mut, der so selten ist wie ein großer Diamant.

Wenn wir sagten, die Kreuzigung war unvermeidbar, dann meinen wir damit, daß Jesus wußte, er würde seine Bemühungen durchkreuzen und seinen Plan zunichte machen, wenn er seiner Angst vor dem Sterben stattgeben würde. Es wäre ihm durchaus möglich gewesen, sich zu entziehen, sich vor den Häschern zu verbergen, zu fliehen von dem Ort, von dem er wußte, daß dort sein Schicksal harrte. Gerade diese Freiheit der Wahl macht die Größe seiner Entscheidung aus. Freiwillig in den Tod zu gehen, ohne das Bedürfnis zu verspüren, das Leben zu beenden – das unterscheidet diesen Schritt von den möglichen Formen des Selbstmords. Eine unwiderstehliche Macht zog ihn dorthin, wo er ahnte, daß ihm seine Berufung zur Auserwählung werden könnte. Aber auch er war ein Mensch, der den elementaren Forderungen des Körpers unterlag. Und deshalb fürchtete er um sein Leben. Er wollte sich den physischen Schmerzen nicht entziehen. Er war sich der Qual, die auf ihn wartete, wohl bewußter als die meisten anderen. Er konnte sich seiner Bestimmung nicht entziehen, weil er geleitet wurde und ermuntert von denen, die auf dem dritten Territorium der astralen Welt auf ihn warteten. Denn sie wünschten sich nichts sehnlicher, als endlich vereinigt zu sein und sich transformieren zu können zu der verschmolzenen Entität, die ihnen einen Aufstieg in die kausale Welt ermöglichte.

Auch dieser Verantwortung war sich der Mensch Jesus bewußt. Nicht das Sterben im Sinne eines Hinübergehens machte ihm angst, sondern die Umstände seines Todes. Als diese Angst erst einmal überwunden war und transformiert in Hingabe, erinnerte er sich all der Tode, die er in seinen vielen Inkarnationen gestorben war. Diese Erinnerung half ihm, die Tatsachen, die ihn erwarteten, nicht überzubewerten.

Was jedoch damit auch immer deutlicher wurde, war die symbolische Bedeutung, die seine Kreuzigung haben würde im Zusammenhang mit seiner Bestimmung. Die große Mission war der Auftrag, den Menschen, die sich aufgrund ihrer seelischen Entfaltung danach sehnten, die Vorstellung einer bedingungslosen Liebe nahezubringen. Die Begriffe der Gnade, des Verzeihens und des Nicht-verurteilt-werdens waren in den historischen Jahren, in denen Jesus sich auf der Erde bewegte und als Mensch teilhatte an den Begrenzungen des Irdischen, nur dem Konzept nach bekannt. Gelebt wurden sie aber nicht, da gerade im zeitgenössischen Judentum die pharisäische Strenggläubigkeit der Liebe, dem Verzeihen und dem Nicht-verurteilen keinen Raum mehr gelassen hatte. Und auch in der übrigen Alten Welt, die zum Wirkungsbereich des gekreuzigten Jesus werden sollte, hatten sich die Menschen in die Polarität von Sünde und Strafe, in die Vorstellungen von Strenge und Unerbittlichkeit geflüchtet in dem Glauben, daß der Mensch, gleichgültig was er auch anstrebte, niemals gerecht sein könne, daß die Welt Gottes oder der Götter mit ihnen, den Menschen, nur strafend oder höhnend verfahren könne.

Die Energien der astralen und der kausalen Welt waren deshalb denjenigen nicht mehr zugänglich, die sie suchten und die sie dringend brauchten. Und da die Glaubenssätze der Menschen von der Angst vor Strafe geprägt waren, wurde diese Angst so stark, daß sie eine Barriere darstellte, auch für den Zugang der Entkörperten zum Bewußtsein der Menschen.

Es wurde nun zur Mission Jesu, diese verkrusteten Strukturen, diese verhärteten Barrieren der Angst niederzureißen und all denen, die es begreifen konnten, all denen, die reif für eine solche Einsicht waren, eine neue Einsicht zu geben in das, was möglich ist: in eine Liebesfähigkeit, die über die Grenzen der Angst hinauswachsen kann, in die Möglichkeit, daß ein Mensch sich freier entfalten kann, wenn er bereit ist, auf seine eigene Gesetzmäßigkeit zu achten und sie auch bei anderen zu respektieren. Die Wirklichkeit der Gnade und des Verzeihens an die Stelle der Angst vor Vergeltung zu setzen – darin erfüllte sich ein großer Teil seiner Mission. Nur ein Mensch, der selbst der Gnade und des Verzeihens teilhaftig geworden ist, nur jemand, der am eigenen Leibe und in der Wahrheit seiner Seele erfahren hat, wie wohl es tut, wenn ihm verziehen wird von den Menschen und von denen, die nicht Menschen sind, wird dieses Verzeihen, diese Liebe auch weitergeben können. Nur ein solcher Mensch wird sich der Liebe öffnen können in dem Wissen, daß sie eine Heilung der Seele bewirkt, die nichts anderes auf der Welt zustande bringen kann.

Jesus war dazu auserwählt, seinem Volk und all jenen, die bereit waren zu hören, nahezubringen, daß Liebe und Gesetzestreue nicht in der Weise miteinander zusammenhängen, wie es den Menschen seiner Zeit gelehrt wurde. Die Liebe zu Gott war mißverstanden worden als eine Achtung der Gesetze und als eine Gottesfurcht, die der wahren Liebe in höchstem Maße widerstreben mußte. Sie mußte der wahren Liebe, die sich nur in Freiheit und Freude erfüllen kann, deshalb widerstreben, weil ein Leben in der Furcht vor dem Fehltritt, der Furcht vor dem falschen Schritt, einen Menschen so einengt und seine Wahrnehmungsfähigkeit für seine innere Wahrheit und die Wahrheit seiner Mitmenschen so einengt, daß er nicht mehr in der Lage ist, zu unterscheiden zwischen dem, was wirklich gottgefällig ist, und dem, was den Priestern als gottgefällig erscheint. Und es gehörte auch zur Mission, zur großen Mission Jesu, die Verwirrung, die die Völker des römischen Großreichs in spiritueller Hinsicht ergriffen hatte, zu klären und ihnen ein Angebot zu machen, das sie hinleitete zu ihrer eigenen Wahrnehmungsfähigkeit, ihrem eigenen Gewissen, ihrer Selbstverantwortung für das, was sie taten und das, was sie unterließen.

Die Liebe des Herzens über die Treue zum Gesetz zu stellen, und die Liebe des Herzens in Gegensatz zu stellen zur Furcht vor dem Fehltritt, die Liebe zum Menschen gleichbedeutend zu machen mit der Liebe zu Gott – das war das Geschenk, das Jesus mit seinem Auftrag zu den Menschen brachte, denen er sich nahe fühlte, weil er ein wahrhaftiger Mensch mit aller Menschlichkeit war, die ein Mensch nur erreichen kann.

Und es gehörte zu seiner Mission, in seiner erfüllten Lichtgestalt diejenigen zu inspirieren, die sich auf ihn und das, was er lehren konnte, vorbereitet hatten, sie zu erreichen und ihre Herzen zu wandeln, indem er ihre Furcht in Gewißheit umformte, so daß sie aus der Wahrheit ihrer Erkenntnis heraus das neue Wissen weitertragen konnten und andere, die bereit waren, mit dem Licht der Liebe entzünden konnten. Jesus selbst war eine lodernde Fackel, die ihr Licht weitertragen konnte, und an der ein jeder seine innere Flamme entzünden konnte, der es wahrhaftig wünschte. Diese Fackel aber brachte er zurück von seiner Reise in die entkörperten Welten. In seiner neuen Form und Gestalt hat er das Entstehen des Christentums direkt beeinflußt, indem er sich telepathisch, aber auch materialisiert jenen genähert hat, die die energetischen Voraussetzungen für ein Empfangen seiner Botschaft mitbrachten. Er erschien ihnen im Traum, er erschien ihnen als Vision, er stand neben ihnen, um ihre Handlungen zu lenken und zu leiten in eine Richtung, die in seinem liebenden Sinne war. Er stärkte den Geist und die Herzen jener, die sich in Not befanden und vermittelte ihnen ein Wissen und eine Klarheit, die sie befähigten, anders zu sein und anders zu handeln, als sie es gewohnt waren. Diese Menschen, die Jesus während seines intensiven Wirkens auf dem Planeten erreichte, wurden später Heilige genannt. Sie waren durch ihr Erlebnis inneren Lichts transformiert und konnten somit zu der Verbreitung der neuen Liebe beitragen.

Das intensive Wirken des gekreuzigten Jesus dauerte nach eurer Zeitrechnung ein wenig länger als vierhundert Jahre. Später war es nicht mehr so häufig notwendig, daß er sich der Anstrengung der Materialisierung unterzog. Er tat es nur noch, wenn es ihm von großer Tragweite und Bedeutung schien, und wenn er wußte, daß er damit eine neue Welle von Impulsen auslösen konnte, die wiederum diejenigen erreichten, die bereit waren.

Die Christen sprechen viel von Umkehr. Aber das, was Jesus bewirkte und anstrebte, war keine Umkehr, sondern eine Abkehr von der Dunkelheit des Herzens, hin zu einem angstfreien Blick in die Zukunft, ein Blick, der die Freude am Leben und die wärmenden Strahlen der Liebe nicht verschmähte, und ein Blick, der sich nicht verdüsterte angesichts der Endgültigkeit des Todes. Denn er zeigte den Menschen, die keinen Ausblick mehr hatten, daß mit dem Tod nicht alles zu Ende sein würde, daß es nicht nur ein Paradies gibt dort, woher alle kommen, sondern ein noch schöneres, ein noch größeres und helleres dort, wohin alle gehen. Und er zeigte ihnen auch, daß die Selbstgerechtigkeit desjenigen, der glaubt, nur sein Gesetz und seine Art zu leben seien Gott gefällig, nichtig ist; daß alle seiner Lehre der Liebe und der Gnade teilhaftig werden können; daß niemand eine Vorleistung erbringen, eine Bedingung erfüllen muß, um von ihm erreicht zu werden. Wenn Mission, wie sie heute verstanden wird, als Angebot oder Geschenk zur Verfügung gestellt wird, als ein Angebot, das auch abgelehnt, als ein Geschenk, das zurückgewiesen werden kann, dann erfüllt sie ihren Sinn. Wenn Mission als Zwang, Manipulation oder als Instrument der Angst eingesetzt wird, ist sie in allen Teilen das Gegenteil von dem, was Jesus wünschte.

Er lebte nach der Kreuzigung nicht ununterbrochen in seinem physischen Körper. Er belebte ihn, wann immer er die Notwendigkeit sah, es zu tun. Sein Körper war für ihn ein Instrument. Er konnte sich in ihm materialisieren, wenn dies das Gebot der Stunde war. Und er benutzte diesen Körper, um seine Aufgaben zu erfüllen. Doch ebenso oft verließ er ihn auch für längere Zeit, um sich dort aufzuhalten, wo inzwischen seine eigentliche Heimstatt war.

Wenn er im Körper war, kam es ihm lang vor. Doch wenn er auf dem dritten Territorium der astralen Ebene bei seinen Brüdern weilte, war ihm die Zeit nicht lang. Auch die astralen Brüder mußten noch warten, doch sie brachten das Opfer gern, als sie sahen, daß sie durch das Wirken von Jesus im Körper neuen Zugang zu den Menschen gewannen und ihre Hilfe ohne Hindernisse zuteil werden lassen konnten. Denn erst die Besinnung des Menschen auf sich selbst macht eine liebende Beeinflussung durch die entkörperten Seelengeschwister zu einem Akt von großer Wirksamkeit.

Doch wurde er lange noch gesehen, und er war von den Menschen kaum zu unterscheiden von einem, der seinen Körper nicht nach Belieben verlassen kann. Das war seine Methode. Das war seine Technik, um die Aufgaben zu erfüllen, die ihm gesetzt worden waren. Er wußte, daß er die Menschen nur als Mensch erreichen kann, und daß er ihnen menschliche Liebe nur als Mensch nahebringen kann. Göttliche Liebe folgt unmittelbar aus der menschlichen Liebe.

Individuelle Fragen

1. *Was bedeutet der Kreuzestod für die Mission Jesu? War das wirklich nötig?*

Deine Frage hat ihren Beweggrund in dem großen Mitgefühl, das dich anrührt, wenn du dir vorstellst, was der Mensch Jesus am Kreuze erlebt und gelitten haben muß. Und aus diesem Mitgefühl stellst du die Frage: War denn das wirklich nötig? Mußte er auf eine so erschreckende und grausame Art sein Leben verlieren? Wozu war das gut? Wäre es nicht auch anders gegangen?

Die Kreuzigung hatte vielschichtige Funktionen. Zunächst einmal war es ein Tod, eine Strafe, die von aller Öffentlichkeit beobachtet und bezeugt werden konnte. Die Öffentlichkeit dieser Todesform war von besonderer Bedeutung, denn nur wenn viele bezeugen konnten, daß sie den Gekreuzigten hatten sterben sehen, war der Glaube an die Auferstehung gewährleistet.

Eine zweite Funktion kann mit dem Aspekt der Schande beschrieben werden, der mit dieser Form von Strafe verbunden war. Jesus hatte sich ein Leben gewählt, das in Einfachheit gelebt wurde und ihn in den Augen seiner Mitmenschen, seiner jüdischen Glaubensbrüder zum Gegenteil eines Königs der Juden machte, und der Tod in Schimpf und Schande, die Kreuzigung als Strafe für einen Verbrecher, hatte in diesem Kontext einen besonderen Symbolwert. Die innere Absicht, die damit verbunden war, kann als Wunsch beschrieben werden, Jesus nicht zu erheben über all die, die vor dem Gesetz sündig geworden waren, und ihn auf eine Stufe zu stellen mit allen, denen in den Augen der Gesetzestreuen niemals vergeben werden konnte. Erst durch diesen Abstieg, diese Darstellung als jemand, der wie andere arme Sünder von der Macht der öffentlichen Gesetzgebung erreicht wurde, gestattete es Jesus, für all die zum Stellvertreter zu werden, die an der untersten Grenze derer standen, die von der Welt anerkannt werden konnten.

Wäre Jesus ein mächtiger, reicher und berühmter Mann gewesen, hätte er niemals seinen Anspruch verwirklichen können, für alle da zu sein. Die gesellschaftlichen Bedingungen seiner Epoche und seiner Heimat hätten es nicht gestattet, ihn zum Botschafter der göttlichen Vision zu machen in dem Sinne, wie die Juden Palästinas es erwarteten.

Die dritte Funktion des Kreuzes erfüllt sich in der prophetisch angekündigten Gestalt seines Opfers. Jesus selbst wußte, daß er nur dann von allen, die diese innere Bereitschaft zeigten, anerkannt werden würde, wenn er die Ankündigungen der Schrift Schritt für Schritt erfüllen würde und dazu gehört auch sein Tod. Die Propheten hatten über Jahrhunderte den Messias angekündigt als einen, der die Bedingungen der Schrift erfüllen würde. Jesus wußte sehr genau, daß es anders nicht möglich sein würde, und auch als Mensch hat ihm die schrittweise Erfüllung der prophetischen Weissagungen geholfen, seine Aufgaben zu erfüllen. Nur weil er selbst im tiefsten davon überzeugt war, der angekündigte Messias zu sein, nur weil er bereit war, alle Versprechen der Schrift einzulösen, erwarb er die innere Stärke und die äußere Kraft, seinen Weg zu gehen. Hätte er jemals daran gezweifelt, wäre es ihm nicht möglich gewesen, das zu tun und zu predigen, was seiner Aufgabe entsprach. Vieles von dem, was seit Jahrhunderten angekündigt war, hat er bestätigt, und vieles hat er auch verändert und in Frage gestellt, denn die innere Wahrheit, die ihn erfüllte, wich in manchen Punkten von dem ab, was ihm aus den Worten der Propheten bekannt war, und er mußte sich bemühen, all das in Einklang zu bringen, seine eigene, gewachsene und authentische Auffassung vom Reich Gottes mit dem, was die Propheten für den Heiland, den Messias, geweissagt hatten.

Jesus als Mensch hat immer Rücksicht genommen auf die Begrenzungen derer, die ihn umgaben, auch wenn er manchmal daran zu verzweifeln schien. Aber auch er als Mensch unterlag den Begrenzungen seiner Zeit und seiner Gesellschaft, zwar nicht in demselben Maße wie andere, aber dennoch war es so. Der feste, unumstößliche Glaube an einen einzigen Gott als Vatergott war ihm ein Richtmaß, das er nie in Frage und auch niemals zur Diskussion gestellt hat. Er mag nach seiner Kreuzigung gewußt haben, daß das göttliche Prinzip sich nicht auf das Vaterprinzip beschränkt, doch zu seinen Lebzeiten als Mensch unter Menschen wußte er das nicht. Wenn Jesus nun an das Kreuz geschlagen wurde und am Kreuz einen körperlichen Tod erlitt, der, wie wir sagten, ein Nahtod war und ihm gestattete, später in seinen Körper zurückzukehren, so geht es nicht darum, daß er das Kreuz als Symbol für die von ihm zu stiftende neue Weltanschauung und Rückbindung vorgesehen hatte. So weit ging seine Voraussicht nicht. Jede andere Form von öffentlicher und schändlicher Hinrichtung wäre seinen Zwecken gleichermaßen entgegengekommen. Jesus mußte sterben. Sein Tod war notwendig, um die Schrift zu erfüllen und um den Menschen, die bereit waren, seine Lehre anzunehmen, einen Rückhalt zu geben, den sie nicht anzweifeln mußten. Ihr dürft nicht vergessen, daß alle, die um ihn herum waren, aus einer tiefgläubigen Tradition kamen und nicht nur beglückt die Nähe des Meisters annahmen, sondern auch verwirrt und entsetzt waren über das, was er sagte, und was von ihrem Glauben abwich. Sie waren in hohem Maße verunsichert und benötigten, um sich nicht abwenden zu müssen, eine Orientierung, an die sie sich halten konnten, und die Erfüllung der Schrift in all den Punkten, die ihnen wichtig erschienen, war eine Grundvoraussetzung. Auch Jesus, als er vor Pilatus stand und gefragt wurde: »Bist du der König der Juden?« sagte: »Ja, so ist es.« Denn wenn er diese Bezeichnung öffentlich in Frage gestellt hätte, wäre seine Lebensaufgabe in Gefahr gebracht worden. Er selbst hätte sich nicht als König der Juden bezeichnet, aber die Schrift wollte es so. Ihm war es immer von Herzen gekommen, sich als Sohn Gottes zu bezeichnen. Die Vorstellung der Herrschaft, auch im weltlichen Sinne, war ihm weniger vertraut, und da er das Dienen als sein Seelenprinzip erfaßt hatte, war ihm nicht wohl dabei, sich als »König der Juden« zu bezeichnen, denn er wußte, daß die Obrigkeit und Pilatus dies nicht symbolisch verstehen würden, sondern als eine Mitteilung, die die staatliche Gesetzgebung bedrohte.

Jesus mußte so sterben, weil seine eigene hellsichtige Wahrnehmung ihm gewährleistete, daß dies die richtige und beste Entscheidung war im Sinne des Ganzen. Der Tag war recht, die Art war recht, und er wußte, daß ein Ausweichen weder in seinem persönlichen noch im allgemeinen Verständnis der Sache von Vorteil gewesen wäre. Als er einmal akzeptiert und mit großer Demut angenommen hatte, daß es geschehen werde, nahm er auch alle damit verbundenen Umstände an und sprach: So sei es.

2. *Jesus erwartete auch das Ende der Welt. Es ist aber nicht eingetreten. War er wirklich davon überzeugt? Wie konnte er sich so irren?*

Wir sagten, daß Jesus trotz seines erfüllten Inkarnationszyklus und seiner vollgültigen Menschlichkeit ein Mensch seiner Epoche war und damit den Begrenzungen seiner Zeit und seines Stammes untergeordnet. In diesem Zusammenhang bezweifelte er auch nicht die Vorstellung der Alten, daß sich mit der Ankunft des Messias die Zeit erfüllen würde, und die eschatologischen Vorstellungen waren ihm so selbstverständlich, daß auch er in seiner Gestalt als Mensch sich nicht vorstellen konnte, daß es anders sein könnte.

Diese gesamte messianische Tradition gipfelte in einer Vorstellung von körperlicher und politischer Erlösung, in einer Befreiung von Leid, die keineswegs auf das spirituelle Leid beschränkt war. Als nun der Gekreuzigte von seiner Reise in die entkörperten Welten zurückkehrte, da wußte er, daß die Hoffnung auf ein baldiges Ende der Welt sich nicht erfüllen würde, denn seine Mission, die frohe Botschaft der Liebe, hatte nur dann einen umfassenden Sinn, wenn sie die Notwendigkeiten einer neuen Zeit erfüllen würde. Die neue Zeit aber konnte nicht nur wenige Jahrzehnte andauern. Das Opfer und auch die Vorbereitung des Opfers wären zu groß gewesen, um ausschließlich einer politisch-weltlichen messianischen Erwartung gerecht zu werden. Auch die Hoffnung der Strenggläubigen, von allen Einschränkungen, die sie sich selbst auferlegt hatten, erlöst und vom Gefängnis des Körpers befreit zu werden, konnte sich so nicht erfüllen. Denn wer keinen Körper mehr hat, kann die Liebe nicht erfahren in der Weise, wie der Gekreuzigte sie verkündete, und nicht in der Weise, wie die göttlichen Helfer sie zum Heil der gereiften Seelen bereitstellen wollten.

Die Nachfolger des Gekreuzigten brauchten ihrerseits die Hoffnung auf ein baldiges Ende der Welt im Sinne der messianischen Prophezeiungen, denn auch das gab wiederum vielen die Kraft, all ihre persönlichen Belange hintanzustellen und sich zur Verfügung zu halten aus dem Glauben heraus, daß sie nichts mehr zu verlieren hätten. Sie waren der Ansicht, daß ihr Leben ohnehin bald zu Ende sein würde, und daß sie in einer großen, endgültigen Anstrengung das Reich Gottes auf Erden erleben könnten. Diese ganzen Maßnahmen dienten dazu, die Menschen, die sich der neuen Möglichkeit zu fühlen, zu denken und zu handeln öffneten, einen Bezugsrahmen zu geben, der sie nicht verzagen ließ.

Eine neue Lehre wird sich – das gilt damals wie heute – nicht durchsetzen können, wenn sie allzu radikal das Unerhörte verkündigt und das ablehnt, woran die Menschen sich halten. Im Sinne des Ganzen – wir betonen es immer wieder – war es, der neuen Lehre zu einem Durchbruch zu verhelfen, der ihr einen langen und festen Bestand sichern würde. Die Ereignisse überstürzten sich ohnehin. Alles, was mit Gewalt und ohne Rücksichtnahme auf das Einsichtsvermögen und das innere Wachstum des einzelnen durchgesetzt wird, hat auf lange Sicht gesehen keine Chance zu überleben. Es war aber ein wesentlicher Bestandteil der Mission des Gekreuzigten, dafür zu sorgen, daß die nun herangereiften Seelen Gelegenheit bekämen, sich über Jahrhunderte hinweg neu zu orientieren und ein Licht in der Ferne leuchten zu sehen, das ihnen Trost geben sollte

Die Selbstoffenbarung war ein gradueller Vorgang, der von Jesus selbst nur in tastenden Schritten vollzogen wurde. Die ersten Versuche, seine Anliegen offen zu leben, vor den Menschen auszubreiten, zu vertreten und sich den Folgen dieser Akte auszusetzen, lassen sich knapp vier Jahre vor seiner Kreuzigung beobachten. Davon steht in den Evangelien noch nicht viel, aber was ihr beobachten könnt, ist die kluge, bisweilen gar ängstlich anmutende Zurückhaltung, die Jesus denen auferlegte, die mit ihm in Berührung kamen und Zeugen seiner Blüte wurden. Wir denken dabei weniger an das, was das Neue Testament als Wundertaten bezeichnet, sondern vielmehr an die schrittweise Identifizierung von Jesus dem Menschen mit dem angekündigten Messias, die sich im Bewußtsein der Jünger herauskristallisierte. Jesus wollte vermeiden, daß er aufgegriffen und verhaftet würde, bevor er die pragmatischen Grundlagen für die Verbreitung seiner hohen Liebesbotschaft gelegt hatte. Es war für ihn nicht leicht, in jedem Moment abzuwägen und politisch vorzugehen. Er mußte sich selbst und seine Kräfte zugunsten des Ganzen disziplinieren und lernen, seinen natürlichen Impulsen nicht stattzugeben, die dazu geführt hätten, daß er vor Liebe und Freude nahezu hätte bersten müssen.

Immer wieder ermahnte er sich selbst, die Heilungen, die seine überwältigende, hochfrequente Energie bei denen bewirkte, die sich ihr anvertrauten, zurückzustellen, um nicht allzusehr ins Rampenlicht der Öffentlichkeit zu geraten. Aber sein Mitgefühl mit denen, die in Not waren und litten, war deshalb nicht weniger groß. Er stellte nicht selten die Erfordernisse seiner Planung zurück, um dem leidenden Menschen, der ihn um Hilfe anflehte, seine Liebe zu schenken. Stets mußte er sich daran erinnern, daß er ein Diener des großen Plans war und daß alles, was er tat und bewirkte, diesem großen Plan untergeordnet sein mußte. Deshalb ließ er sich oft von den Schülern geradezu nötigen, noch diesem und jenem zu helfen. Er tat es mit aller Freude, doch auch mit der Befürchtung, daß damit eine Gefahr heraufbeschworen werden könnte, die zu bändigen außerhalb seiner Kraft als Mensch liegen würde.

Andererseits war ihm auch bewußt, daß es dem Ganzen

ebenso dienen würde, diejenigen zu überzeugen, die sich durch sogenannte Wunder am schnellsten und nachhaltigsten seiner Energie öffnen würden. Vergeßt nicht, daß der größte Teil der damaligen Weltbevölkerung aus Säugling- und Kind-Seelen bestand, die für nichts anderes als Symbole und feste Bezugspunkte zugänglich waren, und daß Jesus zu dieser Zeit nicht immer direkt die alten Seelen erreichen konnte, sondern ihnen auch indirekte Botschaften zukommen lassen mußte. Da er nicht persönlich in die entlegensten Winkel Palästinas reisen konnte, und die Kommunikationsmöglichkeiten äußerst beschränkt waren, war er darauf angewiesen, daß es sich herumsprach, daß er existierte und was er tat. Deshalb vertraute er immer wieder darauf, daß die Verbreitung seines Wirkens besonders dann große Geschwindigkeit erreichen würde, wenn er den Geheilten das Versprechen abnahm, nicht über das Erlebte zu sprechen.

3. *Konnte er wirklich heilen und Wunder tun?*

Die gereinigte und von allen großen Ängsten befreite Seele dieses Menschen bewirkte, daß sein Körper auf ein energetisches Niveau angehoben wurde, das einer starken Heilkraft entsprach. Die Kranken, denen er die Hand auflegte, waren nur in ihrer eigenen Vorstellung und in der ihrer kulturellen Umgebung von bösen Geistern besessen. Damals gab es kaum andere Möglichkeiten, eine Krankheit zu beschreiben, es sei denn durch Besessenheit.

Da Krankheiten in aller Regel aus einem gestörten Energievolumen herrühren, war es Jesus ein leichtes, durch Berührung den Ausgleich, die energetische Harmonie wiederherzustellen. Ebenso verhält es sich mit denen, die für tot gehalten wurden, ohne daß eine vollständige Lösung der Seele vom

Körper vonstatten gegangen war. Das zwölfjährige Mädchen, das Jesus ins Leben zurückholte, hatte im Koma gelegen und war nicht mehr als lebendig zu erkennen. Doch ihre Seele hatte sich noch nicht vollständig vom Leib gelöst. Deshalb, und weil der Lebensplan dieses Mädchens in keiner Weise erfüllt war, kehrte sie in den Körper zurück, als sie die Energie bereitgestellt sah, die Jesus ausstrahlte.

Das sogenannte Wunder von Kanaa gehört wiederum in den Bereich der Mythen und Legenden und entstammt einer späteren Tradition, die Jesus auch andere Wunder zuschreiben mußte, um diejenigen zu überzeugen, die mit diesen Maßnahmen erreichbar waren. Doch auch die Jünger selbst benötigten, um der Sache weiter zu dienen, Beweise, die sie als handfest ansehen konnten, und ihre Fähigkeiten der Autosuggestion ließ sie Dinge sehen und sagen, die zwar stattfanden, aber aus ihrem mangelnden Verständnis heraus in einer Weise interpretiert wurden, die nicht korrekt war.

Weil Jesus verzeihen konnte, hat er mit seinem Beispiel eine neue Hoffnung und eine neue Weltsicht geschaffen, die die Menschen damals und heute von der Angst befreit, für ewig verdammt zu sein selbst durch Handlungen, die nur gegen die Gesetze der Menschen verstoßen. Mit diesen Gesetzen meinen wir auch die Gesetze des gläubigen Judentums, die sich als ehernes Gesetz Gottes ausgaben. Ohne die Kunde, daß Jesus seinen Leib zur Verfügung stellte, um die Sünden der Welt auf sich zu nehmen, wären die Menschen seiner Zeit weiterhin in der Hoffnungslosigkeit versunken.

Aber auch der Gekreuzigte kann keinen einzigen Menschen von seiner Verantwortung der Liebe gegenüber lossprechen. Deshalb sprach er: »Es gibt nur eine Sünde und das ist die Sünde wider den Geist Gottes.« Dieses Wort wurde mißverstanden im Sinne derer, die den Geist Gottes mit den Gott zugeschriebenen Gesetzestexten in eins setzten. Jeder von euch, jedes Individuum, jedes Fragment hat seine eigene Verantwortung zu tragen und wächst an eben dieser Verantwortung. Niemals wäre Jesus auf den Gedanken gekommen oder bereit gewesen, euch diese Wachstumsmöglichkeit zu nehmen. Im Gegenteil: Er wollte euch eine neue Möglichkeit geben, die Verantwortung selbst zu tragen, anstatt alles den verselbständigten Vorschriften der Religionshüter zu überlassen. Nicht das Gesetz soll entscheiden, was richtig und was falsch ist vor Gott, sondern der Mensch selbst. Und wenn der Mensch Jesus als Kind seiner Zeit noch von Strafe und Verdammnis sprach, erreichte er damit diejenigen, die in anderen Kategorien weder fühlen noch denken konnten, und darüber hinaus meinte er auch das kosmische Gesetz des Ausgleichs, das unausweichlich dort eintritt, wo ein Mensch sich gegen die Liebe gestellt hat. Die ewige Verdammnis gibt sich den Anstrich einer grausamen Bestrafung, doch wird deutlich, was der Gekreuzigte am eigenen Leib erfuhr, nämlich daß die Bestrafung nicht in den Qualen der Hölle besteht, sondern darin, daß die Verantwortung, die ein Mensch durch den Verstoß gegen die Liebe auf sich lädt, in jedem Fall ausgeglichen und gesühnt werden muß, bis eine Harmonie hergestellt ist, die dem Wachstum der gereinigten Seele entspricht.

Der Glanz, der eine alte Seele auf der siebten Stufe ihrer Entfaltung umgibt, wird von vielen, die in ihrer Entwicklung noch nicht so weit fortgeschritten sind, für eine Form der Erleuchtung gehalten, denn es ist ihnen unmöglich nachzuvollziehen, daß ein Mensch, der in allen Bereichen, außer im seelischen, genauso ist wie sie, so voll Liebe, Weichheit und Freude sein kann wie jener.

Aber Jesus hatte die allerletzte Hürde der Angst noch nicht genommen bis zu der Nacht, in der er auf dem Ölberg seine Tränen vergoß und darum flehte, verschont zu bleiben vom bitteren Kelch des Sterbenmüssens durch die Hand seiner

Freunde. Wenn es ihm nicht so schwergefallen wäre, hätte seine Bereitschaft nicht denselben Sinn und dieselbe Wirkung gehabt. Nur diese letzte Prüfung, die demütige Unterordnung unter das Gesetz des Ganzen, die Hingabe des gesunden Körpers und der gesundeten Seele, die Überwindung der biologischen Mechanismen, führten ihn zum Sieg über die Angst, die wahrhaftig Erleuchtung genannt werden kann.

Ihr fragt euch gewiß, wie viele solche Erleuchtete es wohl geben mag, jetzt in den Zeiten, die ihr erlebt. Wir sagen euch: Es sind wenige, aber doch mehr, als ihr wißt. Denn die wahrhaft Erleuchteten verlassen ihre Körper fast stets wenige Tage oder Wochen nach ihrer Befreiung von Angst.

Jeder, der einen Körper bewohnt, kommt in seiner Entfaltung früher oder später auf die siebte Stufe des alten Seelenzyklus. Jeder wird eine letzte Inkarnation erleben und seinen irdischen Seelenweg damit abschließen. Das bedeutet keineswegs, daß jeder auch zwingend in diesem Stadium seiner Entfaltung zur Erleuchtung kommt.

Erleuchtung ist untrennbar verbunden mit Bewußtwerdung und Befreiung von Angst. Zunehmend wird die gereifte und gealterte Seele sich von Ängsten lösen, aber selten geschieht es, daß sie sich ganz befreit. Erleuchtung ist kein Produkt des menschlichen Willens, sondern ein Zusammenspiel von Wollen und Nichtwollen, von Festhalten und Loslassen, von Zielsetzung und Ziellosigkeit.

Nur die, die lange und über viele Inkarnationen hinweg an der Entwicklung ihres Bewußtseins gearbeitet haben, können überhaupt von Erleuchtung profitieren, den anderen bedeutet sie nichts. Die Wege sind verschieden. Nicht jeder muß denselben Weg gehen.

Es gibt Seelen, die sich in bestimmten Positionen innerhalb ihrer Seelenfamilie befinden und daher Aufgaben übernehmen, die nicht allen auferlegt werden. Wenn wir von Auferlegen sprechen, meinen wir damit die selbstgestellten und selbstgewählten Aufgaben, die eine Seelenfamilie als ganzes zu ihrem Entwicklungsziel macht und innerhalb derer einige Mitglieder besondere Funktionen zugewiesen bekommen.

Zu diesen Positionen, die mit Sonderaufgaben betraut werden, gehören die erste und die letzte in der Reihenfolge der Ausstreuung, aber auch jede siebte, die sich damit auf einen Weg der Bewußtseinsschulung aufmacht, der besonderen Einsatz und eine Bereitschaft voraussetzt, auf einer inneren Suche zu bleiben, die anderen Seelen mit anderen Positionen innerhalb der Seelenfamilie erspart bleibt.

Nicht jeder ist ein Suchender, und nicht jeder muß es sein. Auch das sagen wir euch wieder, um bei euch Verständnis und Liebe zu wecken für jene, die nach eurer Beurteilung nicht zu den Suchenden gehören, und die diejenigen, die sich für Suchende halten, gern verachten, weil sie sie für minderwertig erklären.

Der Suchende wird auf seiner Suche zahlreiche Irrwege beschreiten und daher oft umkehren müssen. Er wird die Objekte und das Ziel seiner Suche neu definieren müssen. Er wird sich mit Enttäuschungen auseinandersetzen und mit der Müdigkeit, die ihn erfaßt, wenn er trotz allen Ehrgeizes das, was er sucht, nicht findet. Er wird Abschied nehmen müssen von diesem Ehrgeiz und von seiner Willenskraft. Er wird lernen müssen, Schwäche und Hilflosigkeit zu akzeptieren. Er wird sich öffnen für die Gnade, die zunächst in seinem Weltbild keinen Platz hat.

Wir betonen noch einmal: Das Abschließen aller Inkarnationszyklen ist Teil der Inkarnation selbst und kann weder angestrebt noch vermieden werden. Erfolg oder Mißerfolg sind keine Kriterien, wenn es um die Frage geht, ob ein Mensch sich noch einmal inkarnieren wird oder nicht.

Wenn eine Existenz im Körper mit einer sogenannten Erleuchtung abgeschlossen wird, sei es zwischenzeitlich oder endgültig, ist das nur ein Weg unter vielen, der einem von sieben Menschentypen – nicht zu verwechseln mit den Seelenrollen – aufgrund seiner unablässigen Bemühungen um ein befreites Bewußtsein zuteil wird. Andere Menschentypen kennen andere Bemühungen, und sie sind nicht weniger wertvoll als diese.

Der alten Seelen im Glanz ihrer Liebe aber gibt es mehr. Sie sind die Lehrer und Meister, die reisen oder sich still bereithalten für die, die von ihnen lernen wollen. Wir wollen euch ans Herz legen, diejenigen nicht zu verschmähen, die nach unserer Definition der Erleuchtung zwar sehr nahe sind, sie aber dennoch nicht vollzogen haben. Von keinem lebenden Menschen könnt ihr mehr lernen als von denen, die kurz davorstehen, den Zyklus ihrer Inkarnationen abzuschließen. Sie sind ein leuchtendes und weithin strahlendes Beispiel für das, was ihr alle erreichen könnt und erreichen werdet, auch wenn es nach irdischem und nach kosmischem Gesetz seine Zeit braucht. Und wenn ihr einen Lehrer sucht, so orientiert euch immer daran, ob ihr seine Liebe zum Menschen spüren könnt. Dazu genügt es häufig, daß ein Mensch, der euch etwas lehren kann, in seiner seelischen Entwicklung einige Stufen weiter fortgeschritten ist. Ihr seid nicht unweigerlich darauf angewiesen, von einem schon fast Erleuchteten zu lernen. Die Möglichkeit, an der Liebe eines Mitmenschen zu wachsen, besteht immer, unmittelbar in eurer Nähe.

Der Suchende

Wenn du nach deiner Wahrheit suchst, bist du wie ein Mensch, der sich zu einer Wanderung im Gebirge aufgemacht hat. Viele Wege sind ausgeschildert. Viele Karten existieren. Und viele wandern auf den vorgezeichneten Wegen. Du aber kommst immer wieder an Weggabelungen, an denen du stehenbleibst und dir überlegst: Willst du den ausgeschilderten Weg weiter beschreiten, oder willst du einen anderen Weg nehmen? Einen Pfad, der zwar nicht so bequem ist, der aber verspricht, dich an Orte zu führen, die dir besonders gefallen oder dir Ausblicke eröffnen könnten, an denen du vorbeilaufen würdest, wenn du auf der alten, breiten Spur bliebest?

Wir sagen dir: Dein Weg ist der Weg der Verirrung und der Heimkehr. Dein Weg ist der Weg des Fehlermachens und der Einsicht. Du wirst immer nur dann weiterkommen, wenn du einen bestimmten Weg bis zu einem bestimmten Punkt gehst, dich an einer bestimmten Lehre orientierst, nicht um ihr dann endgültig zu folgen, sondern um einzusehen: »Das ist nicht mein Weg. Ich muß meinen eigenen Weg gehen.«

Deshalb verschmähe diejenigen nicht, die dir ihre Lehre in den Weg legen, um dich daran zu prüfen. Deshalb verachte nicht diejenigen, deren Einsichten du für dich persönlich als unzutreffend erkennst. Deine Entwicklung beschleunigt sich durch den Kontakt mit jenen, die sich auf die Belehrung der vielen konzentrieren, damit du erkennst, daß du dich dort nicht wohlfühlst und auf deine eigenen Spuren zurückkehren kannst.

Wir wollen dir das, was wir jetzt gesagt haben, noch ein wenig erläutern: Ein jeder Lehrer ist so gut und so wahr wie die Resonanz, auf die er in seinem Schüler trifft. Die Lehrer, deren Lehren du als irrig empfindest, erreichen Menschen, für die diese Lehren gerade das richtige sind. Das Echte und das Falsche ist nicht so leicht zu unterscheiden, wie es scheinen möchte. Verschiedene Menschen brauchen Verschiedenes. Für dich ist entscheidend herauszufinden, was du brauchst. Du, der du dies hörst, bist keine ganz junge Seele mehr und hast deshalb Bedürfnisse, die sich von denen der jungen Seele wesentlich unterscheiden. Du bist an einem Punkt deiner Entwicklung angelangt, wo du um deines eigenen Befindens willen vieles, wenn nicht gar alles, in Zweifel ziehen mußt. Du siehst dich gezwungen, alte Kleider abzulegen, um dich bereitzumachen für ein neues Gewand, das nicht mehr der Mode folgt, das nicht mehr aus Stoffen ist, die dir Allergien verursachen, sondern ein Gewand, das du dir selber nach eigenem Geschmack geschaffen hast, und das dich unverwechselbar macht, das dich von weitem schon kenntlich macht als einen Menschen, der sich nicht mehr nach den Geboten seiner Umgebung richtet, sondern der mit zunehmender Freiheit und abnehmender Angst auf seiner Individualität besteht.

Laß dich von den vielen Wegweisern nicht verwirren. Und laß dich auch nicht von der Tatsache verwirren, daß du nicht genau weißt, wohin dein Weg führt. Wenn ein Mensch von München nach Paris reisen möchte, gibt es viele Möglichkeiten, wie er dorthin gelangen kann. Er kann die Autobahn wählen und wird sehr schnell in Paris ankommen, ohne aber von der Landschaft, die zwischen München und Paris liegt, viel gesehen zu haben. Er kann sich aber auch einige Tage Zeit nehmen und durch die wunderbaren Regionen, die zwischen den beiden großen Städten liegen, reisen. Und er wird vielleicht erleben, daß er spürt, er möchte gar nicht mehr in Paris ankommen, sondern in Burgund bleiben und sich in einem Ort aufhalten, der eine wunderschöne Kathedrale besitzt, um dort seinen Frieden zu finden und alle Pläne, die er hatte, hintanzustellen, ohne sie ganz aufzugeben. Denn wenn dieser Mensch nicht diesmal nach Paris kommt, kann er ein anderes Mal dorthin fahren. Aber er ist seinen eigenen Impulsen gefolgt, er ist den Wegweisern gefolgt, die ihm seine Energie und seine Spontaneität wiesen. Und er wird etwas erleben, das ganz ihm eigen ist, und das ihm mehr geben wird und tiefer im Gedächtnis haften wird, als sein Aufenthalt in Paris es jemals vermocht hätte.

Halte die Wahl deiner Wege flexibel, ohne deine Ziele aufzugeben. Das Ziel wird dir die Richtung weisen, aber deine spontanen und ureigensten Entscheidungen werden dir den Weg gestalten. Schaue nicht darauf, was andere dir vorschlagen, und wohin andere dich geleiten wollen. Frage dich in jedem Moment »Ist das jetzt, heute, das richtige für mich?« Und gib es auf, dich – wie in früheren Leben – an vorgegebenen Strukturen zu orientieren. Es war früher richtig und gut für dich, und es ist heute nicht mehr gut für dich. Es beschneidet dich in deiner Kreativität.

Die Wahrheit besteht nicht aus Systemen. Auch die Wahrheit, die wir beschreiben, benutzt eine Systematik nur, um euch Anhaltspunkte zu geben. Sie ist nicht diese Systematik selbst. Sie ist viel mehr.